原力唤醒
高考语文高分之道

田雷/主编

电子工业出版社

Publishing House of Electronics Industry

北京·BEIJING

内容简介

本书立足于高考二轮复习，主打"把控重难点、明确答题规律，高效提高成绩"，侧重点明确、集中，有的放矢。本书聚焦于现代文阅读、古诗文阅读和作文三大板块，重规律探究，重解题模板，重写作思维和语言表达，简练、明了、有序、有料，且有创新题的前瞻和引领，藏锋有术，能唤醒考生语文学习的原力，力助考生高效获取高考语文的高分之道！

图书在版编目（CIP）数据

原力唤醒：高考语文高分之道 / 田雷主编. —北京：电子工业出版社，2023. 11

ISBN 978-7-121-46580-2

Ⅰ. ①原… Ⅱ. ①田… Ⅲ. ①中学语文课–高中–升学参考资料 Ⅳ. ①G634. 303

中国国家版本馆 CIP 数据核字（2023）第 199905 号

责任编辑：崔汝泉　　特约编辑：陈迪
印　　刷：三河市良远印务有限公司
装　　订：三河市良远印务有限公司
出版发行：电子工业出版社
　　　　　北京市海淀区万寿路 173 信箱　邮编：100036
开　　本：880×1230　1/16　印张：10.5　字数：254 千字
版　　次：2023 年 11 月第 1 版
印　　次：2023 年 11 月第 1 次印刷
定　　价：48.00 元

前言
PREFACE

　　高考之重要、高三二轮复习之必要，大家都心知肚明。现在你手中的这本册子，就是专为高三语文二轮复习而编写的。（其他年级用来作为专题提高亦极好。）本书在通用辅导资料的共性之外，有它自己的一些个性，这些个性能帮你更好地梳理知识点、把控重难点、明确答题规律，能更高效地提高成绩。

　　个性之一：本书的侧重点明确、集中。"有所不为，方可有为"，所以它"集中火力"轰炸现代文阅读、古诗文阅读、作文；这三大部分是分值集中区，也是提分困难区，特别是古诗文阅读和作文两大板块，往往用力不少却成效不大，对这些"硬骨头"，我们会一一破解。对于高考语文备考而言，好题不分地域，真题相互借鉴（特别是作文），重在融会贯通。每章首页的思维导图会引领你知晓本章的脉络、重点，以便目标明确、有的放矢。

　　个性之二：本书落实"以道驭术，删繁就简"的原则。第一、第二部分的每章皆有必考点规律解读、重难点解析、解题模板、创新题前瞻等栏目，重视典题分析和规律总结，不搞"题海兴波"；"创新题前瞻"重视对创新点的分析，且保证材料、命题、答案皆有权威性、代表性、原创性。第三部分避免了"真题+范文"的传统模式，从"高考作文评分标准""立意、选材""作文行文结构及语言"三个层面入手，让你过审题、选材关，过结构清通关，过语言凝练关；所选范文，有理、有据、有逻辑、有文采，且可以"跳一跳，够得着"（学习之后能落实、提高），其中很大一部分是第一次公之于众。作文专项着重提高观察、记录、思考和表达能力，着重培养言之有物、有序、有文采以及行文有体的能力。

　　个性之三：本书有"我"在。本书体现了"我"从教高考语文20年的思想、脉络，体现了"我"对高考语文的认知和思考。"我"是一位老师，是一位语文老师，是一位有同理心、有趣的语文老师，知道你所想、所急、所需，会努力倾囊相授，会和你一起加油。

　　"我看诸君多优秀，料诸君看我应如是。""情与貌，略相似！"如此足矣。

　　是为序。

编　者

目录
CONTENTS

第一部分
现代文阅读

第一章　论述类文本解析

论述类文本解析
- 必考点规律解读
  - 高考所考查的论述类文章，常常是指有关政治、经济、教育、语言文化、文艺、历史、科技、环保等学科的文章
  - 考查本质没有变化——在理解基础上的分析综合能力
  - 考查理解范畴的能力层级为B级、考查分析综合范畴的能力层级为C级
- 重难点解析
  - **把握文章思路是做题的先决条件，要速读，要精读，理清文本的思路**
  - 选择题细节比对：选项和材料信息的准确比对
  - 主观题据文意概括：确信"答案在文中"，梳理、概括作答，答题信息确保不重不漏
- 解题模板
  - **会审题　明确解题方向**
  - **会筛选　注重全面概括**
    - 筛选信息
      - 明确筛选范围，避免旁逸斜出
      - 抓住关键部位，联系整体揣摩
    - 提取信息
      - 依据题干提示筛选，会采点，尽量避免出现提取偏差
  - 会答题　确保不重不漏
    - 答题有效信息往往散布于整段乃至整个材料，要有全局意识
    - 转化时，要**同类合并、善于概述**
    - 转化时，要善于发现与题干相关联的关键词
- 创新题前瞻
  - **创新点**
    - 图表考查，含读图、读文本两个方面，形式新颖
    - 综合性较强，既涉及对文本内容的梳理概括，又体现了自主阐发的空间

一　必考点规律解读——理解、分析综合是论述类文本的底层逻辑

1. 新课程标准高考语文《考试说明》将"能阅读一般自然科学类、社会科学类文章"修改为"**能阅读一般论述类文章**"。高考所考查的论述类文章，常常是指有关政治、经济、教育、语言文化、文艺、历史、科技、环保等学科的文章，这是就题材而言的。

2. 按体裁来说的话，论文、杂文、评论、传记、科普文章等都属论述类文章的范畴。所以，题材多、单文本变多文本（非连）并不可怕，考查本质没有变化——在理解基础上的分析综合能力。

3. "理解文中重要概念的含义"和"理解文中重要句子的含义"这两个能力层级为 B 级，属"理解"的范畴。

　　"筛选并整合文中的信息""分析文章结构，把握文章思路""归纳内容要点，概括中心思想""分析概括作者在文中的观点态度"这四个考点的能力层级为 C 级，属于"分析综合"的范畴。

二　重难点解析——论述类选择题细节比对、主观题据文意概括

　　在上述的六个考点中，**词句理解，信息的筛选、提炼，情感态度的理解、分析**是高考考查的重点、难点。

　　破解的根本方法如下：理清思路，找准答题区间，细致比对，如此可将选择题搞定。据题干提示从材料中筛选信息、归纳、将其有条理地写出，如此可将主观题搞定。简而言之为六字诀：**理找比，筛归条**。

1. **把握文章思路是做题的先决条件，要速读，要精读，理清文本的思路。**所谓"非连续性文本"它们一定有话题一致性，求同存异就好。

2. 选项和材料信息的**准确比对**。

3. 主观题确信"**答案在文中**"，梳理、概括作答，答题信息确保**不重不漏**。这里就有筛选信息、归纳信息、作答脉络清晰的问题。

例析 ❶ ▶ ···（思路的重要性）

阅读，是对精神的刷新

　　真正热爱阅读的人是不需要理由的，从书本中获得的巨大愉悦，足以让人废寝忘食。一个角落、一本书，就能筑起一个完整而缤纷的世界。这也是阅读有别于其他文娱活动的根本特征，即它是不依赖其他感官的、高度个人化的精神活动。通过阅读，我们最终学会如何与自己相处，并在这种周行而不殆的智识训练中使精神日益丰富。在这个意义上，阅读乃是每

日必须进行的精神刷新。在一次次的刷新中，勤于阅读的人将逐渐成长为一个有着丰富心灵层次、心智成熟的现代人。

古人讲"三日不读书，便觉言语无味，面目可憎"。这是在提醒自己，不读书就会让灵性蒙尘。那些带着墨香的书页在你指尖哗哗流淌，或记载着高深玄妙的思想，或传递着历史深处的信息，在你的脑海中排列为奇妙而华美的文字城堡。我们手捧书本阅读的过程，也是一个自我教育、自我升华的过程。我们在阅读中将重新发现自己，这也正是"人文日新"的真义。

如果说和他人相处是一项必备的社会能力，那么与自己相处则体现一种可贵的精神定力。太多人习惯了众声喧哗，却无法和自己平静地相处片刻。只有阅读才能给人这种能力。我们在阅读中学着和自己对话，正如我们在终极的意义上独自面对人生。在某种意义上，阅读是对庸常生活的解救，让我们得以暂时跳脱出琐碎的眼前之事，对永恒之物进行片刻的凝望。而这，正是精神人格养成的过程。

阅读也是为了和这个世界更好相处。阅读不是为了逃避世界，而是为了更好地拥抱世界。从阅读中，我们不仅在与高尚人物的灵魂对话，更能见识到比眼前的世界更深邃、更辽阔的另一个世界。这个世界不仅包括人类已知的历史空间，也包括历代经典作品营造的精神空间。通过这种思接千载、神游八荒的精神活动，我们将学会谦卑，也将变得柔和、平淡；学着更深地理解他人与世界，更具包容心和同理心地看待这个世界上的诸种缺陷与不足。

阅读是一项几乎没有门槛的活动，人人都可领略文字之美；阅读又是一项由浅入深的精神历练，需要持之以恒才能登堂入室、窥其堂奥。这个世界需要书籍的火种来点亮，而一个追求内心丰富的人，也总有赖于阅读带来的精神刷新。

简述文章的论述思路

示例： 第1段总说阅读对于人生的意义。第2段：阅读是自我升华的过程。第3段：阅读可以让人格养成。第4段：阅读可以和世界更好相处。第5段：总结。

反思： 论述类文本阅读想做到"举重若轻"，我们首先应具备的能力就是快速理清文本脉络，抓段首、段尾句，根据关键词归纳段意，都是诸君常用且效果不错的方法。脉络清，才能找得快，做得好。

脉络清，才能找得快，做得好

例析 ② 强化信息比较意识（比对的重要性）

步骤：

①各语段之内，句与句比较，筛出重要语句；

②连缀重要词语，把握语段大意和文章思路。

阅读下面的文字，完成下列各题。

很多人说：什么是意境？意境就是"情""景"交融。其实这种解释应该是从近代开始的。王国维在《人间词话》中所使用的"意境"或"境界"，他的解释就是情景交融。但是在中国传统美学中，情景交融所规定的是"意象"，而不是"意境"。中国传统美学认为艺术的本体就是意象，任何艺术作品都要创造意象，都应该情景交融，而意境则不是任何艺术作品都具有的。意境除了有意象的一般规定性之外，还有自己的特殊规定性，意境的内涵大于意象，意境的外延小于意象。那么意境的特殊规定性是什么呢？唐代刘禹锡有句话："境生于象外。""境"是对于在时间和空间上有限的"象"的突破，只有这种象外之"境"才能体现作为宇宙的本体和生命的"道"。

从审美活动的角度看，所谓"意境"，就是超越具体的有限的物象、事件、场景，进入无限的时间和空间，从而对整个人生、历史、宇宙获得一种哲理性的感受和领悟。西方古代艺术家，他们给自己提出的任务是要再现一个具体的物象，所以他们，比如古希腊雕塑家追求"美"，就把人体刻画得非常逼真、非常完美。而中国艺术家不是局限于刻画单个的人体或物体，把这个有限的对象刻画得很逼真、很完美。相反，他们追求一种"象外之象""景外之景"。中国园林艺术在审美上的最大特点也是有意境。中国古典园林中的楼、台、亭、阁，它们的审美价值主要不在于这些建筑本身，而是如同王羲之的《兰亭集序》所说，在于可使人"仰观宇宙之大，俯察品类之盛"。

我们生活的世界是一个有意味的世界。陶渊明有两句诗说得好："此中有真意，欲辩已忘言。"艺术就是要去寻找、发现、体验生活中的这种意味。有意境的作品和一般的艺术作品在这一点上的区别，就在于它不仅揭示了生活中某一个具体事物或具体事件的意味，而且超越了具体的事物和事件，从一个角度揭示了整个人生的意味。所以，不是任何艺术作品都有意境，也不是任何好的艺术作品都有深远的意境。清代王夫之就比较过杜甫的诗和王维的诗。他认为杜甫诗的特点是："即物深致，无细不章"，有人写诗就是怕写不逼真，杜甫则太逼真了。而王维诗则能取之象外，所以他说杜甫是"工"，王维是"妙"。

中国艺术的这种意境，它给人的美感，实际上包含了一种人生感、历史感。康德曾经说过，有一种美的东西，人们接触到它的时候，往往感到一种惆怅。意境就是如此，这是一种最高的美感。当然这不等于说西方艺术没有意境，西方艺术中也有这样的作品，例如俄罗斯民歌《伏尔加船夫曲》，它不仅唱出了俄罗斯民族的苦难，而且唱出了人类共同的苦难，所以它引起了全世界听众的共鸣。

梳理此文的思路

[思路结构]

第1段：中国传统美学规定意境生于意象之外。第2段：审美角度看意境是哲理性感受和领悟。第3段：有意境的作品揭示出整个人生的意味。第4段：艺术的意境包含了人生感、历史感。

强化信息比较意识可以落实到以下五个关键词：思路、区间、定位、对照、判定

下列关于"意境"和"意象"的表述，不符合原文意思的一项是（　　）

A. 王国维在《人间词话》中把"意境"的内涵解释为"情景交融"，可见从近代开始人们就把"意境"和"意象"混为一谈了。

B. 中国传统美学认为艺术的本体就是意象，所有艺术作品都要情景交融，创造意象，因而并不是任何艺术作品都能够具有意境的。

C. 所谓"意境的外延小于意象"，意味着有意境的艺术作品跟有意象的艺术作品比较起来，在数量上总是处于劣势。

D. "道"是宇宙的本体和生命。意象在时间和空间上都有十分有限，而意境是对有限的意象的突破，所以意境能够体现"道"。

【答案】

B

【解析】

A. 对应文句：王国维在《人间词话》中所使用的"意境"或"境界"，他的解释就是情景交融。但是在中国传统美学中，情景交融所规定的是"意象"，而不是"意境"。

实质："规定是 A，而不是 B"是不是表明"把 A 和 B 混为一谈了"？

B. 对应文句：中国传统美学认为艺术的本体就是意象，任何艺术作品都要创造意象，都应该情景交融，而意境则不是任何艺术作品都具有的。

实质："而"是不是意味"因而"？

C. 对应文句：意境除了有意象的一般规定性之外，还有自己的特殊规定性，意境的内涵大于意象，意境的外延小于意象。

实质："外延小于"是不是意味着"在数量上总是处于劣势"？

D. 对应文句："境"是对于在时间和空间上有限的"象"的突破，只有这种象外之"境"才能体现作为宇宙的本体和生命的"道"。

实质："只有……才能"是不是意味着"所以……能够"？

总 结

　　重要信息显示着考查的实质，次要信息起着干扰的作用。由"试卷问题"转向"实质问题"，要锻炼一种"自觉意识"。

　　这一"自觉意识"的确立与巩固，将保证我们快速拨开"试卷问题"的迷雾，使"实质问题"水落石出；还可帮助我们判别试题的好坏——只有可以形成简明的"实质问题"的题目，才是高考可能考的题目。回答"试卷问题"主要靠专业知识和专业能力，**回答"实质问题"则主要靠语文能力和对生活的认识，后者才是需要努力打造的。**

● **真题详解**

阅读下面的文字，完成下列小题。（2022年新高考全国1卷）

材料一：

中华民族有着深厚文化传统，形成了富有特色的思想体系，体现了中国人几千年来积累的知识智慧和理性思辨。这是我国的独特优势。中华文明延续着我们国家和民族的精神血脉，既需要薪火相传、代代守护，也需要与时俱进、推陈出新。要加强对中华优秀传统文化的挖掘与阐发，使中华民族最基本的文化基因与当代文化相适应、与现代社会相协调，把跨越时空、超越国界、富有永恒魅力、具有当代价值的文化精神弘扬起来。要推动中华文明创造性转化、创新性发展，激活其生命力，让中华文明同各国人民创造的多彩文明一道，为人类提供正确精神指引。要围绕我国和世界发展面临的重大问题，着力提出能够体现中国立场、中国智慧、中国价值的理念、主张、方案。我们不仅要让世界知道"舌尖上的中国"，还要让世界知道"学术中的中国""理论中的中国""哲学社会科学中的中国"，让世界知道"发展中的中国""开放中的中国""为人类文明作贡献的中国"。

强调民族性并不是要排斥其他国家的学术研究成果，而是要在比较、对照、批判、吸收、升华的基础上，使民族性更加符合当代中国和当今世界的发展要求，越是民族的越是世界的。解决好民族性问题，就有更强能力去解决世界性问题；把中国实践总结好，就有更强能力为解决世界性问题提供思路和办法。这是由特殊性到普遍性的发展规律。

（摘自习近平《加快构建中国特色哲学社会科学》）

材料二：

不少评论家、诗人和诗歌读者都感觉到当代新诗创作与理论进入了一种停滞不前、缺乏生命力的状态。由于古老的东方文化传统与汉语都不可能向西方文化和语言转化，而西方诗歌文化与语言又不可能被缺乏本民族传统意识的诗歌作者与理论家自然吸收，食洋不化的积食病就明显地出现在诗歌创作和理论中。

人们逐渐意识到对"他文化"吸收力的强弱与自己本民族文化传统的强弱成正比，唐代之所以能广泛吸取西域民族、北方民族及佛教的文化，正因为它拥有一个秦汉以来建立的强大的中华文化传统，这传统如一个消化力极强的胃，吸收了四方异域的文化，借以繁荣本民族文化。当代新诗不但丢失了本民族的诗歌传统，而且也失去了对那个传统的记忆和感情，而中华文化又不同于其他以拉丁语为先祖的各种西方文化，可以自然地相互吸收，所以必然会发生这种食洋不化的病症，这病症是当代诗歌失去读者的重要原因。当代诗歌由于时代内容的发展，已无法退回到新诗运动初期的状态。当代社会让世界村的居民们多少都进入了一个更复杂的感性与知性世界，中国诗歌也相应地在寻找与之相当的艺术形式，主要是诗歌语言、内在结构、外在形态。这些必须是有本民族实质性的和具有现代性的，单靠移植西方是绝对不行的。

　　我们认为，21世纪中国新诗能否存活，就看我们能否意识到自身传统的复活并进入现代，同吸收外来因素之间的主次关系。没有传统何谈创新？没有传统作为立身之地，创新很可能变为全盘西化。所以，中国当代新诗一个首要的、关系到自身存亡的任务就是重新寻找自己的诗歌传统，激活它的心跳，挖掘出它久被尘封的泉眼。读古典文史哲及诗词、诗论，想现代问题，使一息尚存的古典诗论进入当代的空间，贡献出它的智慧，协同解决新诗面对的问题。据我的学习经验，历代中国文论中存在着大量对我们今日所思考的诗歌理论仍有意义的撰述，而我们却只习惯于引用西方理论，无暇回顾一下自身传统中这些理论，师洋师古应当成为回顾与前瞻的两扇窗户，同时拉开窗帷，扩大视野，恢复自己传统的活力才能吸收外来的营养。

　　中国古典诗论在研究方法上与西方文论也有很大不同。西方文论强调逻辑剖析，优点是落在文本实处和清晰的抽象概括，但其弊病是容易刻板、枯燥、概念化、解剖刀往往伤及神经，概念也有失去生命的变幻色彩的毛病。而中国古典诗论体系虽不十分清晰，却能以富有内涵和想象力的诗样的语言传递给读者审美的智慧和哲理，不致有水涸石露的窘境，而其中人文的情致、暖意、活力，丝毫没有实验室处理后的褪色失鲜之感。读古典诗论后可以意识到西方的科学分析、逻辑推理、抽象名词杜撰等虽不失为一家之法，却并非唯一的方法。而中国古典诗论的风格与中国古典哲学的灵活、深邃、玄远相匹配。对于诗歌这样内涵深、变幻多的文学品种，中国传统的文艺理论有其突出的优点。

（摘编自郑敏《新诗百年探索与后新诗潮》）

1. 下列对材料相关内容的理解和分析，不正确的一项是（　　）（3分）

A. 中华民族具有深厚的文化传统，形成了富有特色的思想体系，这是推动中华文明"创造性转化、创新性发展"的重要前提。

B. 中国特色哲学社会科学的构建，可以向世界传播中国优秀学术理论，为解决世界性问题提供中国经验。

C. 当代新诗之所以出现"食洋不化"的病症，一是因为丢失了本民族的诗歌传统，二是因为东西方文化差异巨大。

D. 中国古典诗论虽不以体系和逻辑见长，但蕴含诗性品格和人文情致，比西方文论更有生命力。

2. 根据材料内容，下列说法不正确的一项是（　　）（3分）

A. 材料一与材料二都谈到了传统和创新的关系，不过二者论述的重心并不相同。

B. 借鉴西方诗歌并不能给本民族的诗歌带来现代性，对此中国诗人要有清醒认识。

C. 中国古典诗歌的语言、内在结构和外在形态，依然可为当代诗歌创作提供营养。

D. 古人论诗用"意在笔先""空灵""飘逸"等语，未落实处却包含鲜活的审美智慧。

3. 下列选项，最适合作为论据来支撑材料一观点的一项是（　　）（3分）

A. 韩愈《答刘正夫书》："或问为文宜何师？必谨对曰：宜师古圣贤人。"

B. 晚清洋务派人物冯桂芬提出："以中国之伦常名教为原本，辅以诸国富强之术。"

C. 鲁迅《文化偏至论》："外之既不后于世界之思潮，内之仍弗失固有之血脉。"

D. 季羡林认为："东西方文化的相互关系是'三十年河西，三十年河东'。"

4. "己所不欲，勿施于人"出自《论语》，现已成为国际社会公认的处理人际关系和国际关系的黄金准则。请结合材料一对这一现象加以分析。（4分）

_____

_____

5. 如何推动中国古典诗论的"创造性转化、创新性发展"？请结合材料谈谈你的看法。（4分）

_____

_____

【答案】

1. D　2. B　3. C

4.①"己所不欲，勿施于人"出自《论语》，意思是以对待自身的行为为参照物来对待他人，在关注自身的同时还要关注他人，体现了理性思辨换位思考的古代哲学大智慧。②"现已成为国际社会公认的处理人际关系和国际关系的黄金准则"体现与时俱进、推陈出新。③要加强对中华优秀传统文化的挖掘与阐发，使民族性更符合当代中国和当今世界的发展，为解决世界性问题提供思路和方法，体现了从特殊性到普遍性的发展规律。

5.①加强对中国古典诗论的挖掘与阐发，用其智慧协同解决当代新诗面临的问题，发挥其当代价值，使其和当代文化适应。②扩大视野，吸收西方诗论逻辑剖析的优点，使具有民族性的中国古典诗论更加符合当代中国和当今世界文化发展的要求。

【解析】

1. **本题考查理解分析材料内容的能力。**

D. "比西方文论更有生命力"错误，材料二最后一段"中国古典诗论在研究方法上与西方文论也有很大不同。西方文论强调……优点是……但其弊病是……而中国古典诗论体系虽不十分清晰，却能以富有内涵和想象力的诗样的语言传递给读者审美的智慧和哲理……"只是比较二者的优缺点，并没有说哪一个更有生命力。

2. **本题考查概括分析材料内容的能力。**

B. "借鉴西方诗歌并不能给本民族的诗歌带来现代性"错误，过于绝对，材料二第2段说的是"这些必须是有本民族实质性的和具有现代性的，单靠移植西方是绝对不行的"，可见借鉴西方有价值，但不能"单靠移植西方"。

3. **本题考查分析论点、论据和论证的能力。**

材料一说的是要继承并创新传统文化，在比较、对照、批判、吸收、升华的基础上，使民族性更加符合当代中国和当今世界的发展要求。

A. 说的是"师古圣贤人"，意思是"应当学习古代圣贤"，没有体现与时俱进、博采众长。

B. 主张以中国传统儒家伦理纲常为根本，注重学习西方的科学技术，政体不变，只学习西方技术，且不是学习西方"文化"方面。

C. 说的是既要吸取世界的优秀文化，又要保持自己的文化，与材料一观点一致。

D. 说到是中西方文化之间的盛衰兴替这一现象，与材料一观点不一致。

4. **本题考查分析运用材料的能力。**

由题干可知，首先要理解"己所不欲，勿施于人"的思想内涵。"己所不欲，勿施于人"是说自己不喜欢的，也不要强加给对方，这两句话体现了换位思考的古代哲学大智慧。

然后结合材料一分析"成为国际社会公认的处理人际关系和国际关系的黄金准则"的意义。

这句话之所以能成为国际社会处理人际关系和国际关系的黄金准则，是因为其中蕴含处理人际关系的重要原则，也就是说，人应当以对待自身的行为为参照物来对待他人，不能把自己不喜欢的硬推给他人。人与人之间的交往应该坚持这种原则，这是尊重他人、平等待人的体现。我们除了要关注自身的存在以外，还得关注他人的存在。

5. **本题考查探究文本中的重点问题并提出自己的见解的能力。**

由材料二第2段和第3段中的"唐代之所以能广泛吸取西域民族、北方民族及佛教的文化，正因为它拥有一个秦汉以来建立的强大的中华文化传统""当代新诗不但丢失了本民族的诗歌传统，而且也失去了对那个传统的记忆和感情""我们认为，21世纪中国新诗能否存活，就看我们能否意识到自身传统的复活并进入现代，同吸收外来因素之间的主次关系。没有传统何谈创新？没有传统作为立身之地，创新很可能变为全盘西化""重新寻找自己的诗歌传统，激活它的心跳，挖掘出它久被尘封的泉眼"可知，要想推动中国古典诗论的"创造性转化、创新性发展"，要立足传统，复兴中华传统文化，找到立身之基。

但是不能忽视材料一，它提出：一要加强对中华传统文化的挖掘与阐发，使其和当代文化相适应；二是要在比较、批判的基础上适当地吸收其他国家的学术研究成果。

所以答题时，应以材料一的观点为理论依据，结合材料二中中国古典诗论面临的问题及其特点来分析作答。

三 解题模板

信息的提取、整合要抓住以下"三关键"。

（一）会审题，明确解题方向

论述类文本主观题的题干，不论是连续性文本还是非连续性文本，基本分为两部分：一是答题内容的指定范围，或针对一则材料，或针对所有材料；二是答题要求，如"概括"

"分析""说明"等。要从题干中领悟、明确答题的具体要求及解答思路。

若题干问材料的"侧重点是什么",则答题形式以"对象+特征"为佳;若题干问"有哪些作用（影响）",则答题形式以"举措+结果"为佳;若题干问"哪些原因（相关条件、方面）",则答题形式以"概括分类+举例分析"为佳。

（二）会筛选，注重全面概括

审题之后,进入筛选信息、整合概括信息的环节。主要分为以下两个步骤。

1. 筛选信息

（1）明确筛选范围，避免旁逸斜出

题干通常会明确答题内容的指定范围,或就某则（段）材料,或就几则（段）材料。返回阅读原文时,务必提醒自己勾画出筛选范围,就是我们强调的"区间"问题。

（2）抓住关键部位，联系整体揣摩

新闻类文本,新闻的导语、文中陈述的事实文字等都是关键部位。论述类文本,科普类作品,演讲稿的段首、段尾,通常是说明的中心或观点性内容,也是关键部位。

2. 提取信息

提取信息时,必须看清题干（高考题其实都很"善良"）并依据题干提示筛选,找全采分点,要尽量避免出现提取偏差。

（三）会答题，确保不重不漏

1. 答题所需的有效信息往往散布于整段乃至整个材料,要有全局意识。
2. 转化时,要同类合并、善于概述。
3. **转化时,要善于发现与题干相关联的关键词。**

> 例析

阅读下面的文字，完成下面小题。

材料一：

人类的阐释自始至终都在追求真理性和澄明性,那是人类向往的阐释目标,也是阐释的理想境界。真理和澄明虽然昭示的是阐释的两个不同的层级,但都指向一个事实:阐释是面向公众的。这意味着阐释是一种公共性的行为,只有坚守公共性,才能圆人类的阐释之梦。离开公共性,阐释不可能,更遑论真理性和澄明性!阐释本身有它的内在规则,这个规则总体来说极为复杂,不可一概而论,更不好随意确定。它可能是整个人类的规则,也可能是生活在特定区域或国家、操持不同语言、从事不同专业研究者的规则;它遵循的是人性的共同性,或者是沟通、交流之后业已达成的共同性,其终极目的只有一个,那就是实现意义的澄明。

我们言说政治,政治就是一个公共性问题;我们言说历史,历史就是一个公共性问题;

我们言说道德、伦理，道德、伦理就是一个公共性问题；我们谈论文学、艺术，文学、艺术就是一个公共性问题。公共性本身不是一种价值判断，但它又蕴含着价值判断。也就是说，公共性包含着真理和谬误。真理不可能对任何人、任何事、任何族群都是真理，更不可能放之四海而皆准。谬误也是。当然，这种公共性是受时间和地域限制的，没有永远的真理和谬误，而公共性却是永远的。公共性的存在需要公共阐释去解惑释疑，需要公共阐释去彰显真理。在一定程度上，公共阐释维持着时代的公开、透明，维持着社会的公平、公正，维持着政治的民主、正义，维持着人类的审美判断。

（摘自李健《公共阐释：作为一种阐释理论的合法性》）

材料二：

　　"公共阐释"也即"阐释的公共性"，是对文学阐释行为根本属性的一种界定。任何一种阐释行为，都是一种参与生活、理解世界的方式，只有"公共阐释"才能让每一个个体有效并且高效地充分对话。与之相对的，则是"个体阐释"，也即阐释的个体性。它强调每一个个体都是独特的，都有着自己的个性、性别、民族与生活经历，对待同一问题的视角与态度确实存在着诸多差异。但是，如果仅仅将两者确定为二元对立的概念，显然是将问题简单化了。一般来说，"个体阐释"中会带有"公共阐释"的烙印，每一个个体都不是独立存在于这个世界的；而"公共阐释"中也会带有"个体阐释"的痕迹，如果没有个体作为基础，就不会出现阐释的具体性与交互性。面对如此棘手的"阐释循环"，诚如海德格尔所言："决定性的事情不是从循环中脱身，而是依照正确的方式进入这个循环。"这一进入就是一种"介入式"的阐释行为。在置身于他者之中时，个体也在不断地拓宽自己的视域。这里的他者既指向个体（文学作品、个体读者），也指向整体（社会历史环境），更是要领会到"整体只是源于单个情形的范式展露"。文学阐释激活了世界、读者、作者与文本这四个时常被不同的文学理论切割破碎的要素。

　　文学阐释不同于一般意义上的"阐释"。它首先面向的是文学作品，即对文学作品作出阐释主体的感受、理解与判断。在具体的文学阐释过程中，存在着以"个体阐释"为基础，并从个人走向社群再到整个人类的一种趋势。这一过程的每一次完成则意味着"个体阐释"得到了时空的检验而成为"公共阐释"。

　　从政治学的角度，我们往往会将"公共性"与"私人性"对立起来谈，但是如果转移到文学领域，"公共性"的问题还有其自身独特的理论维度。这就是"文学之内"和"文学之外"的问题。正如韦勒克和沃伦所说，"事实上，任何文学史都不会没有自己的选择原则，都要做某种分析和评价的工作"。从20世纪西方文论发展史来看，文论研究的重点出现了一个从"文学之外"转向"文学之内"，再转向"文学之外"的过程，即我们通常所描述的从"作者中心"向"文本中心"再向"读者中心"的两度转向。而在马克思主义文艺理论看来，即使是"文学之内"的隐含作者、叙述者和人物及其关系，也是社会历史的再现或投射，这些均是现实生活在文学世界中的一种艺术化表达。

因此，强调"公共阐释"或"阐释的公共性"，应该落脚到马克思主义社会历史批评的基本点上，即在处理"文学内外"关系上，坚持"文学之外"的关系为主来统摄"文学之内"的关系，重建"隐含作者""叙述者"与"真实作者""理想读者""真实读者"以及人物间的社会关系的投射等。只有这样，我们的文艺批评才能真正发挥其应有的社会历史功能，这也正是强调"公共阐释"或"阐释的公共性"的要义之所在。

（摘自曾军、辛明尚《文学阐释的公共性及其问题域》）

1. 下列对材料相关内容的理解和分析，不正确的一项是（　　）（3分）

A. 真理性与澄明性是人类阐释追求的目标与理想境界，它也揭示了一个事实：阐释活动是面向公众的。

B. 公共性之所以能够包含价值判断，是因为公共阐释能够维持时代与社会的公平正义，有效地发挥其功能。

C. 世界、读者、作者与文本四个要素被不同的文学理论切割开，文学阐释用个体性和公共性的交互激活它们。

D. 文学阐释的公共性，应该回归马克思主义社会历史批评的基点，以便真正发挥文学批评应有的社会历史功能。

2. 根据材料内容，下列说法不正确的一项是（　　）（3分）

A. 材料一论述公共阐释的理论，文学只是其中一个例证；而材料二论述的主要对象是文学阐释。

B. 材料一大量运用道理论证，作者说理充分，行文逻辑严密，具体地阐明了公共阐释的合法性问题。

C. 材料二中引用海德格尔的话语，证明个体阐释与公共阐释之间存在着很强的具体性与交互性。

D. 材料二运用辩证思维，清晰界定了"个体阐释"与"公共阐释"、"文学之内"与"文学之外"的关系。

3. 下列选项，最适合作为论据来支撑材料二观点的一项是（　　）（3分）

A. 董仲舒："诗无达诂，文无达诠。"

B. 陶渊明："奇文共欣赏，疑义相与析。"

C. 白居易："文章合为时而著，歌诗合为事而作。"

D. 曹雪芹："满纸荒唐言，一把辛酸泪。都云作者痴，谁解其中味？"

4. 对于文学艺术，我们常说"越是民族的，就越是世界的"。请结合材料一分析这样说的理由。（4分）

5. 请以《红楼梦》阐释为例，结合材料二简要说明如何进行文学的公共阐释。（4分）

_____

_____

【答案】

1. B　2. C　3. B

4. ①民族的文艺具有时代性和地域性，但借助阐释对真理和澄明的追求而获得公共性，进而得到世界的认可；②作为文学艺术，阐释文艺的规则与标准具有公共性，民族的标准与世界的标准可以相通。

5. ①首先面对文学作品本身，作出主体的阐释；读《红楼梦》，每个个体都应从中读出自己的人生领悟；②坚持"文学之外"统摄"文学之内"的立场，认识《红楼梦》中各种虚实情景和人生感慨都是当时封建末世社会特点的反映。

【解析】（主观题解析）

4. 本题考查筛选整合信息、归纳概括要点的能力。

"人类的阐释自始至终都在追求真理性和澄明性，那是人类向往的阐释目标，也是阐释的理想境界""真理和澄明虽然昭示的是阐释的两个不同的层级，但都指向一个事实：阐释是面向公众的"，民族的文艺虽然具有时代性和地域性，但借助阐释对真理和澄明的追求而获得公共性得到世界认可；"我们谈论文学、艺术，文学、艺术就是一个公共性问题""阐释本身有它的内在规则，……可能是整个人类的规则，也可能是生活在特定区域或国家、操持不同语言、从事不同专业研究者的规则；它遵循的是人性的共同性，或者是沟通、交流之后业已达成的共同性"，作为文学艺术，阐释文艺的规则与标准具有公共性，民族的标准与世界的标准可以相通。

5. 本题考查对文中信息进行分析、运用的能力。

"文学阐释不同于一般意义上的'阐释'。它首先面向的是文学作品，即对文学作品作出阐释主体的感受、理解与判断""在具体的文学阐释过程中，存在着以'个体阐释'为基础，并从个人走向社群再到整个人类的一种趋势。这一过程的每一次完成则意味着'个体阐释'得到了时空的检验而成为'公共阐释'"，首先面对文学作品本身，作出主体的阐释；读《红楼梦》，每个个体都应从中读出自己的人生领悟。

"文论研究的重点出现了一个从'文学之外'转向'文学之内'，再转向'文学之外'的过程，即我们通常所描述的从'作者中心'向'文体中心'再向'读者中心'的两度转向""即使是'文学之内'的隐含作者、叙述者和人物及其关系，也是社会历史的再现或投射，这些均是现实生活在文学世界中的一种艺术化表达"，坚持"文学之外"统摄"文学之内"的立场，认识《红楼梦》中各种虚实情景和人生感慨都是当时封建末世社会特点的反映。

四 创新题前瞻

创新点：第1题结合图表考查，含读图、读文本两个方面，形式新颖；第4题综合性较强，既涉及对文本内容的梳理概括，又体现了自主阐发的空间。

阅读下面的文字，完成下面小题。（17分）

材料一：

短视频的内容题材和视听叙事逻辑有别于传统视听表达。一些非专业短视频创作者缺乏基本媒介素养，为博取流量和吸引眼球，故意利用技术手段，通过摆拍或者"移花接木"合成视频内容，制作和传播虚假短视频新闻，甚至刻意模糊"摆拍视频"和"真实记录"之间的界限，营造一种记录真实的新闻感，骗取观众关注，引发社会讨论。

短视频快速兴起的现实逻辑是"技术赋能、极简操作、碎片消费、深度互动"。深度互动指的是短视频这一传播形态能够提供很强的现场感和参与感，视觉上它给人的感觉是不停地还原现场真实情况，满足人们的信息需求，观看者普遍认为短视频提供的是真实的新闻信息，展示的是现实情况，网民在观看过程中更容易产生情感上的共鸣和共情。摆拍短视频的视频作者正是利用了这些特点，刻意调整拍摄手法去迎合观看者，模糊虚假情节和真实故事的界限，企图达到"弄假成真"的效果，用虚构情节获取观看者的真实感情。短视频创作领域并不拒绝虚构内容，有好剧本的故事同样能够吸引观众，但是，当视频作者用虚假内容伪装成真实，就是对公众的欺骗。

（摘编自林爱珺《当前短视频创作的伦理审视》）

材料二：

摆拍短视频是指由人为策划、编造和表演，但伪装成真实新闻事件进行传播的短视频。与一般化的以娱乐为导向的剧情短视频不同，摆拍短视频从社会的热点、焦点、病点和兴奋点入手，以网络用户的爱心、同情心和正义感为传播"杠杆"，吸引用户注意力，赚取网络流量，实现摆拍者不可告人的目的。

摆拍短视频所涉及的领域是多元的，主要集中在与人们日常生活息息相关，并且容易引起人们情感共鸣的领域。例如，"芷江县骑摩托车抢小孩""外卖小哥送餐返回后发现车辆被偷在雨中坐地失声痛哭""考上清华之后跪谢父亲""广东夫妻办完离婚手续之后妻子晕倒丈夫冷眼离开"等摆拍短视频，涉及民生、教育、社会治安、道德伦理等方面。除了上述领域，也存在政治领域的摆拍短视频现象。2016年，一段据称是从废墟中被抢救出来的叙利亚小男孩"阿勒颇受伤儿童"的视频在社交媒体走红，当天转发量就超过3万次，但随后有媒体质疑该视频为摆拍，其目的是为西方国家干涉叙利亚创造"人道主义"理由。

摆拍短视频伪装程度较高。网络空间是一个高风险社会，具有行为主体隐匿、社会网络关系复杂、信息演化和转化过程存在较大不确定性等特点，这些都增加了网络社会引导和管控的难度。一些摆拍视频博主将自身塑造为"公民记者"和"正义化身"，有的甚至还打着"传播正能量，倡导主旋律"的旗号公然进行摆拍创作。与那些明显违反法律法规和公序良俗的短视频不同的是，有些摆拍短视频在表面上看起来也兼顾和整合了如守望社会、传递文化、娱乐用户等传播的社会功能；有些"低级红"和"高级黑"的摆拍短视频虽然标榜"真实性"，但与剧情短视频有着显著的传播目的差异。

无论是从艺术形式还是艺术内容方面来看，摆拍短视频往往并不精彩，甚至是粗制滥造的，不具备广泛传播的价值。然而，摆拍短视频善于拿"人性善恶"或者"极端现象"做文章，很容易击中用户内心深处的情感软肋，牵动用户的爱心和同情心，激起用户的悲伤或者愤怒的情绪。用户在情绪化状态下可能忽略了对短视频本身真实性的核验，将其当作真实事件看待，反而积极转发扩散，使得摆拍短视频在很短时间内得以大范围传播。

在日趋激烈的市场竞争和经济利益的驱使下，短视频平台大有"算法不坏，用户不爱"的发展趋势。平台利用算法争夺用户的注意力，让那些煽情、夸张和刺激的短视频被优先推荐，以迎合用户的"猎奇"欲望。短视频创作所使用的"新闻框架"会影响用户对真实世界的认知，当短视频使用摆拍的"新闻框架"创作并推送时，用户误以为这些就是全部的事实真相，也容易被这些短视频所蕴含的价值观所感染，形成某种固定的认知。在"信息茧房"效应的积累之下，用户可能出现价值观迷失和选择性敌视的情况，逐渐落入逃避现实和虚假臆想的圈套中，这一主观想象的世界实际上颠覆了社会的真实面貌。

（摘编自曾润喜《短视频创作生态的失范现象与纠偏研究》）

1. 下列对材料相关内容的梳理，不正确的一项是（　　　）（3分）

A. "摆拍"短视频 $\begin{cases}拍摄目的 \to 吸引关注，赚取网络流量 \\ 社会影响 \to 可能导致观众价值观迷失等\end{cases}$

B. "真实"短视频 $\begin{cases}拍摄目的 \to 还原真实情况，满足信息需求 \\ 社会影响 \to 弘扬真善美，传播正能量\end{cases}$

C. "摆拍"短视频 $\begin{cases}拍摄手段 \to 刻意调整拍摄手法，迎合观众 \\ 内容处理 \to 明显违反法律法规和公序良俗\end{cases}$

D. "真实"短视频 $\begin{cases}拍摄手段 \to 技术赋能，客观呈现，尝试互动 \\ 内容处理 \to 提供现场参与感，还原真实情况\end{cases}$

2. 下列对材料相关内容的概括和分析，正确的一项是（　　　）（3分）

A. 以很强的现场感和参与感使网民产生情感上的共鸣和共情，这成为推动短视频快速兴起的关键原因和现实逻辑。

B. 当短视频作者企图"弄假成真"，用虚假内容伪装成真实时，就是对公众的欺骗，因此短视频绝不能通过虚构内容来吸引观众。

C. "考上清华之后跪谢父亲"的摆拍短视频正是利用了高考升学这种与日常生活息息相关的话题来引起人们的情感共鸣。

D. 短视频平台利用算法优先推荐煽情、夸张和刺激的短视频，最终是为了吸引用户的注意力和迎合人们的"猎奇"欲望。

3. 下列对材料相关内容的分析和评价，正确的一项是（　　）（3分）

A. 材料一分析了摆拍短视频刻意作假、"弄假成真"的手法，借"移花接木"这一比喻论证强调作假的主观性和欺骗性。

B. 材料二首段从下定义入手，"伪装""不可告人"等含有强烈贬义色彩词语的使用表现出对摆拍行为鲜明的反对立场。

C. 材料二第 1 段引入剧情短视频的概念，意在强调其以娱乐为导向，与摆拍短视频形成鲜明的对比关系。

D. 材料二第 2 段运用例证法论证摆拍短视频涉及民生、教育、社会治安、道德伦理等方面，强调其拍摄题材的多元性。

4. 某网站邀请你对新注册的短视频博主进行"短视频拍摄如何加强与网民的深度互动"的网络培训，请结合材料写出你的发言要点。（4分）

_____

_____

5. 日前，国家网信办统筹指导 24 家网络直播平台和 9 家网络短视频平台统一上线"青少年模式"，请根据两则材料分析出台这一模式的原因。（4分）

_____

_____

【答案】

1. C　2. C　3. A

4. ①短视频拍摄者可通过恰当的方式体现在场感和即时性。②短视频拍摄要选择观察时机和角度，体现现场感。③短视频拍摄者可通过"连麦""即时评论"等方式与网民实时互动，体现参与性。④拍摄短视频不能用虚假内容欺骗公众，要传播正能量，体现核心价值。

5. ①摆拍短视频从社会的热点、焦点、痛点和兴奋点入手，更容易吸引好奇心重的青少年的眼球，使他们深受其害。②摆拍短视频以网络用户的爱心、同情心和正义感为传播"杠杆"，更容易使心智不够健全的青少年的思想发生动摇。③一些摆拍视频博主将自身塑造为"公民记者"和"正义化身"，有的甚至还打着"传播正能量，倡导主旋律"的旗号进行摆拍创作，具有极强的欺骗性。④平台利用算法，让那些煽情、夸张和刺激的短视频被优先推荐给青少年，以迎合他们的"猎奇"欲望。⑤在"信息茧房"效应的积累之下，青少年可能出现价值观迷失和选择性敌视的情况，逐渐落入逃避现实和虚假臆想的圈套中。（答出 4 点即可。）

【解析】（主观题解析）

4. 本题考查探究文本中的某些问题并提出自己的见解的能力。

结合材料一"视觉上它给人的感觉是不停地还原现场真实情况，满足人们的信息需求"可知，短视频拍摄者可通过恰当的方式体现在场感和即时性。

结合材料一"短视频这一传播形态能够提供很强的现场感和参与感""摆拍短视频的……调整拍摄手法去迎合观看者"可知，短视频拍摄要选择观察时机和角度，体现现场感。

结合材料一"短视频的内容题材和视听叙事逻辑有别于传统视听表达""短视频快速兴起的现实逻辑是'技术赋能、极简操作、碎片消费、深度互动'""深度互动指的是短视频这一传播形态能够提供很强的现场感和参与感"可知，短视频拍摄者可通过"连麦""即时评论"等方式与网民实时互动，体现参与性。

结合材料一"短视频创作领域并不拒绝虚构内容，有好剧本的故事同样能够吸引观众，但是，当视频作者用虚假内容伪装成真实，就是对公众的欺骗"可知，拍摄短视频不能用虚假内容欺骗公众，要发挥正能量，体现核心价值。

5. 本题考查整合文章信息、分析运用文中信息的能力。

结合材料二"摆拍短视频从社会的热点、焦点、病点和兴奋点入手……"可知，摆拍短视频从社会的热点、焦点、病点和兴奋点入手，更容易吸引好奇心重的青少年的眼球，使他们深受其害。

结合材料二由"以网络用户的爱心、同情心和正义感为传播'杠杆'，吸引用户注意力"可知，摆拍短视频以网络用户的爱心、同情心和正义感为传播"杠杆"，更容易使心智不够健全的青少年的思想发生动摇。

结合材料二"一些摆拍视频博主将自身塑造为'公民记者'和'正义化身'，有的甚至还打着'传播正能量，倡导主旋律'的旗号公然进行摆拍创作"可知，"一些摆拍视频博主将自身塑造为'公民记者'和'正义化身'，有的甚至还打着'传播正能量，倡导主旋律'的旗号公然进行摆拍创作"，具有极强的欺骗性。

结合材料二"平台利用算法争夺用户的注意力，让那些煽情、夸张和刺激的短视频被优先推荐，以迎合用户的'猎奇'欲望"可整合答案。

结合材料二"在'信息茧房'效应的积累之下，用户可能出现价值观迷失和选择性敌视的情况，逐渐落入逃避现实和虚假臆想的圈套中"可整合答案。

第二章 文学类文本阅读——小说类

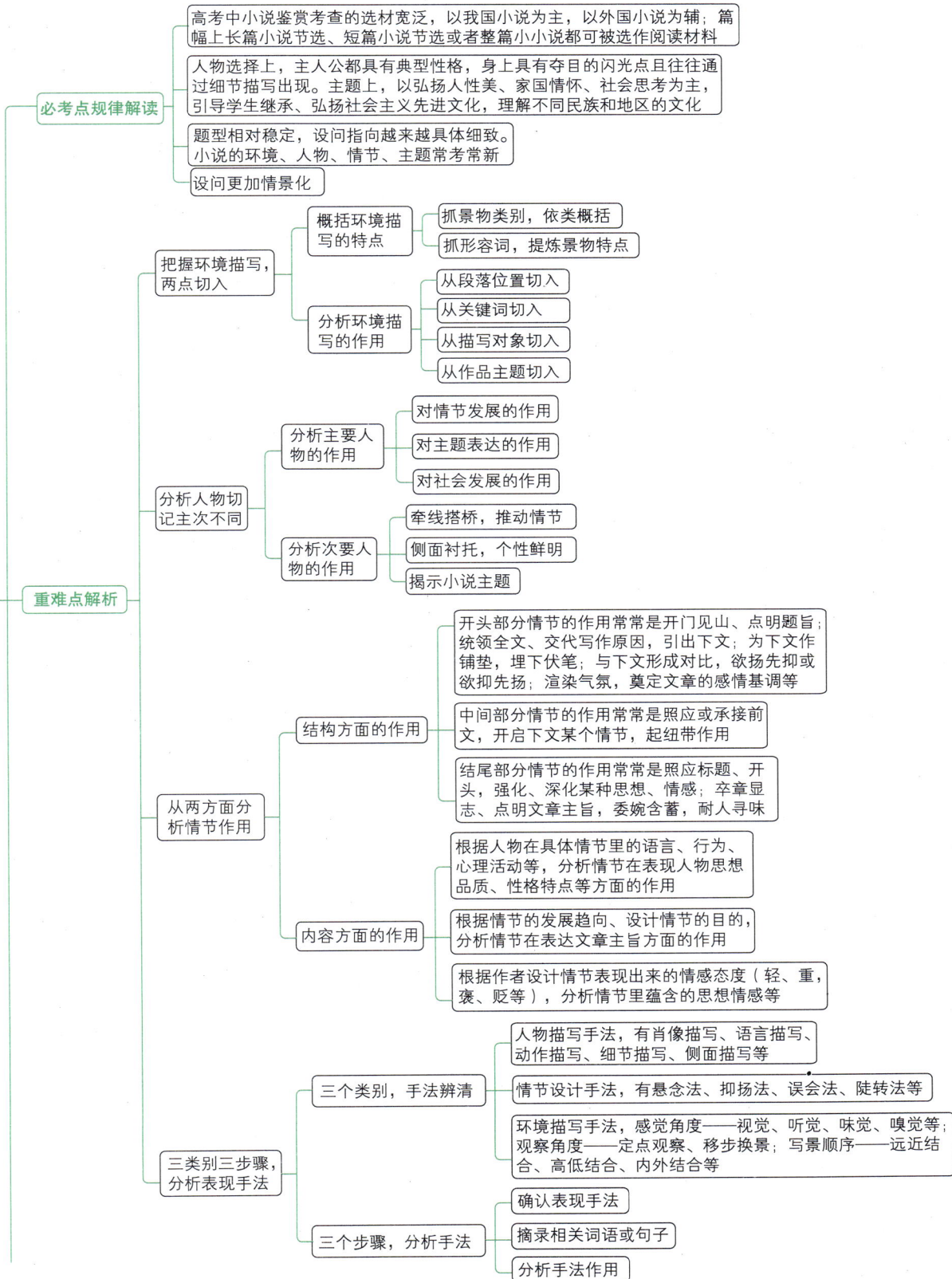

文学类文本阅读——小说类

必考点规律解读

- 高考中小说鉴赏考查的选材宽泛，以我国小说为主，以外国小说为辅；篇幅上长篇小说节选、短篇小说节选或者整篇小小说都可被选作阅读材料
- 人物选择上，主人公都具有典型性格，身上具有夺目的闪光点且往往通过细节描写出现。主题上，以弘扬人性美、家国情怀、社会思考为主，引导学生继承、弘扬社会主义先进文化，理解不同民族和地区的文化
- 题型相对稳定，设问指向越来越具体细致。小说的环境、人物、情节、主题常考常新
- 设问更加情景化

重难点解析

把握环境描写，两点切入

- 概括环境描写的特点
  - 抓景物类别，依类概括
  - 抓形容词，提炼景物特点
- 分析环境描写的作用
  - 从段落位置切入
  - 从关键词切入
  - 从描写对象切入
  - 从作品主题切入

分析人物切记主次不同

- 分析主要人物的作用
  - 对情节发展的作用
  - 对主题表达的作用
  - 对社会发展的作用
- 分析次要人物的作用
  - 牵线搭桥，推动情节
  - 侧面衬托，个性鲜明
  - 揭示小说主题

从两方面分析情节作用

- 结构方面的作用
  - 开头部分情节的作用常常是开门见山、点明题旨；统领全文、交代写作原因，引出下文；为下文作铺垫，埋下伏笔；与下文形成对比，欲扬先抑或欲抑先扬；渲染气氛，奠定文章的感情基调等
  - 中间部分情节的作用常常是照应或承接前文，开启下文某个情节，起纽带作用
  - 结尾部分情节的作用常常是照应标题、开头，强化、深化某种思想、情感；卒章显志，点明文章主旨，委婉含蓄，耐人寻味
- 内容方面的作用
  - 根据人物在具体情节里的语言、行为、心理活动等，分析情节在表现人物思想品质、性格特点等方面的作用
  - 根据情节的发展趋向、设计情节的目的，分析情节在表达文章主旨方面的作用
  - 根据作者设计情节表现出来的情感态度（轻、重，褒、贬等），分析情节里蕴含的思想情感等

三类别三步骤，分析表现手法

- 三个类别，手法辨清
  - 人物描写手法，有肖像描写、语言描写、动作描写、细节描写、侧面描写等
  - 情节设计手法，有悬念法、抑扬法、误会法、陡转法等
  - 环境描写手法，感觉角度——视觉、听觉、味觉、嗅觉等；观察角度——定点观察、移步换景；写景顺序——远近结合、高低结合、内外结合等
- 三个步骤，分析手法
  - 确认表现手法
  - 摘录相关词语或句子
  - 分析手法作用

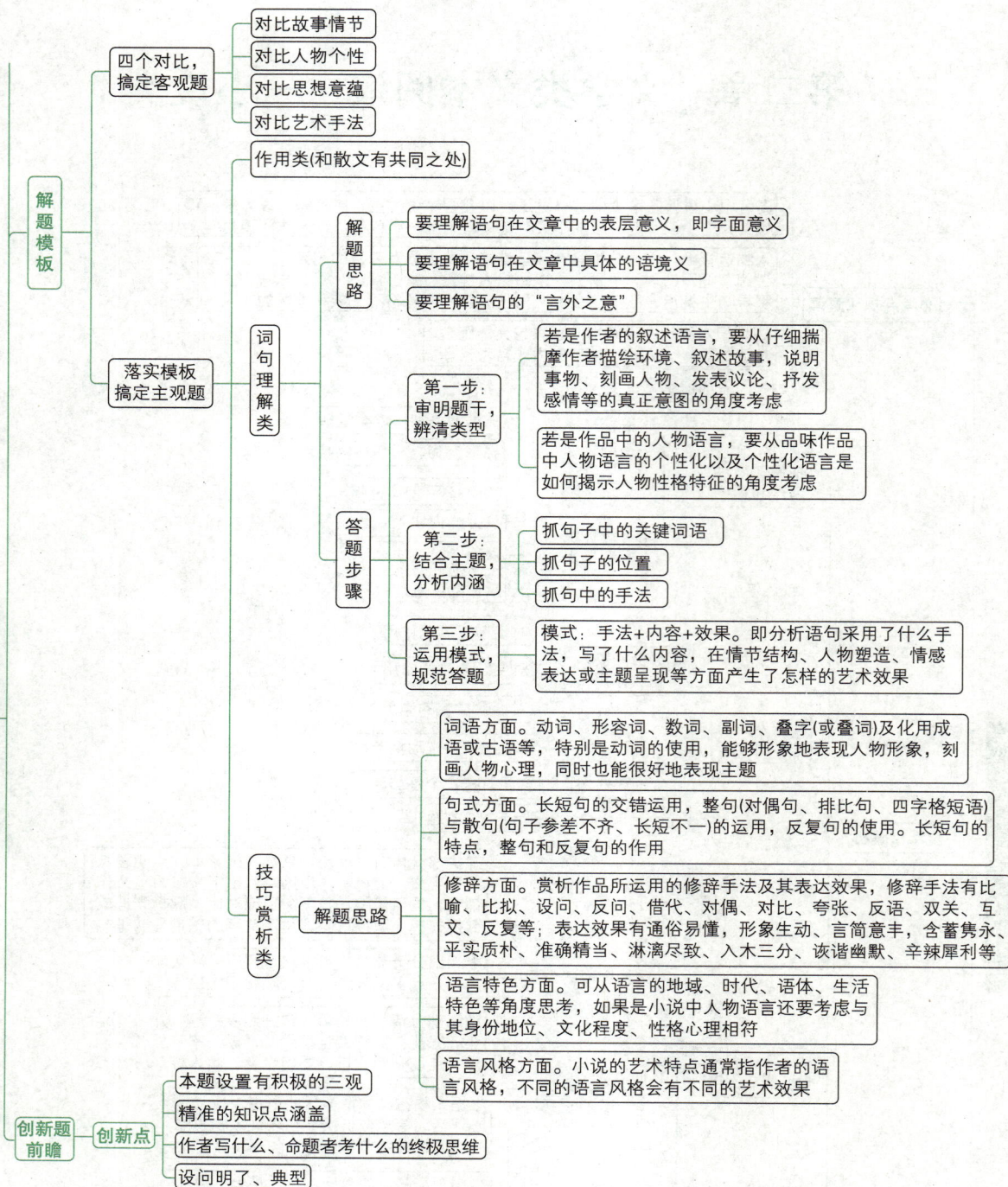

文学类文本阅读——小说类

解题模板

四个对比，搞定客观题
- 对比故事情节
- 对比人物个性
- 对比思想意蕴
- 对比艺术手法

落实模板搞定主观题

作用类(和散文有共同之处)

词句理解类

解题思路
- 要理解语句在文章中的表层意义，即字面意义
- 要理解语句在文章中具体的语境义
- 要理解语句的"言外之意"

答题步骤

第一步：审明题干，辨清类型
- 若是作者的叙述语言，要从仔细揣摩作者描绘环境、叙述故事，说明事物、刻画人物、发表议论、抒发感情等的真正意图的角度考虑
- 若是作品中的人物语言，要从品味作品中人物语言的个性化以及个性化语言是如何揭示人物性格特征的角度考虑

第二步：结合主题，分析内涵
- 抓句子中的关键词语
- 抓句子的位置
- 抓句中的手法

第三步：运用模式，规范答题
- 模式：手法+内容+效果。即分析语句采用了什么手法，写了什么内容，在情节结构、人物塑造、情感表达或主题呈现等方面产生了怎样的艺术效果

技巧赏析类

解题思路
- 词语方面。动词、形容词、数词、副词、叠字(或叠词)及化用成语或古语等，特别是动词的使用，能够形象地表现人物形象，刻画人物心理，同时也能很好地表现主题
- 句式方面。长短句的交错运用，整句(对偶句、排比句、四字格短语)与散句(句子参差不齐、长短不一)的运用，反复句的使用。长短句的特点，整句和反复句的作用
- 修辞方面。赏析作品所运用的修辞手法及其表达效果，修辞手法有比喻、比拟、设问、反问、借代、对偶、对比、夸张、反复、双关、互文、反复等；表达效果有通俗易懂，形象生动、言简意丰，含蓄隽永、平实质朴、准确精当、淋漓尽致、入木三分、诙谐幽默、辛辣犀利等
- 语言特色方面。可从语言的地域、时代、语体、生活特色等角度思考，如果是小说中人物语言还要考虑与其身份地位、文化程度、性格心理相符
- 语言风格方面。小说的艺术特点通常指作者的语言风格，不同的语言风格会有不同的艺术效果

创新题前瞻

创新点
- 本题设置有积极的三观
- 精准的知识点涵盖
- 作者写什么、命题者考什么的终极思维
- 设问明了、典型

一 必考点规律解读——小说三要素（人物、故事情节、环境）就是根本命题点

1. 小说是四大文学样式中的一种重要样式。高考中小说阅读考查的选材宽泛，以我国小说为主，以外国小说为辅；篇幅上长篇小说节选、短篇小说节选或者整篇小小说都可被选作阅读材料。

2. 人物选择上，主人公或平凡、或高大，但是都具有典型性格，身上具有夺目的闪光点且往往通过细节描写出现。主题上，以弘扬人性美、家国情怀、社会思考为主，引导学生继承、弘扬社会主义先进文化，理解不同民族和地区的文化。

3. 题型相对稳定（会越来越稳定，"反套路"几乎不存在），设问指向越来越具体细致。小说的环境、人物、情节、主题常考常新，此之谓"太阳底下，再无新事"。

4. 设问更加情景化，如 2021 年新高考全国 2 卷小说阅读的第 2 个主观题："文本二指出，教小孩子作文要'能懂得小孩子的欢喜'，谈谈文本一是如何实践'能懂得小孩子的欢喜'这一主张的。"

在具体的落实处，要做到以下"**三分析三把握**"。

下面通过例析来共同落实"三分析三把握"。

例析 ① ▶ ·· （思路的重要性）

阅读下面的作品，完成 1~4 题。（2017 年江苏卷）

一个圣诞节的回忆

[美] 杜鲁门·卡波特

请设想一下二十多年前一个十一月的早晨，一个白发剪得短短的妇人站在窗口，大声说："这是做水果蛋糕的好天气！巴迪，去把我们的车推来，我们要烤三十个水果蛋糕呢。"

那时我七岁，她六十光景，我们是很远的表亲。从我记事起，我俩就住在一起。她叫我"巴迪"，为了纪念她以前最好的朋友。那个巴迪早死了，当时她自己还是个孩子。她现在仍是个孩子。

我们把童车推进山核桃树丛。童车是我出生时买的，快散了，轮子摇来摆去，像醉鬼的腿。奎尼是我们养的一条小狗，她挺过了一场瘟疫和两次响尾蛇的噬咬，现在一路小跑跟在小车旁。

三个小时后我们回到厨房，把拉回家的满满一车风吹自落的山核桃的壳剥去。欢快的裂壳声像是微弱的雷鸣，核桃肉散发着甜美的香气。奎尼求我们给她点尝尝，我的朋友时不时偷偷给她一点，但我俩是绝对不可以吃的。"这些山核桃还不见得够做三十个水果蛋糕呢。"明月高照，小车空了，碗满满的。

第二天，我最喜欢的事开始了：大采购。樱桃、柑橘、香草、葡萄干、威士忌、大量的

面粉和黄油……嗬，简直要一匹小马才能把车拉回家。我们没钱，但每年总能用尽各种办法，筹到一笔水果蛋糕基金：卖破烂，卖摘来的一桶桶黑莓、一罐罐自制的果酱、苹果冻，为葬礼和婚礼采集鲜花。

黑炉子加足了煤和柴火，烧得像一只发光的南瓜。打蛋器旋转着，调羹在一碗碗黄油和糖里搅动，香草让空气变得甜甜的，姜又增加了香味。厨房里浓香扑鼻，弥漫到整幢屋子。四天后，大功告成，三十个蛋糕放在窗台、搁板上晾着。

蛋糕给谁呢？朋友呗。不一定是邻近的，大半倒是只见过一次，甚至素未谋面的、我们喜欢的朋友。例如罗斯福总统、一年来镇上两次的小个子磨刀人、帕克（班车司机，他每天在尘土飞扬中嗖的一声驶过时和我们互相挥手招呼）。是不是因为我的朋友太害羞了，才把这些陌生人当作真正的朋友？我想是的。我们的纪念册里有用白宫信笺写的答谢信，有磨刀人寄来的一分钱明信片——它们让我们觉得和外面丰富的世界联系在一起。

厨房空了，蛋糕都送走了，我的朋友要庆祝一下——还剩下一点威士忌。奎尼分到满满一勺，倒在她的咖啡碗里（她喜欢菊苣香的浓咖啡），我们平分剩下的。奎尼躺在地上打滚，爪子在空中乱抓。我身子里热烘烘地冒火星，像快要烧成灰烬的木柴。我的朋友围着炉子跳圆舞曲，两只手提起那身蹩脚的花布连衣裙的裙边，就像是舞会上穿的礼服，唱着"指给我回家的路"。

下一个任务就是准备礼物。我想给她买整整一磅樱桃巧克力，不过，我给她做了只风筝。她希望给我一辆自行车，不过，我肯定她也是给我做风筝——和去年一样，和前年也一样。我们又凑了五分钱给奎尼买了一大根还有余肉可啃的牛骨头，用彩纸包起来，高高地挂在圣诞树顶上一颗银星边。奎尼知道那是牛肉骨头，馋得坐在树下呆望着，该睡了还不肯走。我的兴奋不亚于她，踢被子，翻枕头，就像是个热得不可开交的夏天夜晚。我的朋友手持蜡烛坐到我的床沿："我一点也睡不着，心像兔子一样乱跳。你说罗斯福夫人会在晚餐时端上我们的水果蛋糕吗？"我俩在床上挤作一团，她在我的手心里写"我爱你"。"你的手比以前大了。我想我大概不愿你长大。你长大了，我们还能继续当朋友吗？"我说我们永远是朋友。

这是我们一起过的最后一个圣诞节。

我上了军事学校。我也有了新家，但那不算数。<u>我的朋友在哪里，哪里才是我的家，而我再也没回去过。</u>

她还待在那里，有奎尼做伴，后来只剩她一个人了。（她写道："昨天，梅西的马踢伤了奎尼，伤得很重。谢天谢地，她没有太痛苦。我把她包在一个条纹床单里，用童车推到草地……"）以后几年的十一月里，她还是做水果蛋糕，她一个人，没有从前做得多，不用说，总是把"最好的那个"寄给我。渐渐地，她在信中把我和早已死去的巴迪混淆起来。

终于，又一个十一月的早晨来临，一个树叶光光、没有小鸟的冬天早晨，她再也爬不起来大声说："这是做水果蛋糕的好天气！"

1. 结合情节，简要分析小说中"我的朋友"的生活状态。（6分）

2. 文中画线句表达了"我"什么样的情感？（4分）

3. 小狗奎尼在小说中多次出现，简析其对人物刻画的映衬作用。（4分）

4. 请探究小说结尾的表达效果。（6分）

【解析】

（1）分析作品结构，把握情节

　　小说是否成功，关键在于构思能否精巧别致。巧妙的构思首先表现在新颖、独特、有悬念、有起伏，结构精巧。小说的构思精巧还表现在含蓄曲折。所以阅读小说时，分析其层次，理清作者的思维脉络，既是一个考查点，也是一个突破口。

　　看本例析中第1题"结合情节，简要分析小说中'我的朋友'的生活状态"，就是典型的分析结构、把握情节的题目。解答此题时要从全文入手，注意小说主要人物和次要人物之间的正面和侧面以及明和暗的关系，体会作者的匠心独运之处。

【答案】

　　贫穷、孤单，却热爱生活、充满快乐。从通过卖破烂、卖自采黑莓等方式来筹集水果蛋糕基金、自己做风筝作为礼物、凑五分钱买牛骨头等情节，可见其贫穷；从只有"我"和小狗陪伴她等情节，可见其孤单；从满怀欣喜地做蛋糕、送蛋糕、准备礼物等情节，可见其热爱生活、充满快乐。

　　情节是小说中用以表现主题或人物性格的一系列有组织的生活事件，小说以某一行为或动作作为情节的主体。尽管人物动作或行动片段也是在一个矛盾冲突中表现出来的，但矛盾的前因后果，由开端、发展高潮到结局的过程都可以不作总体性显示。可见，阅读小说，既要紧紧抓住人物某个动作或某个事件，同时，也要注意小说情节的曲折跌宕。

　　看本例析第3题"小狗奎尼在小说中多次出现，简析其对人物刻画的映衬作用"，此题实质是考查通过情节来把握人物的形象。

【答案】

　　小狗奎尼经受的磨难，映衬了"我们"生活的艰难与坚强；小狗奎尼的特殊待遇，映衬了"我们"的善良与平等观念；小狗奎尼的兴奋状态，映衬了"我们"的快乐幸福；小狗奎尼的离世，映衬了"我的朋友"的孤单寂寞。（映衬就是衬托，需要转化、理解。）

（2）分析人物形象，把握性格

高考中涉及的小说或小说片段一般人物较少，而且在人物的表现上，通过人物某一动作或行动片段"闪现"人物性格、心理、情感、情绪、思想、意识和命运的某一点细微特征。运用特写显示人物的局部，使其充分"曝光"，给读者留下一个鲜明突出的印象，于细微处见精神。或只写人物性格的一个小凸面，或只写人物心理上的一道波痕，或只写人物情绪上的一丝变化，或只写人物思想意识上的一点升华，或只写人物命运中的一次小小撞击。

这是命题人的精心选择。

当我们把欣赏的重点放在人物形象上时，环境与情节就成为赏析人物形象的依据。

从分析环境入手，探究人物命运与思想性格之所以如此的社会原因。小说的环境描写，通常包括历史背景、时代氛围、人物关系、人情风俗以及自然景物等方面，概而言之即自然环境与社会环境两个方面。自然环境对人物的命运有时也有影响，但真正决定人物命运的往往主要是社会环境。如《祝福》中的祥林嫂与《荷花淀》中的水生嫂，其命运与性格截然不同，就是因为其生活在两个截然不同的社会环境之中。

从分析情节入手，把握人物的性格特征。情节一般是通过描写人物思想性格和情感欲望的冲突以及由此引起的人物关系、人物命运的变化来展开的。在情节的展开中，通过人物的外貌、行为和心理状态，再现活生生的鲜明个性。

（3）分析环境描写，把握原因

在小说作品中，环境是形成人物性格，驱使其行动的特定场所。小说所塑造的人物形象和所构设的故事情节，总是出现于一定的时空位置（即一定的历史时期和地域场所），这就是小说的环境，包括社会环境和自然环境两个方面。

社会环境由人们的社会活动和社会关系组成，包括一定历史时期的社会制度、经济形态、文化状况、风俗礼仪等。它是事件发生和人物活动的社会条件，是人物性格形成、发展的土壤，影响着人物的思想、性格和人物对客观生活的理解、认识，从而使人物对现实生活采取不同的态度。

自然环境是指人物活动的时间、地点、时令、气候、地理风貌等。小说中的自然环境描写可以将人的特殊境遇、独特经历细细写来，给读者创造出一种身临其境之感。这可使读者关心小说中人物的命运，与小说中的人物同喜同悲，陶醉于小说情景中。当然自然环境的描写还要依据情节发展的需要，能够真实详尽地、与人物心情相符地逐一展现。比如本例析的第4题"请探究小说结尾的表达效果"，此题实质是要求分析环境描写在文本中的作用。

三 重难点解析——人物性格分析、细节描写的作用、故事情节的作用

小说的三要素——人物、故事情节、环境，是高考命题考查的重点、难点（在通读、归纳主旨的基础上），此外还有技巧（注意表达技巧是为人物和主题服务的）。

（一）把握环境描写，两点切入

1. 概括环境描写的特点

（1）抓景物类别，依类概括。①人物活动的场所，如家庭、街道及工作地点等，分析它们呈现出怎样的特点。②弄清楚在此环境中的人际关系。③要注意人物的生活、工作状态和心境，是否压抑或者愉悦等。

（2）抓形容词，提炼景物特点。小说描写环境，往往要对景物进行修饰性的描述，抓住这些修饰性的词语，即可概括出景物特点。如《林黛玉进贾府》中对荣禧堂的描写：大院落、大正房、轩昂壮丽、大匾、大字、大画、大案、高鼎等，根据这些词语，即可提炼出荣禧堂的特点：高大华美，壮丽轩昂。

2. 分析环境描写的作用

（1）从段落位置切入。环境描写所处的段落位置不同，在作品中所起的作用也会不同。处在首段的环境描写，往往起到交代地点、渲染气氛、明确基调的作用；处在文本中间的环境描写，能起到承上启下、转换情节的作用；处在末段的环境描写，能起到呼应前文、营造余韵的作用。

（2）从关键词切入。作者往往用生动的自然环境描写来营造故事的特定氛围，从而增加故事的真实性。为了达到预期的表达效果，作者往往会相应地选择一些能突显主观情感的词语来描绘环境，如凄风、苦雨、落叶、夕照等冷色调的词语，艳阳、丽日、春苗、绿柳、桃李芬芳等暖色调的词语等。

（3）从描写对象切入。作者在选择描写对象时，事先都要进行仔细斟酌，因为恰当的环境描写有助于人物形象的刻画和主题的表达。为了表现人物丰富的心境、复杂的性格，作者往往要为小说中的人物设置多种不同的活动背景，用以"刺激"人物，以记录其种种行为，进而显露其性格。

（4）从作品主题切入。在小说中，环境是形成人物性格并驱使人物行动的特定场所，也是一定历史时代、社会现实及其发展趋势的具体体现。首先将作品通览一遍，再联系小说创作意图来反观小说中环境描写的作用，可帮助我们准确地理解作品主题、把握人物形象。

总之一句话，要谨记——小说中写环境，一定不是只写环境，它有暗示、象征的作用，天地山川、风花雪月、亭台楼榭、车水马龙，一切环境描写总关情。

例析 ▶

阅读下面的文字，完成下面小题。（2023年新高考全国2卷）

社戏（节选）

沈从文

　　萝卜溪邀约的浦市戏班子，赶到了吕家坪，是九月二十二。一行十四个人，八个笨大衣箱，坐了只辰溪县装石灰的空船，到地时，便把船靠泊在码头边。掌班依照老规矩，带了个八寸大的朱红拜帖，来拜会本村首事滕长顺，商量看是在什么地方搭台，哪一天起始开锣。

　　半月来省里向上调兵开拔的事，已传遍了吕家坪。不过商会会长却拿定了主意：照原来计划装了五船货物向下游放去。长顺因为儿子三黑子的船已到地卸货，听会长亲家出主意，也预备装一船橘子下常德府。空船停泊在河边，随时有人把黄澄澄的橘子挑上船，倒进舱里去。戏班子乘坐那只大空船，就停靠在橘子园边不多远。

　　两个做丑角的浦市人，扳着船篷和三黑子说笑话，以为古来仙人坐在斗大橘子中下棋，如今仙人坐在碗口大橘子堆上吸烟，世界既变了，什么都得变。可是三黑子却想起保安队队长向家中讹诈事情，因此只向那个做丑角的戏子苦笑。

　　长顺约集本村人在伏波宫开会，商量看这戏演不演出。时局既不大好，集众唱戏是不是影响治安？末了依照多数主张，班子既然接来了，酬神戏还是在伏波宫前空坪中举行。凡事依照往年成例，出公份子演戏六天，定二十五开锣。并由本村出名，具全红帖子请了吕家坪的商会会长，和其他庄口上的有名人物，并保安队队长、排长、师爷、税局主任、督察等，到时前来看戏。还每天特别备办两桌四盘四碗酒席，款待这些人物。

　　到开锣那天，本村和附近村子里的人，都换了浆洗过的新衣服，荷包中装满零用钱，赶到萝卜溪伏波宫看大戏。因为一有戏，照习惯吕家坪镇上卖大面的、卖豆糕米粉的、油炸饼和其他干湿甜酸熟食冷食的，无不挑了锅罐来搭棚子，竞争招揽买卖。妇女们且多戴上满头新洗过的首饰，或镀金首饰，发蓝点翠首饰，扛一条高脚长板凳，成群结伴跑来看戏，必到把入晚最后一幕杂戏看完，把荷包中零用钱花完，方又扛起那条凳子回家。有的来时还带了饭箩和针线，有的又带了香烛纸张顺便敬神还愿。平时单纯沉静的萝卜溪，于是忽然显得空前活泼热闹起来。

　　长顺一家正忙着把橘子下树上船，还要为款待远来看戏亲友，准备茶饭，因此更见得热闹而忙乱。家中每天必为镇上和其他村子里来的客人，办一顿过午面饭。又另外烧了几缸热茶，供给普通乡下人。长顺自己且换了件大船主穿的大袖短摆蓝宁绸长衫，罩一件玄青羽绫马褂，舞着那个挂有镶银老虎爪的紫竹马鞭长烟杆，到处走动拜客。

　　第一天开锣时，由长顺和其他三个上年纪的首事人，在伏波爷爷神像前磕头焚香，杀了一只白羊，一只雄鸡，烧了个申神黄表。戏还未开场，空坪中即已填满了观众，吕家坪的官商要人，都已就座。开锣后即照例"打加官"，由一个套白面具的判官，舞着个肮脏的红缎巾幅，台上打小锣的检场人叫一声："某大老爷禄位高升！"那判官即将巾幅展开，露出字面。被尊敬颂祝的，即照例赏个红包封。有的把包封派人送去，有的表示豪爽，便把那个赏金用力直向台上掼去，惹得一片喝彩。当天第一个叫保安队队长。第一出戏象征吉祥性质，对神示敬，对人颂祷。第二出戏与劝忠教孝有关。到中午休息，匀出时间大吃大喝。休息时间，一些戏子头上都罩着发网子，脸上颜料油腻也未去净，争到台边熟食棚子去喝酒，引得观众包围了棚子看热闹。妇女们把扣双凤桃梅大花鞋的两脚，搁在高台子踏板上，口中嘘嘘的吃辣子羊肉面，或一面剥葵花子，一面并谈论做梦绩麻琐碎事情。下午开锣重唱，戏文转趋热闹活泼。

掌班走到几位要人身边来请求赏脸，在排定戏目外额外点戏。

大家都客气谦让，不肯开口。经过一阵撺掇，队长和税局主任是远客，少不了各点一出，会长也被迫点一出。队长点"武松打虎"，因为武人点英雄，短而热闹，且合身份；会长却点"王大娘补缸"，戏是趣剧，用意在于与民同乐。戏文经点定后，照例也在台柱边水牌上写明白，给看戏人知道。开锣后正角上场，又是包封赏号，这个包封却照例早由萝卜溪办会的预备好，不用贵客另外破钞。

最末一出杂戏多是短打，三个穿红裤子的小花脸，在台上不住翻跟斗，说浑话。

收锣时已天近黄昏，天上一片霞，照得人特别好看。一切人影子都被斜阳拉得长长的，脸庞被夕阳照炙得红红的。到处是笑语嘈杂，过吕家坪去的渡头，尤其热闹。方头平底大渡船，装满了从戏场回家的人，慢慢在平静河水中移动，两岸小山都成一片紫色，天上云影也逐渐在由黄而变红，由红而变紫。太空无云处但见一片深青，秋天来特有的澄清。在淡青色天末，一颗长庚星白金似的放着煜煜光亮，慢慢地向上升起。远山野烧，因逼近薄暮，背景既转成深蓝色，已由一片白烟变成点点红火。……一切光景无不神奇而动人。可是人人都融和在这种光景中，带点快乐和疲倦的心情，等待还家。无一个人能远离这个社会的快乐和疲倦，声音与颜色，来领会赞赏这耳目官觉所感受的新奇。

（有删改）

1. 下列对文本相关内容的理解，不正确的一项是（　　）（3分）

A. 萝卜溪的酬神社戏，适逢秋天橘子收获时节，按惯例在伏波宫前空坪中连演六天。

B. 女人们成群结伴来看戏，有的还会带上饭箩针线或香烛纸张，富有乡土生活气息。

C. "打加官"第一个就叫保安队队长，可以见出萝卜溪办会者对他有所忌惮和逢迎。

D. 排定戏目外额外点戏需封赏，会长"也被迫点一出"，此细节暗示了会长的吝啬。

2. 下列对文本艺术特色的分析鉴赏，不正确的一项是（　　）（3分）

A. 本文开头写戏班子如约而至，接下来又写到"省里向上调兵开拔的事"，令人感觉到一种寻常岁月隐约生变的气氛。

B. 传统白话小说常以描摹衣饰来刻画人物，本文写社戏之日长顺走动拜客，就使用了这种笔法来表现长顺的郑重守礼。

C. 最后一段景物描写，同鲁迅《社戏》对归家途中的景物描写一样，都以自然之美衬托了散戏后人们的失落与惆怅。

D. 沈从文这里写社戏，同他在《边城》中写端午节一样，都是通过对民俗的铺写描绘了存有世外桃源意味的乡土社会。

【答案】

1. D　2. C

【解析】

1. **本题考查对文本相关内容的理解和分析能力。**

    D. "暗示了会长的吝啬"错，原文中"大家都客气谦让，不肯开口。经过一阵撺掇，队长和税局主任是远客，少不了各点一出，会长也被迫点一出"，这里的"被迫"是表现会长的谦让，没有体现其吝啬。

2. **本题考查对文本艺术特色的分析鉴赏能力。**

    C. "散戏后人们的失落与惆怅"错。由原文"可是人人都融和在这种光景中，带点快乐和疲倦的心情，等待还家"可知，景物描写烘托了散戏后人们的快乐、疲倦和意犹未尽。这里即是对环境作用的考查。

（二）分析人物切记主次不同

1. **分析主要人物的作用**

    （1）对情节发展的作用。分析主要人物的性格特点，要考虑其对情节的推进作用。

    （2）对主题表达的作用。分析人物形象的典型性，要考虑其对小说主题表达的作用，也就是作者塑造人物的用意——反映社会现实和寄托情感。比如金庸武侠小说中的几个出彩男主角：乔峰、郭靖、杨过、令狐冲、张无忌，除张无忌外，其余几位都性格鲜明，具有较高的辨识度；张无忌性格相对懦弱、优柔寡断，更接近社会中正常的"小男人"，但受欢迎程度却从来不低，这可能是金庸塑造人物时有意为之的。

    （3）对社会发展的作用。分析人物形象的社会意义，要结合人物形象给人们带来的某种启示，这也是作者写作的真正意图。

2. **分析次要人物的作用**

    （1）牵线搭桥，推动情节。在一些小说中，主要人物的一举一动、一颦一笑，往往能从次要人物的眼里看出来；作者对人物的感受、评价，往往通过次要人物的嘴里说出来；通过次要人物的见闻，把故事相关的情节自然地融合在一起，推动情节的发展。次要人物的出现主要是担当特定的角色，完成一定的叙事功用，常常能起到线索的作用。

    （2）侧面衬托，个性鲜明。次要人物可以衬托、凸现主要人物的品质、思想感情，使主要人物形象更加鲜明清晰。

（3）揭示小说主题。次要人物的设置是为塑造主要人物服务的，更是为揭示小说主题服务的。小说对次要人物的刻画貌似轻描淡写，往往匠心独运，既揭示了小说的主题，又可增添小说的艺术感染力。

例析

阅读下面的文字，完成1~3题。（2019年全国1卷）

理水（节选）

鲁迅

当两位大员回到京都的时候，别的考察员也大抵陆续回来了，只有禹还在外。他们在家里休息了几天，水利局的同事们就在局里大排筵宴，替他们接风。这一天真是车水马龙，不到黄昏时候，主客就全都到齐了，院子里却已经点起庭燎来，鼎中的牛肉香，一直透到门外虎贲的鼻子跟前，大家就一齐咽口水。酒过三巡，大员们就讲了一些水乡沿途的风景，芦花似雪，泥水如金，黄鳝膏腴，青苔滑溜……等等。微醺之后，才取出大家采集了来的民食来，都装着细巧的木匣子，盖上写着文字，有的是伏羲八卦体，有的是仓颉鬼哭体，大家就先来赏鉴这些字，争论得几乎打架之后，才决定以写着"国泰民安"的一块为第一，因为不但文字质朴难识，有上古淳厚之风，而且立言也很得体，可以宣付史馆的。

局外面也起了一阵喧嚷。一群乞丐似的大汉，面目黧黑，衣服破旧，竟冲破了断绝交通的界线，闯到局里来了。卫兵们大喝一声，连忙左右交叉了明晃晃的戈，挡住他们的去路。

"什么？——看明白！"当头是一条瘦长的莽汉，粗手粗脚的，怔了一下，大声说。

卫兵们在昏黄中定睛一看，就恭恭敬敬的立正，举戈，放他们进去了。

局里的大厅上发生了扰乱。大家一望见一群莽汉们奔来，纷纷都想躲避，但看不见耀眼的兵器，就又硬着头皮，定睛去看。头一个虽然面貌黑瘦，但从神情上，也就认识他正是禹；其余的自然是他的随员。

这一吓，把大家的酒意都吓退了，沙沙的一阵衣裳声，立刻都退在下面。禹便一径跨到席上，并不屈膝而坐，却伸开了两脚，把大脚底对着大员们，又不穿袜子，满脚底都是栗子一般的老茧。随员们就分坐在他的左右。

"大人是今天回京的？"一位大胆的属员，膝行而前了一点，恭敬的问。

"你们坐近一点来！"禹不答他的询问，只对大家说。"查的怎么样？"

大员们一面膝行而前，一面面面相觑，列坐在残筵的下面，看见咬过的松皮饼和啃光的牛骨头。非常不自在——却又不敢叫膳夫来收去。

"禀大人，"一位大员终于说。"倒还像个样子——印象甚佳。松皮水草，出产不少；饮料呢，那可丰富得很。百姓都很老实，他们是过惯了的。"

"卑职可是已经拟好了募捐的计划，"又一位大员说。"准备开一个奇异食品展览会，另请女隗小姐来做时装表演，来看的可以多一点。"

"这很好。"禹说着，向他弯一弯腰。

"不过第一要紧的是赶快派一批大木筏去，把学者们接上高原来。"第三位大员说，"学者们有一个公呈在这里，他们以为文化是一国的命脉，学者是文化的灵魂，只要文化存在，华夏也就存在，别的一切，倒还在其次……"

"他们以为华夏的人口太多了，"第一位大员道，"减少一些倒也是致太平之道。况且那些不过是愚民，那喜怒哀乐，也决没有智者所推想的那么精微的。……"

"放他妈的屁！"禹心里想，但嘴上却大声的说道："我经过查考，知道先前的方法：'湮'，确是错误了。以后应该用'导'！不知道诸位的意见怎么样？"

静得好像坟山；大员们的脸上也显出死色，许多人还觉得自己生了病，明天恐怕要请病假了。

"这是蚩尤的法子！"一个勇敢的青年官员悄悄的愤激着。

"卑职的愚见，窃以为大人是似乎应该收回成命的。"一位白须白发的大员，这时觉得天下兴亡，系在他的嘴上了，便把心一横，置死生于度外，坚决的抗议道："湮是老大人的成法。'三年无改于父之道，可谓孝矣。'——老大人升天还不到三年。"

禹一声也不响。

"况且老大人化过多少心力呢。借了上帝的息壤，来湮洪水，虽然触了上帝的恼怒，洪水的深度可也浅了一点了。这似乎还是照例的治下去。"另一位花白须发的大员说，他是禹的母舅的干儿子。

禹一声也不响。

"我看大人还不如'干父之蛊'，"一位胖大官员看得禹不作声，以为他就要折服了，便带些轻薄的大声说，不过脸上还流出着一层油汗。"照着家法，挽回家声。大人大约未必知道人们在怎么讲说老大人罢……"

"要而言之，'湮'是世界上已有定评的好法子，"白须发的老官恐怕胖子闹出岔子来，就抢着说道。"别的种种，所谓'摩登'者也，昔者蚩尤氏就坏在这一点上。"

禹微微一笑："我知道的。有人说我的爸爸变了黄熊，也有人说他变了三足鳖，也有人说我在求名，图利。说就是了。我要说的是我查了山泽的情形，征了百姓的意见，已经看透实情，打定主意，无论如何，非'导'不可！这些同事，也都和我同意的。"

他举手向两旁一指。白须发的，花须发的，小白脸的，胖而流着油汗的，胖而不流油汗的官员们，跟着他的指头看过去，只见一排黑瘦的乞丐似的东西，不动，不言，不笑，像铁铸的一样。

（有删改）

1. 下列对本文相关内容和艺术特色的分析鉴赏，不正确的一项是（ ）（3分）

A. 第1段中，洪灾中的民间疾苦被筵宴上大啖酒肉的大员们转化为"水乡沿途的风景"等谈资，这不仅是讽刺，更表达了忧愤。

B. 鲁迅善以细节传神，文中写胖大官员脸上"流出着一层油汗"，与写祥林嫂"眼珠间或一轮"一样，都是以外在的细节刻画人物的内在特征。

C. 针对禹提出的"导"的治水方法，众大员软硬兼施，口口声声"老大人"，是以所谓"孝"给禹施压，实质上还是反对禹的变革。

D. 文中有意使用"水利局""时装表演""摩登"等现代词语，以游戏笔墨颠覆了"大禹治水"的严肃性与真实性，从而传达出历史的虚无感。

2. 鲁迅说："我们从古以来，就有埋头苦干的人，有拼命硬干的人，有为民请命的人，有舍身求法的人，……这就是中国的脊梁。"请谈谈本文是如何具体塑造这样的"中国的脊梁"的。（6分）

_____

_____

3.《理水》是鲁迅小说集《故事新编》中的一篇，请从"故事"与"新编"的角度简析本文的基本特征。（6分）

_____

_____

【答案】

1. D

2.（1）外貌描写。作者描写了"一群乞丐似的大汉，面目黧黑，衣服破旧"，写他们破、黑、瘦的面目和粗手粗脚。

（2）语言描写。简短有力的语言，突出人物的朴素、沉着、坚定、务实和有远见。

（3）对比（衬托）手法。通过大禹及其随员和大员们的对比来突显大禹及其随员脚踏实地、埋头苦干、拼命硬干的精神和勇于改革的胆识。

3.（1）从内容上说，这篇小说取材于大禹治水的上古传说，考查典籍博采文献，富有历史韵味。

（2）"新编"表现为作者虚构了很多原故事中不存在的人物、情节，还有新的历史讲述方式，如掺入现代词语、使用杂文笔法，使作品充满想象力及创造性。

（3）这篇小说以传说为基础，以新编为手法，体现出一种创新思维。着眼于对历史与现实均作出关照，作品具有深刻的思想性。

【解析】

1. 本题考查对文本思想内容和艺术特色的分析和鉴赏能力。

解答此类题，应从语句理解、手法分析、内容分析、主题理解等角度分析判断。D 项中的"以游戏笔墨颠覆了'大禹治水'的严肃性与真实性，从而传达出历史的虚无感"错误。鲁迅从反顾历史和讽喻现实的目的出发，打破时空的界限，在上古时代的神话世界里插入大量的"现代"的人、事，使作品逸出了传统历史小说的范围，呈现出鲜明的怪诞性和讽刺喜剧情调，并不是要传达所谓"历史的虚无感"。故 D 项错误。

2. 本题考查把握塑造人物形象手法的能力。

解答此类题，首先要明确常见的刻画人物的手法：肖像描写，心理描写，行动描写，语言描写，细节描写。正面描写（直接描写），侧面描写（间接描写），白描和工笔等。

对小说塑造形象手法类题目，一般组织答案的步骤：第一步，指明小说运用了哪一种描写手法。第二步，结合具体情节分析这种描写手法在文句中是如何体现的。第三步，明确有何效果或作用。要点明此手法突出了人物的什么形象特点。大禹形象的塑造，体现了鲁迅在 20 世纪 30 年代中国内忧外患、灾难频仍的严峻形势下对弘扬民族优秀文化精神、增强民族自信心的高度重视。那时，国内政局黑暗、民生凋敝，日军加紧侵略，国土不断沦丧，舆论界弥漫着悲观失望的调子。为此，鲁迅写《理水》，赞颂大智大勇、刻苦实干、公而忘私的大禹，意在借古代的英雄人物及其所代表的民族精神的展现，激励国民的民族自豪感和自强意识，启发国民直面现实灾难，从民族优秀文化传统和精英人物身上汲取力量。

3. 此题考查把握、分析小说情节的能力。

小说必须具备三个要素：人物、故事情节、环境（自然环境和社会环境）。"虚构性"是小说的本质。"捕捉人物生活的感觉经验"，是小说竭力要挖掘的艺术内容，其感觉经验愈是新鲜、细微、独特、准确、深刻，就愈是小说化。"虚构性"与"捕捉人物生活的感觉经验"，是上述要素中最能体现小说性质的东西。简单地说，小说就是以塑造人物形象为中心，通过故事情节的叙述和环境的描写反映社会生活的一种文体。

在《理水》中，鲁迅一方面依据史有所载的神话传说，塑造了上古时代治水英雄大禹的形象，同时又大胆突破传统历史小说的形式规范，将 20 世纪 30 年代中国社会形形色色的丑陋、乖讹现象披上历史的外衣，讽刺性地嵌入上古时代的神话氛围里，刻画了"文化山"上的学者教授、视察大员、水利局官吏等众多喜剧角色，组成了一个古今杂糅的怪诞世界。此外文本的"新"还体现在语言的运用上，在讲历史故事的同时搀进了诸如"水利局""时装表演""摩登"等现代新词，尧、舜的天下不仅有满嘴外语以做学问谋生的学者，还有幼稚园、飞车等古代根本不存在的事物。鲁迅有意将现代话语和事物植入古代的时空环境中，使时间错综交叉，呈现出非古非今、亦古亦今的特征，使文本的结构呈现出反讽的艺术效果。

（三）从两方面分析情节作用

1. **结构方面的作用。情节所处位置不同，结构方面作用不同**

   （1）开头部分情节的作用常常是开门见山、点明题旨；统领全文、交代写作原因，引出下文；为下文作铺垫，埋下伏笔；与下文形成对比，欲扬先抑或欲抑先扬；渲染气氛，奠定文章的感情基调等。

   （2）中间部分情节的作用常常是照应或承接前文，开启下文某个情节，起纽带作用。

   （3）结尾部分情节的作用常常是照应标题、开头，强化、深化某种思想、情感；卒章显志、点明文章主旨，委婉含蓄，耐人寻味。

2. **内容方面的作用。从人物、主旨、作者思想情感等不同的角度思考**

   （1）根据人物在具体情节里的语言、行为、心理活动等，分析情节在表现人物思想品质、性格特点等方面的作用。情节为人物而设计，毋庸置疑。

   （2）根据情节的发展趋向、设计情节的目的，分析情节在表达文章主旨方面的作用。就是情节为主题服务。

   （3）根据作者设计情节表现出来的情感态度（轻、重、褒、贬等），分析情节里蕴含的思想情感等。

例析

阅读下面的文字，完成下面小题。（2023 年全国乙卷）

长出一地的好荞麦

曹多勇

这年里，德贵最后一次来种河滩地已是腊月里，这期间，他先后种过一次黄豆，两次绿豆，两次麦子，庄稼还是颗粒无收。这情况，德贵、还有岁数更大的犁都没经历过。儿子、儿媳说这怪气候叫厄尔尼诺现象，德贵不听这道理，骂天，说这是要绝人啊！

大河湾土地分两种：一种在围堤坝里，淮河水一般淹不掉，是大河湾人赖以生存的保障；另一种地在堤坝外，无遮无拦地紧挨淮河，一年里能收季麦就不错了，秋季天都荒着——这地叫河滩地，也叫荒地，大河湾只德贵一人秋季天还耕种河滩地。

村人说德贵，那点河滩地还能结出金豆豆、银豆豆？

德贵家人也说德贵，年年秋季天见你河滩地种呀种呀种，可临了收几次？

德贵先是不愿搭理话，落后才说，俺见河滩地长草就像长俺心口窝，痛得夜夜睡不着觉呀！

河滩地位于村东两里地，德贵村东里出了庄，赶头牛，扛张犁，沿河堤一直往东去，人老，牛老，犁也老。牛老，蹒跚得很迟缓，远处里还以为牛是站堤坝上不动弹；人老，老在脊梁上，肩上挂一张犁，侧斜身显得更佝；犁呢是犁铧小，犁把细，还满身裂出一道一道暗裂纹，像老人手上、脸上的皱纹皮。牛前边领，德贵后面跟，牛缰绳牵连他们俩，一副懒懒散散的模样，弄不清是德贵赶牛，还是牛牵德贵。至河滩地头，德贵说一声"吁——"，牛停下蹄，瞪一对大牛眼瞧德贵，德贵下堤坝往河滩地里走，牛也侧转身头低屁股撅，挺住蹄缓下堤坝追德贵，关键时才分出牛还是受人支配着。

德贵没有即刻套牛犁地，他知道牛跟自己还有犁都得歇息、喘口气，犁榫眼松，趴德贵肩"吱呀、吱呀"一路不停歇地叫，德贵说犁，俺知道你榫眼咧着嘴，不湿润湿润水，你准散架。牛嘴也"吧嗒，吧嗒"扯黏水吐白沫，德贵说牛，俺知你嗓子眼冒着火，得去淮河里喝个饱，于是，德贵、牛和犁三个老货径直朝淮河走去，牛饮水，人喝水，犁干脆丢河里，德贵喝几口水站起身，骂犁，你个老货还真能憋气呢；骂牛，你个吃草的家伙能站俺上游饮水？

淮河水这会儿还温温顺顺躺河床里，波浪一叠压一叠有条不紊地浪过来又浪过来。德贵、牛，还有那只淹没水里的犁构成一幅温馨的田园画，但德贵却在这宁静貌似温顺的淮河水里瞧看出洪水泛滥的迹象，这迹象是几缕混浊的泥丝，曲曲折折隐河边的水里摇曳流过，这几缕混浊的泥丝就是上游山水下来的前兆，就像暴风雨过来之前的一阵凉风。

牛饮饱水抬起头，润湿的嘴像涂抹油似的又黑又亮，德贵问牛，你说俺们这地犁还是不犁？牛两眼盯着水面瞧着什么，又似乎什么也没瞧，德贵又问犁，你说俺们这地犁还是不犁？德贵问犁没见犁，这才弯腰伸手捞出犁，犁全身吃透水，多余的水"滴答滴答"往河面滴。这清脆的水滴声像是回答德贵的问话，德贵说还是犁说得对，不能害怕涨水淹河滩地，俺们就不种河滩地。

不知怎么的，德贵感觉最通人性的是犁，而不是牛。

这天上午，德贵犁过河滩地；这天下午，德贵耙过河滩地；这天挨傍晚，德贵撒开黄豆种。一天时间，这块河滩地就喧喧腾腾像块饼被德贵精心制作好，摆放在淮河边上。

然而，还没等德贵的锄伸进去，淮河的水便涨出来，德贵赤脚跑进黄豆地，眼前那些没顶的豆苗还使劲地举着枝叶在河水里挣扎，德贵站立的地方原本还是一处干地，河水舔舔地漫过脚面，德贵往后退，骂河水，说俺是一棵会挪动的庄稼，你们想淹也淹不住。

就这么河水淹过种，种过淹，德贵从夏日里一口气赶进腊月天。

腊月里天寒地冻，德贵这回出村没牵牛，没扯犁，只扛一把大扫帚，河滩地经河水反复浸泡几个月，晃晃荡荡地如铺展一地的嫩豆腐。这样的地是下不去牛、伸不开犁。德贵扛的大扫帚是牛也是犁，德贵脱下鞋，"咔嚓"踩碎表层的薄冰走进去，冰泥一下没过小腿肚，德贵挨排排拍碎冰，而后才能撒上种。

这一次撒的是荞麦，腊月天，只能种荞麦。

德贵毕竟是上岁数的人，又加两腿淤进冰泥里，那些刺骨的寒气也就洪水般一浪一浪往心口窝那里涌，德贵仍不罢手，不急不躁，拍一截冰泥地，撒一截种子，而后再把荞麦种拍进泥水里，德贵知道停下手，这些拍碎的冰泥又会凝结起来，德贵还知道荞麦种在这样的冰泥里是长不出芽的，即使长出芽，也会被冻死，但德贵仍是一点一点地种。

这天，德贵回家烧两碗姜茶喝下肚，便躺床上睡起来，梦里的河滩地绿油油长满一地的好荞麦，长呀长呀一个劲地往上长。

（有删改）

1. 下列对小说相关内容和艺术特色的分析鉴赏，不正确的一项是（　　　）（3分）

A. 小说以一年里多次耕种都颗粒无收的事实开篇，为下文在人与大自然的激烈冲突中塑造德贵这一人物形象埋下了伏笔。

B. 面对村人与家人的不理解，德贵说"俺见河滩地长草就像长俺心口窝"，形象地表达了他对土地的那种深厚感情。

C. 小说最后以德贵梦见地里长出了好荞麦结尾，这样的艺术处理既照应了题目，也增强了小说的温情意味与向上的力量。

D. 德贵与《老人与海》中的老人有相似之处，德贵的明知不可为而为之与老人的永不言败，都是他们坚忍执着性格的体现。

2. 德贵与牛、犁对话，表现了德贵什么样的心理？请结合小说简要分析。（6分）

_____

_____

【答案】

1. A

2.（1）德贵关于种河滩地的事只能问牛和犁，显示出其内心的孤独，他的行为无人能理解。

（2）德贵不怕失败，坚持耕种，显示出他的执着和坚定。

（3）德贵把牛和犁当成了自己的知心朋友，无话不谈，体现出农民对土地、对农村生活的坚守与热爱。

【解析】

1. 本题考查对文本相关内容的理解以及艺术特色的分析鉴赏能力。

A. "为下文在人与大自然的激烈冲突中塑造德贵这一人物形象埋下了伏笔"错。原文"这年里，德贵最后一次来种河滩地已是腊月里，这期间，他先后种过一次黄豆，两次绿豆，两次麦子，庄稼还是颗粒无收"，据此可看出不是埋下伏笔，而是烘托德贵坚忍不拔的执着精神。

2. 本题考查鉴赏作品的人物描写手法的能力。

小说中写德贵与牛、犁对话："德贵问牛，你说俺们这地犁还是不犁？牛两眼盯着水面瞧着什么，又似乎什么也没瞧，德贵又问犁，你说俺们这地犁还是不犁？德贵问犁没见犁，这才弯腰伸手捞出犁，犁全身吃透水，多余的水'滴答滴答'往河面滴。这清脆的水滴声像是回答德贵的问话"，据此看出德贵问牛和犁，但牛和犁是不会回答的，显示出人物内心的孤独。"德贵说还是犁说得对，不能害怕涨水淹河滩地，俺们就不种河滩地"，据此看出，德贵心里早有答案：不怕失败，坚持耕种，衬托出德贵的执着和坚定，也体现出农民对土地的坚守与热爱，以及坚忍不拔的精神。

（四）三类别三步骤，分析表现手法

1. 三个类别，手法辨清

将小说常见的表现手法分类，熟记其类别、术语，理解其作用、效果。

（1）人物描写手法，有肖像描写、语言描写、动作描写、细节描写、侧面描写等。到位的人物描写能表现出人物气质、心态、品质等方面的特点。

（2）情节设计手法，有悬念法、抑扬法、误会法、陡转法等。精妙的情节设计，能使情节曲折多变，激发读者的阅读兴趣。

（3）环境描写手法，感觉角度——视觉、听觉、味觉、嗅觉等；观察角度——定点观察、移步换景；写景顺序——远近结合、高低结合、内外结合等。环境描写的作用是突出环境特点，服务人物性格，推动情节发展，暗示文章主旨。

2. 三个步骤，分析手法

（1）确认表现手法。根据题干要求回看原文，看原文相关内容是写人物、写情节还是写环境，再根据具体的描写确认采用的表达手法。

（2）摘录相关词语或句子。答题时，指出表现手法之后，摘引（**或概述**）原文中与这种表现手法相关的语句。

（3）分析手法作用。分析作者是怎样描写的，指出其表达效果。如分析某细节描写，要指出这个细节描写表现了人物怎样的个性特点等。

答题模式：表现手法名称+摘录相关词语或句子+对表现手法艺术效果的理解分析。

> **例析** ▶

阅读下面的文字，完成下面小题。（2023年全国乙卷，文本见前面）

问题：文中画线部分的描写，人、牛、犁浑然一体，这种艺术效果是如何营造出来的？请简要赏析。

【答案】

（1）画线部分选择了典型的事物来描写，老汉、老牛、老犁，都可以突显农村的风貌特点；（2）句式整齐，兼排比的使用，生动描绘了人、牛、犁的形象，还具有音韵和谐统一的节奏感；（3）"人""牛"和"犁"的形象相互映衬、彼此相依，浑然一体；（4）用白描的手法勾勒出一个完整、和谐的农耕世界，反映出中国农民对土地的深厚情感，景和情相谐相生。（以上4点答出3点即可。）

【解析】

本题考查鉴赏作品的手法、形象，领悟作品的感染力的能力。 画线部分的描写，形成人、牛、犁浑然一体的艺术效果：首先，从内容上看，一人，一牛，一犁，三元素的组合构成了一幅温馨的农耕田园图画。

其次，从形式上看，"人老，牛老，犁也老""牛前边领，德贵后面跟""是德贵赶牛，还是牛牵德贵"，句式整齐，具有音韵和谐统一的节奏感。

第三，从手法上看，"人""牛"和"犁"的形象相互映衬，还有白描手法运用，"人老，牛老，犁也老"，人赶着牛，肩扛着犁，彼此相依，浑然一体；语言简洁，用白描的手法勾勒出一个传神、简洁的农耕世界，反映出中国农民对土地的深厚情感，景和情相谐相生。

解题模板

（一）四个对比，搞定客观题

1. 对比故事情节

（1）看选项复述的小说情节、细节，与原文相比，是否添枝加叶（复述情节的过程中，故意添加小说情节里没有的内容）、张冠李戴（复述情节的过程中，把一个人物的想法、说法等转嫁给另一个人物）、强加因果（分析情节、人物时，强加因果关系，或对原因、结果的分析不正确）等。

（2）看选项分析的小说情节、细节的作用，与原文相比，是否"偏离作者创作意图"。

2. 对比人物个性

看选项概括的小说人物个性，与原文相比，是否有曲解人格（概括人物性格时，或歪曲，或贬低，或拔高）的情况出现。

3. 对比思想意蕴

看选项分析的小说主旨、情节内涵、人物的语言和行为等，与原文相比，是否偏离了作者的思想情感、歪曲了作者的创作意图。

4. 对比艺术手法

看选项分析的小说艺术特色，是否有手法误判（错误界定小说的表达方式、修辞手法、表现手法）、效果误解（对小说表达方式、修辞手法、表现方法追求的效果进行错误解读）等情况。

（二）落实模板搞定主观题

分析历年高考小说阅读的主观题，可将其分为三类：作用类（环境、人物、情节都会考查"作用"），词句理解类、技巧赏析类，当然三类会有重合处。

1. 作用类（和散文有共同之处，将在第三章的散文阅读中详述）

2. 词句理解类

题型：理解重要语句的含意。

理解重要语句的含意，首先要理解语句的表层意义，即字面意义；其次要理解语句的语境义，即在一定的语境中语句的临时意义；再次要理解语句的"言外之意"，如反语、双关、婉曲等，表达的往往是言外之意。

解题思路

（1）要理解语句在文章中的表层意义，即字面意义。

（2）要理解语句在文章中具体的语境义，即在一定的语境中语句的临时意义。

（3）要理解语句的"言外之意"，如比喻义、象征义、反语、双关、婉曲等，表达的往往是言外之意。

答题步骤

第一步：审明题干，辨清类型。

（1）若是作者的叙述语言，要从仔细揣摩作者描绘环境、叙述故事、说明事物、刻画人物、发表议论、抒发感情等的真正意图的角度考虑。

（2）若是作品中的人物语言，要从品味作品中人物语言的个性化以及个性化语言是如何揭示人物性格特征的角度考虑。

第二步：结合主题，分析内涵。

结合主题分析，就是要考虑句子反映的现实情况、句子中寄寓的情感和寄托的愿望。分析时既要阐明语句的表层含意，又要挖掘其深层含意。

挖掘其深层含意时，需要"三抓"。

（1）抓句子中的关键词语

重要句子都有凸显其含意的关键性词语，这些词语，可以是主干，也可以是句子的修饰、限制成分。要确切地理解文中重要句子的意义，可从句子结构入手，在抓住主干的同时，特别留心那些修饰、限制成分。句子的修饰、限制成分在一定程度上起着揭示句子内涵的作用。抓住了这些词语，就等于拿到了开启句子含意之门的钥匙。

（2）抓句子的位置

重要句子，或揭示段意，一般处于段首或段尾；或揭示文章脉络层次，往往是那些具有总领性、过渡性、总括性的语句。理解这类句子的含意，常需考虑它在文中的位置：如果是总领句，解释句意时要考虑其所领起的语段的内容；如果是过渡句，要密切关注上下文段的内容；如果是总结句，就需上溯，寻找相关信息，确定答案要点。

（3）抓句中的手法

这些手法，既可以是人物描写手法，如语言描写、动作描写、神态描写，细节描写等；也可以是修辞手法，如比喻、拟人、借代等。对含有手法的句子的理解，应从手法本身的特点和作用入手，从而透视其深层意义。

如何判定语句所用的描写手法呢？最基本的是要从它描写的特征上判断。一般从景物描写、人物描写大类上来判定。

第三步：运用模式，规范答题。

模式：手法+内容+效果。即分析语句采用了什么手法，写了什么内容，在情节结构、人物塑造、情感表达或主题呈现等方面产生了怎样的艺术效果。

3. **技巧赏析类**

解题思路

（1）词语方面

经过千锤百炼的词语，其艺术效果是凝练的、细腻的、形象的、逼真的，能够形象地表现人物形象，刻画人物心理，同时也很好地表现主题。动词、形容词、数词、副词、叠字（或叠词）及化用成语或古语等，特别是动词的使用，如《林教头风雪山神庙》中写林冲用了几个连贯的动词"掇""挺""拽""喝"各有精妙。

（2）句式方面

从句式的角度看，长短句的交错运用，整句（对偶句、排比句、四字格短语）与散句（句子参差不齐、长短不一）的运用，反复句的使用。

长短句：①长句，表意严密，内容丰富，精确细致；②短句，表意灵活、简洁明快、节奏感强等。整句：①从语言效果上看，可以起到增强气势、调节音律的作用；②从读者的阅读心理看，可以起到增强阅读兴趣，提高阅读效率的作用。反复句：起到突出中心意思、强调感情的作用。

（3）修辞方面

赏析作品所运用的修辞手法及其表达效果。修辞手法有比喻、比拟、设问、反问、借代、对偶、对比、夸张、反语、双关、互文、反复等；表达效果有通俗易懂、形象生动、言简意丰、含蓄隽永、平实质朴、准确精当、淋漓尽致、入木三分、诙谐幽默、辛辣犀利等。

（4）语言特色方面

可从语言的地域、时代、语体、生活特色等角度思考，如果是小说中人物语言还要注意考虑与其身份地位、文化程度、性格心理相符。比如：①地域特色。常表现为大量使用方言、俚语等。如老舍的《骆驼祥子》就带有浓郁的北京口语特色。②时代特色。常表现为文章的一些词语只在某些特定的时代使用，有明显的时代气息。③语体特色。语言分为口语和书面语，前者充满生活气息，后者则典雅庄重。

人物形象的个性化语言（话如其人）。

例：曹雪芹《红楼梦》中对王熙凤语言的描写。

这熙凤携着黛玉的手，上下细细打谅了一回，仍送至贾母身边坐下，因笑道："天下真有这样标致的人物，我今儿才算见了。况且这通身的气派，竟不像老祖宗的外孙女儿，竟是个嫡亲的孙女。怨不得老祖宗天天口头心头一时不忘。只可怜我这妹妹这样命苦，怎么姑妈偏就去世了！"说着，便用帕拭泪。贾母笑道："我才好了，你倒来招我。你妹妹远路才来，身子又弱，也才劝住了，快再休提前话。"这熙凤听了，忙转悲为喜道："正是呢！我一见了妹妹，一心都在他身上了，又是喜欢，又是伤心，竟忘记了老祖宗。该打，该打！"又忙携黛玉之手，问："妹妹几岁了？可也上过学？现吃什么药？在这里不要想家。要什么吃的，什么玩的，只管告诉我。丫头老婆们不好了，也只管告诉我。"

个性化语言的作用：表现性格（特征）、反映心理（情绪）、显示身份（地位）、刻画灵魂（主旨）。

（5）语言风格方面

小说的艺术特点通常指作者的语言风格，不同的语言风格会有不同的艺术效果。

常见风格：生动形象、朴素自然、清新明快、庄重典雅、含蓄蕴藉、幽默风趣等。

四 创新题前瞻

创新点：本题设置有积极的三观、精准的知识点涵盖以及作者写什么、命题者考什么的终极思维，设问明了、典型。

阅读下面的文章，完成1~4题。（16分）

医者老仓

田雷

老仓是我们村的医生，中医，行医到他这里是第三代了，算得上祖传。老仓的学名是"田仓"，很敦实质朴的名字，一如他的模样——大手大脚、大胳膊大腿、大脑壳大眼珠子，典型的北方大汉。"老仓"是我们村老百姓叫的，我称呼他为"老仓哥"，按乡亲辈分论我俩同辈，他家两个儿子都比我大，也得叫我叔。

老仓行医在我们十里八村是有一号的，针灸、治脾胃是他的专长；给人打个针、输个液啥的也不在话下。他的药铺也不叫"某某堂"，直呼为"大田庄中医门诊部"，我爹说这名字是"穿西装戴草帽——不土不洋"。

老仓外表大大咧咧，可是药铺里面一点不含糊。装中药的木匣子，大小一致，上面一律用规规矩矩的正楷毛笔字写着药名，有数百种药，那些药名如同亲兄难弟一般，铺满了纸上：半夏、冬青、春不见，莲心、防己、相思子、怀熟地黄、咸秋石、雪里青……当然，我只认得"甘草"，因为它可以放嘴里含着。药虽多，可抓药的老仓目光一扫药方子就能准确无误地走到装那味药的小匣子边，轻轻一抓，数量常常是八九不离十。老仓说，中药最是讲究配药的分量，多一分少一分都不成的，就得要个正好！

我喜欢看老仓抓药，他有节奏地来回走动，时或来到案板边看一眼自己开的药方子，时或轻轻拉开那一排排整整齐齐的小木匣子，取药，用小秤称，轻轻地抖去一些，确保重量的准确，而后返回案板，将药倒在黄皮纸上，再返回称第二味药。老仓的动作轻而柔，来来往往，脚踩在地板上也从不会发出多大的声响，总觉得这流畅劲跟他的大块头不相称似的。看着这流畅的动作，病人的疼痛仿佛也一下就减轻了许多。在中药铺看老仓抓药，谁都会赞同这样的说法：那抓药的老仓本身也是一味药啊！如今，老仓多是把脉、开方子了，抓药有儿子、儿媳妇来负责，小两口儿火候上还是差点。

老仓看病有一条原则：能不开药的一定不开药。村里有感冒、发烧的，老仓说回家歇着，多喝水就行，不用吃药；有小孩积食、拉肚的，老仓用针灸，几下搞定；扎完针后他拍拍孩子脑袋说"小子，算你狠，有本事回家接着吃冰棍儿啊"，嘻哈之间把小孩子打发走了。上些年村里老百姓条件困难，有的看病拿了药给不起钱，就在老仓那记账；我们老家讲的是年底还账，不讲究拖到第二年。所以每到腊月二十三四，不光我们村，邻近的几个村的大喇叭都在喊：快过年了，谁家还没跟人家老仓算清账的，赶紧算清啊。就这样，还有年年跟老仓算不清账，还接着找老仓瞧病、抓药的，老仓呢"外甥打灯笼——照旧"。有一回，老仓嫂子为这事跟他吵了起来，老仓说"他们是真没钱，有钱早给了不就，他们会记着的"，<u>这个老仓！</u>

老仓最近"火"了一把，是因为一件小事。上个月正在药铺待着的老仓，遇到了个风风火火的年轻人来买药，这位不是附近的，方圆十里之内的年轻人老仓都认识。年轻人要买藏红花，只要两克，强调要鲜、要真、要快，急着配药呢。老仓哈哈一笑说"我这里没有假的，放心"，从小瓷罐中取药，包好。年轻人付账，老仓说五毛钱；年轻人一愣：多少？

"五毛，"老仓说，"我这藏红花是自家种的，你要这么点本来不值得收钱，可不要钱你会不好意思，给五毛就好了，放心配药就是了。"

年轻人买药后的第三天，市里晚报刊出一篇题为《仁心仁术　情暖桃乡》的文章，通篇写的就是老仓：写他有医德、有底线，是新时代医生的楷模。原来前几天买药的年轻人是市报社的"大笔杆子"，下乡蹲点时听说老仓的行医事迹，就特意来查访，就有了"买药"一事！报道一出不要紧，市里、县里的大小媒体都来采访老仓了，弄得一连数天药铺门前整个一车水马龙、好不热闹。老仓可好，一律不接受，对大小记者都是一样对待"俩山摞一起——请出"；完全不理老仓嫂子对他的"谆谆教诲"。

上两天回家，我与老仓哥小酌聊天，问及此事，老仓一口干了杯中酒，瞪着眼睛说道："我这些事还值得去上报纸、上电视，真是的，我这都是本分，本分而已。"

这个老仓，这就是老仓！

1. 下列对文章内容的理解，不正确的一项是（　　　　）（3分）

A. 文章写到乡村中医老仓，医术精湛、古道热肠、恪守医者之本心，突出了作者对老仓的赞美和对医者天职道德的呼唤。

B. 文章前两段属于人物交代和背景介绍，旨在给读者一个整体的印象：老仓是个乡村医生，有些本事，又有些"土气"。

C. 文中那些不给老仓结清药费却接着找人家瞧病抓药的，是典型的占小便宜的"小农心理"，作者对这些人是持批评态度的。

D. "记者买药"一事中，记者只要两克藏红花，还要求鲜、真，强调急用，实际上是在试探老仓的为人。

2. 下列对文章艺术特色的分析鉴赏，不正确的一项是（　　　）（3分）

A. 第3段"抓药的老仓目光一扫药方子就能准确无误地走到装那味药的小匣子边"用了白描的手法，凸显了老仓对自己业务的娴熟。

B. 文章第4段运用了细节描写和夸张手法，通过老仓抓药、乡亲评价，凸显了"良医易得，人医难求"的另一层深意。

C. 文章叙述乡间事，用语自然，平实亲切，以"我"、老仓嫂子、市里记者等人，来衬托主人公的形象，突出其特征。

D. 文中老仓人物形象鲜明，医术精湛固然难能，更可贵的是他不求名声、看淡利益而一心为了患者考虑的赤诚之心。

3. 结合上下文，分析文中两处画横线的句子的含意。（4分）

_____

_____

4. 本文叙事平实，有点有面，又小有波澜，请结合文本加以赏析。（6分）

_____

_____

【答案】

1. C 　2. B

3. （1）两处画线句句子相同，含意却有区别。

①第一处画线句，体现了主人公重乡亲情分、厚道。

②第二处画线句，体现了主人公恪守职业底线，清白做人、行医。

（2）相同含意：二者都体现了作者对老仓的赞美之情。

4. （1）文章所写老仓的为人、行医的事迹，都娓娓道来，如同面对面讲话一般，平实生动。

（2）详写记者买药，此为"点"，记者不是附近村里常见的人，此事详写可以突显主人公对待陌生人的态度；略写给孩子瞧病、不过分计较一些钱财问题，此为"面"，整体体现主人公的品格——本分、大气。

（3）波澜在文中指的是小的转折，记者买药后发文称赞老仓"仁心仁术"，导致众多媒体竞相采访，老仓一概不接待，既丰富了文章情节，又体现了对老仓的赞美之情。

【解析】

1. "小农心理""占小便宜"解析不正确。文中第5段中说，有些老百姓家里的确困难，付不起药钱。

2. 第4段没有用夸张的手法，且"良医易得，人医难求"也有拔高主旨之嫌。

3. 知晓句子含意，务必结合语境和文章主旨。

4. 一定要注意题干的提示性，好题都是问得清楚且可以引导作答。"平实""有点有面""小有波澜"逐一转化，结合文本作答即可。

第三章 文学类文本阅读——散文类

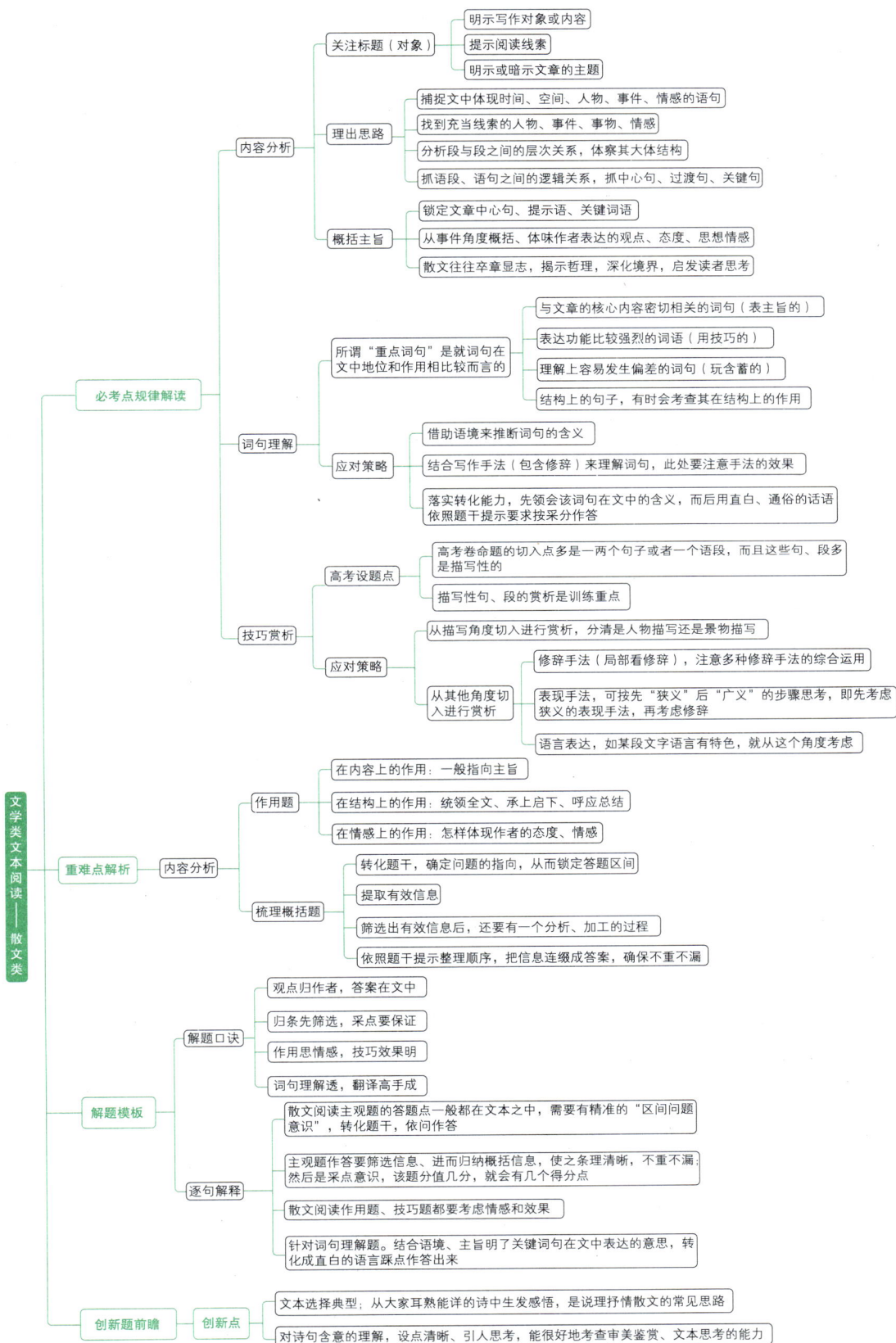

文学类文本阅读——散文类

- **必考点规律解读**
  - **内容分析**
    - **关注标题（对象）**
      - 明示写作对象或内容
      - 提示阅读线索
      - 明示或暗示文章的主题
    - **理出思路**
      - 捕捉文中体现时间、空间、人物、事件、情感的语句
      - 找到充当线索的人物、事件、事物、情感
      - 分析段与段之间的层次关系，体察其大体结构
      - 抓语段、语句之间的逻辑关系，抓中心句、过渡句、关键句
    - **概括主旨**
      - 锁定文章中心句、提示语、关键词语
      - 从事件角度概括、体味作者表达的观点、态度、思想情感
      - 散文往往卒章显志，揭示哲理，深化境界，启发读者思考
  - **词句理解**
    - **所谓"重点词句"是就词句在文中地位和作用相比较而言的**
      - 与文章的核心内容密切相关的词句（表主旨的）
      - 表达功能比较强烈的词语（用技巧的）
      - 理解上容易发生偏差的词句（玩含蓄的）
      - 结构上的句子，有时会考查其在结构上的作用
    - **应对策略**
      - 借助语境来推断词句的含义
      - 结合写作手法（包含修辞）来理解词句，此处要注意手法的效果
      - 落实转化能力，先领会该词句在文中的含义，而后用直白、通俗的话语依照题干提示要求按采分作答
  - **技巧赏析**
    - **高考设题点**
      - 高考卷命题的切入点多是一两个句子或者一个语段，而且这些句、段多是描写性的
      - 描写性句、段的赏析是训练重点
    - **应对策略**
      - 从描写角度切入进行赏析，分清是人物描写还是景物描写
      - **从其他角度切入进行赏析**
        - 修辞手法（局部看修辞），注意多种修辞手法的综合运用
        - 表现手法，可按先"狭义"后"广义"的步骤思考，即先考虑狭义的表现手法，再考虑修辞
        - 语言表达，如某段文字语言有特色，就从这个角度考虑
- **重难点解析**
  - **内容分析**
    - **作用题**
      - 在内容上的作用：一般指向主旨
      - 在结构上的作用：统领全文、承上启下、呼应总结
      - 在情感上的作用：怎样体现作者的态度、情感
    - **梳理概括题**
      - 转化题干，确定问题的指向，从而锁定答题区间
      - 提取有效信息
      - 筛选出有效信息后，还要有一个分析、加工的过程
      - 依照题干提示整理顺序，把信息连缀成答案，确保不重不漏
- **解题模板**
  - **解题口诀**
    - 观点归作者，答案在文中
    - 归条先筛选，采点要保证
    - 作用思情感，技巧效果明
    - 词句理解透，翻译高手成
  - **逐句解释**
    - 散文阅读主观题的答题点一般都在文本之中，需要有精准的"区间问题意识"，转化题干，依问作答
    - 主观题作答要筛选信息、进而归纳概括信息，使之条理清晰，不重不漏；然后是采点意识，该题分值几分，就会有几个得分点
    - 散文阅读作用题、技巧题都要考虑情感和效果
    - 针对词句理解题。结合语境、主旨明了了关键词句在文中表达的意思，转化成直白的语言踩点作答出来
- **创新题前瞻**
  - **创新点**
    - 文本选择典型：从大家耳熟能详的诗中生发感悟，是说理抒情散文的常见思路
    - 对诗句含意的理解，设点清晰、引人思考，能很好地考查审美鉴赏、文本思考的能力

一 必考点规律解读——词句理解、内容分析（含脉络题、作用题）、技巧赏析

　　散文类阅读在文学类文本阅读中的地位从来不可撼动，但就全国卷而言，出现的频次略低于小说类阅读，而在自命题地区（如北京、天津）呈现一家独大的局面。它和小说类阅读相比，二者既有共性，又各自有明确的特点。

　　（1）二者在共性方面有"通吃五原则"，诸君不可不知：①**写了什么。②为什么写。③怎么写的。④转化提取连缀信息。⑤先观点后理由。这五个原则，基本适用于高考的所有文学类文本阅读（包括诗歌）。**

　　"写了什么" 考查的是内容，即塑造了什么形象，选择了哪些意象，所陈述、描写的形象有何特征，偏重考查同学的概括能力；**"为什么写"** 考查的是情感、主旨，任何作品都会表情达意，此为能力培养的重点；**"怎么写的"** 考查的是技巧赏析能力，作品是怎样用技法来塑造形象、表达情感的；以上三个原则都指向了读懂作品，此为前提。**"转化提取连缀信息"** 是说要会读题，根据题干提取文本中有效信息，组织答案作答，一般而言"观点归作者，答案在文中"；**"先观点后理由"** 原则，是指主观题作答时先概括观点，答是所问，而后结合文本具体作答，形象一点说就是"有骨有肉"。

　　以上都要注意按采分点作答、注意分值。

　　（2）散文阅读在上述"共性"的基础上，有自己明确的特点：内容分析、词句理解、技巧赏析，这些是散文的三大固定考查点。这些都建立在"会读"的基础上。思路清、主旨明、落实关键词句，此之谓"会读"。

（一）内容分析

　　阅读散文，不仅要知道作者所写的人、事、景、物，而且要通过所写触摸作者的心境、心灵、心怀，体味作者对社会、人生的思考和感悟。因为散文的关键点并不在于所记叙、描写的客体，而在于记叙、描写中灌注的作者的思想、感悟。根据这一要求，考场散文的内容分析可分为三步，如下图所示。

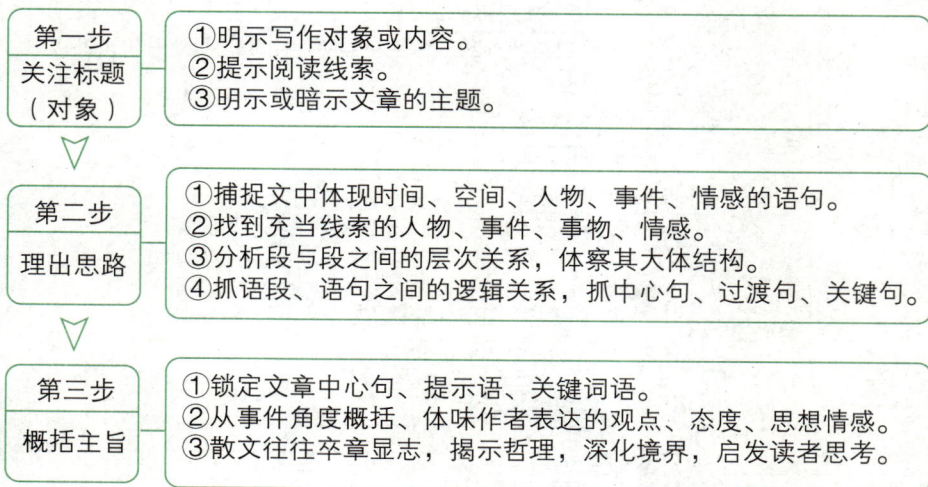

第一步 关注标题 （对象）	①明示写作对象或内容。 ②提示阅读线索。 ③明示或暗示文章的主题。
第二步 理出思路	①捕捉文中体现时间、空间、人物、事件、情感的语句。 ②找到充当线索的人物、事件、事物、情感。 ③分析段与段之间的层次关系，体察其大体结构。 ④抓语段、语句之间的逻辑关系，抓中心句、过渡句、关键句。
第三步 概括主旨	①锁定文章中心句、提示语、关键词语。 ②从事件角度概括、体味作者表达的观点、态度、思想情感。 ③散文往往卒章显志，揭示哲理，深化境界，启发读者思考。

例析

阅读下面的文章，完成1~3题。（根据2019年天津卷改编）

萨丽娃姐姐的春天

艾平

①萨丽娃姐姐的春天在呼伦贝尔大草原。

②冰雪将茫茫草原覆盖，仿佛一片亿万年的大水晶，解析了太阳的光谱，遍地熠熠生辉。这就是草原的春天，明亮，寒冷，空旷。呼伦贝尔草原不知"清明时节雨纷纷""烟花三月下扬州"为何物，沉寂始于十月、十一月，延至次年的五月，直到六月才肯葳蕤。

③呼伦贝尔在北纬53度到北纬47度之间，几近冻土带，一年只有不足一百天的无霜期，春、夏、秋三个季节便挤在这一百天里奔跑，每一种植物都是百米冲刺的运动员，奔跑着发芽，奔跑着开花，奔跑着打籽，奔跑着完成生命基因的使命。你若细看草原上的那些芍药、萱草、百合、野玫瑰，就会发现它们都比内地的同类开得弱小、开得简单；那些毛发一样附在原野上的草类，更是生得低矮硕壮，因为它们没有时间拔高，必须快快成熟。乍暖还寒，草色遥看近却无，呼伦贝尔的春天在残雪中闪出，莞尔一笑，转瞬即逝。一夜南风，醒来时百草猛然长高了半尺，草原焕然碧透千里，如深深的海洋，波动在阳光下，泛起绸缎般的华丽。花朵们忙了一夜，终于捯饬一新，佩戴着天上的彩霞和地上的雨露，跟着绿浪摇摆曼舞。游人醉入花丛，欢喜得忘乎所以，浪漫地比照远方的场景，直把这草原夏日叫作草原的春天。他们不曾体验，因此不懂，草原的春天是一场望眼欲穿的期盼，而最终让你看到的却永远是结尾的那一瞬。

④萨丽娃姐姐和大地一起记忆着春天。

⑤草原的春天是妇女们含辛茹苦的季节。萨丽娃看见老祖母蹒跚在纷扬的春雪中，靴子艰难地从冰泥里拔出来，又踩下去，湿漉漉的蒙古袍大襟冻成硬邦邦的冰片，在冷风中咔咔作响；她看见太阳的手指伸过来，轻轻地梳拢老祖母的银发，落在那只暗红的珊瑚耳环上，老祖母汗水淋漓的脸颊，布满了岁月的光芒。小羊羔总是走在大野芳菲之前，一个接一个降生在冰碴密布的草地上，像洁白的云朵一样缭绕着老祖母"咩……咩……"嚷着饥饿。

⑥百代千年，游牧人家在春季里寻找朝阳的地方接羔，一辈辈把长生天的教诲变成了不可更改的习惯，留在了老祖母的银发上。长生天不是传说之中的老天爷，是万物生存的法则，是必须敬畏的大自然。四月接羔，羊羔吃着母乳等待青草，青草和它们的乳牙一起长出来，它们开始奔跑，从此变成了原野的孩子，栉风沐雨，爬冰卧雪，生命就这样周而复始，生生不息。

⑦老祖母的腰是在春天累弯的，老祖母的劝奶歌是在春天里传给萨丽娃姐姐的。

⑧"陶爱格……陶爱格……你的孩子在哭泣，你这当母亲的给它吃奶吧……"老祖母的

劝奶歌升起来，回响环绕，哀婉之中，天空附以和声，母体般的温暖笼罩草原，万物生灵的母性开始苏醒。母羊含泪站起身来，羊羔纷纷跪乳。饱食的羊羔肆意喧闹嬉戏，洁白的云朵在阳光里打滚儿，然后撒开四蹄奔跑，进入季节的深处。

⑨每年十月之后，老祖母把种公羊放进母羊群，母羊怀胎六个月，到次年四月或者五月分娩，完成一个春天的轮回。那前一年的接下的羊羔，由于仅仅吃过一个夏天的青草，骨头还未坚硬，头上卷曲的绒毛里才露出细小的犄角。老祖母仍然叫它们羔子，风雪夜里把它们放进蒙古包庇护，为了它们暖和，半夜起来给炉子加牛粪。萨丽娃姐姐依偎在老祖母的怀里说，好像羔子是你的亲孙女。

⑩后来，萨丽娃姐姐戴着老祖母的红珊瑚耳环离开了家，因为城里的暖气和热水，因为城里的漂亮和时尚。城里的楼房虽然很舒适，可那是租来的，不是家。萨丽娃姐姐思念阿妈的奶茶、阿爸的手把肉，好想好想骑上骏马变成草原的风，好想好想放开嗓子变成蒙古包前奔流的河。萨丽娃姐姐总觉得老祖母的红珊瑚耳环会说话，一天天在她耳边说个不停，只是那些古老的话，就像飞来飞去的鸟，有点听不懂，想留也留不下。

⑪萨丽娃姐姐终于回到了日夜思念的故乡。

⑫枕着幽幽的草香，她看见了逝去已久的老祖母，听清了老祖母在她耳边说的话——河冰不开，天鹅不来；骏马绕不过暴风雪，大雁甩不掉自己的影子……冬长夏短，谁也逆不过长生天的规矩……

⑬萨丽娃姐姐站在草原的春天里，伸出一双手，这手洁白细腻；她轻轻托出一只小羊羔，把母羊脱落的子宫慢慢送回腹腔内，这双手浸染上羊水和血液，开始在寒风中皲裂，慢慢地，长生天的怀抱里回来了一个顺其自然劳作的人；当这双手终于被牛奶和油脂润透，不再畏惧风霜雨雪的时候，萨丽娃姐姐的牧场已经远近闻名。她出售的羊，是实实在在吃过三次夏牧草、长了六个牙的肥腴的羊。萨丽娃姐姐有了自己的广告词——养最有品质的羊。

⑭人们看见她家的牧场上盖起了铝合金的接羔棚圈，看到她家蒙古包后面停放着现代化的打草机，看到她家草场的高坡上安装着一排排太阳能蓄电池。萨丽娃姐姐的故事像珍珠那般滚动在草原上，人们传说着她那有品质的羊卖出了好价钱。当家家户户都像萨丽娃姐姐那样牧养有品质的羊，萨丽娃姐姐长长地出了一口气，她终于把草原的春天从二月找了回来。

⑮春天依然晚晚地来，快快地走，却把希望和富足留在了呼伦贝尔草原上。萨丽娃姐姐唱的劝奶歌是老祖母在春天里传下来的，草原人那如云的羊群和飞驰的骏马是春天赐予的。萨丽娃姐姐懂得这一点，在这个古老而崭新的时代里成为聪明智慧的人。

⑯萨丽娃姐姐的春天在呼伦贝尔草原上。

【内容分析】（用时约5分钟，一般的文本阅读都控制在此时长内。）

第一步：关注标题

（1）标题告诉我们文章的大致内容：①_____。

（2）标题中的"春天"意蕴丰富，吸引读者阅读。

第二步：理出思路

本文以草原的春天为线索，把② _____

有机串联，可分为三层：第一层（第①~③段）：写呼伦贝尔大草原独特的风光。

第二层（第④~⑨段）：③ _____。

第三层（第⑩~⑯段）：④ _____。

第三步：概括主旨

本文通过记叙萨丽娃姐姐艰苦创业，带领其他牧民走上致富之路，⑤ _____

_____。

【参考答案】

①写萨丽娃的春天　②呼伦贝尔大草原独特的风光和萨丽娃姐姐的故事　③写以老祖母为代表的老一代牧民含辛茹苦、辛勤劳作　④写以萨丽娃姐姐为代表的新一代牧民艰苦创业、带领其他牧民走上了致富道路　⑤赞美了新时代给草原带来的新面貌、新气象、新希望。

【精准答题】（用时约10分钟。）

1. 下列对文章的理解与分析，不恰当的一项是（　　　）（3分）

A. "草原的春天"贯穿全文，把呼伦贝尔大草原独特的风光和萨丽娃姐姐的故事有机串联，是全文的线索。

B. 萨丽娃姐姐是草原新一代牧民的代表，她用自己的聪明智慧，借助现代科学技术，把草原的花期提前到二月。

C. 作者在记叙萨丽娃姐姐艰苦创业，带领其他牧民走上致富之路的同时，赞美了新时代给草原带来的新面貌、新气象、新希望。

D. 作者运用多种修辞手法，生动描摹了大草原上生生不息的物与人；引用民歌民谚为文章增添了浓郁的民族风情。

2. 文中的老祖母是一个怎样的形象？你认为这一形象对萨丽娃有什么影响？（6分）

_____

_____

3. 文章的标题具有多重意蕴，请结合全文加以分析。（6分）

_____

_____

【答案】

1. B

2. 形象：老祖母是一位勤劳、坚忍、慈爱、敬畏自然的传统牧民形象。

　　影响：老祖母传授给萨丽娃养羊的技能；给萨丽娃的心灵打上草原文化的烙印；召唤她回归草原；老祖母的优秀品质对萨丽娃影响深远，传统美德得以传承。

3. 呼伦贝尔草原大自然的春天；羊羔生长期的春天；萨丽娃事业的春天；以萨丽娃为代表的新一代牧民未来生活的春天。

【解析】

1. B. "把草原的花期提前到二月"的分析错误，原文说"她终于把草原的春天从二月找了回来"，是说萨丽娃姐姐通过努力，使草原在二月就焕发生机，并不是说把草原的花期提前。落实对比意识就好，此题无技术含量。

2. 解答第一问时要遵循"问什么，答什么"的原则，题干问的是"一个怎样的形象"，只需把最能体现老祖母性格、品质的特点概括出来即可。在春雪中劳作的情形体现了老祖母的坚忍；必须敬畏大自然是所有草原人的特点，老祖母也不例外；"腰是在春天累弯的"体现了老祖母的勤劳；老祖母教萨丽娃唱歌等则体现了她的慈爱。

解答第二问时要抓住"影响"二字，由表及里层层分析。从表面来看，老祖母传给萨丽娃的是在草原上生活的本领，如养羊；从深一层来看，老祖母传给萨丽娃的则是精神和优秀品质。另外，萨丽娃由城市回到草原，这也是老祖母对她影响的必然结果。

3. 文章的标题是"萨丽娃姐姐的春天"，从题干来看，这里的"春天"意蕴丰富，有象征意义，要由表及里层层分析。"春天"表面是大自然的春天，深层则是标题中人物的春天。再往深处分析，草原上人们过上富足的生活，则是以萨丽娃为代表的草原上的新一代牧民们的春天。

（二）词句理解（文中重点词句）

1. 首先要知道，散文重点词句都有哪些

所谓"重点词句"是就词句在文中地位和作用相比较而言的。一般说来，文中重要的词句是以下几类。

（1）**与文章的核心内容密切相关的词句（表主旨的）。** 在文章中，有的词句与全文的核心内容或与文章局部的主要内容密切相关，如2019年北京卷散文阅读《北京的'大'与'深'》，"'大'与'深'"就是文章的主旨所在，是关键词。

（2）**表达功能比较强烈的词语（用技巧的）**，如2022年北京卷散文阅读《这城市已融入我的生命》的最后一句："这里是无尽的原野，这里给了我一片土，给了我柔韧的枝条和伸往地层深处的长长的根须。"

（3）**理解上容易发生偏差的词句（玩含蓄的）。**

（4）**结构上的句子。** 有时会考查其在结构上的作用。

2. 应对策略

（1）借助语境来推断词句的含义。我们必须凭借重点词句所在的语言环境，给它一个准确的解释，依据它们的前后搭配，分析句子结构，解释词句的含义。

（2）利用上下文辨析词语的指代意义。在这类词语的上下文里，一般会有阐释这些词语的

句子，找到这些阐释性语句，答案也就出来。

（3）结合写作手法（包含修辞）来理解词句，此处要注意手法的效果。如比喻：把陌生的东西变为熟悉的东西，把深奥的道理浅显化，把抽象的事理具体化、形象化。对比：把好与坏、善与恶、美与丑这样的对立揭示出来，给人们以深刻的印象和启示。排比：增强文章气势。

（4）落实转化能力，即先领会该词句在文中的含义，而后用直白、通俗的话语依照题干提示要求按采分点作答；换言之，要求同学们成为"翻译高手"：含蓄的，使之直白；用技巧的，说出手法、效果和情感。

例析

阅读下面作品，完成 1～2 题。（2022 年北京卷）

这城市已融入我的生命

初到北京，我对这座城市非常生疏。那时内城和外城的城楼和城墙都还完好，有轨电车就在几座城门之间穿行。电车的铃声悦耳而浑厚，从西直门高高的城门洞里穿越而过，一路响过西内大街，响过西四和西单——那时牌楼已没有了，只留下这永恒的名字供人凭吊——直抵天桥。城楼高耸，白云蓝天，北方萧瑟的秋风，凝重而庄严。电车进了城，两旁一例灰色的胡同，胡同里一例苍劲的古槐。一切都说明这城市的悠久。

这城市让我这个生长在温暖而潮湿的东南海滨的人感到了一种神秘。我知道它的历史，我只能遥遥地怀着几分敬意望着它，那时的北京对我来说的确是生疏的。我觉得它离我很远，不仅是离我南国的家乡的距离很远，也不仅是它作为辽金以来的故都与我此际所处的时空相隔绵邈，还有一种心灵和情感的阻隔：那是灵动而飘逸的南方与古朴浑重的北方之间存在着的巨大的反差所造成的心理阻隔。那时的北京，对我来说是遥远的。

我对北京从初来乍到的"生分"，到如今的亲切的认同，用了将近半个世纪的时光。北京接受了我，我也接受了北京。这包括它的语言、它的气候、它的居住、它的饮食、它的情调，都和我的生命密不可分。

以饮食为例，在北京住久了，在国内外也跑了不少地方，比来比去，北京的烤鸭和北京的涮羊肉还是最好，不谦虚地说，也还是天下第一。烤鸭的外焦里嫩，裹着吃的那蒸饼和甜面酱都是很有讲究的——我常感外地做的烤鸭总不对味。至于涮羊肉，羊肉的质量，那薄得纸般透明的羊肉片，还有它的作料，芝麻酱、韭菜花，普天下找不到那种地道的感觉，真的是，一出北京城，味道就变了。

老北京有很多食品是我所怀念的。最怀念天桥街边的卤煮火烧。记得是（二十世纪）五十年代吧，去天桥看戏，在街边摊上吃卤煮火烧。昏黄的油灯、冒油的墩板、冒着热气的大海碗，使北京严寒的冬夜也变得充满了人间的温情。那气氛、那情调，现在是消失得无影无踪了。让人怀念的当然不只卤煮火烧这一端，还有北京的打卤面、羊杂碎汤，还有三分钱一只的大火烧。这些让人怀想的北京土产，是最本色、最接近平民的廉价食品，现在都找不到了。现今即使在郑重标出"老北京"的哪家食肆里发现它们的痕迹，那多半也是"搽了雪花膏"的，它们早已失去了那种粗放的、不加修饰的平民本色和传统韵味了。

在我的家乡，秀丽的闽江流过我的城市。那江水滋润着两岸的沃野，亚热带的花卉开得茂盛。福建是花乡，又是茶乡，茉莉花、白玉兰花，还有珠兰和含笑，这些都是熏花茶的原料。花多了，就缀满了妇女们的发间和衣襟。记得当年，母亲的发髻最美丽。那时母亲年轻，她每天都要用很多的时间梳理她的头发。梳毕上了头油，她总要用当日买到的新鲜茉莉花串成一个花环，围在她的发髻上。姐姐也是，她不梳发髻，那些花就缀上了她的旗袍的衣襟。这就是南方，南方有它的情调。而北方就不同了，北京带卷舌的儿化音，胡同里悠长的吆喝声，风铃叮当的宫殿下面夏日慵懒的亭午，还有在凛冽的冰雪和漫天的风沙中挺立的松槐和白杨。南方的秀丽和北方的豪放，南方的温情和北方的坚定，南方的委婉和北方的强悍，其间存在着许多难以调和的差异，需要用极大的毅力和恒久的耐心去适应。幸运的是，我适应了并爱上了北京。

北京是一本读不尽的书。我用将近半个世纪的时光阅读它，也只是一种似是还非的懵懂。我生得晚，来不及赶上在北大红楼的教室里找一张书桌，也没能赶上用稚弱的声音参加民主广场上的呐喊。但我认定我是属于它的。百年前，巴黎和会所引发的抗议掀开了中国历史崭新的一页。那一场为维护民族尊严而展开的抗议运动，最终触及了对于文学乃至文化的变革，从而为中国在新世纪的再生写下了壮丽的篇章。这一切气贯长虹的思考和行动，就是生发在我如今处身其中的这座城市的。由此上溯，十九世纪末叶，也是在这座城市里，有了一次要求变革而爆发的维新运动。那是中国近代史上的一次惨痛的流血事件，康梁出走，六君子弃市，这一切，我都未曾亲历，却都是我幼小心灵上的一抹壮烈和绮丽。

后来，我从东南海滨风尘仆仆地赶来，在北大燕园的一角找到一片土，我把细小的根须伸向那片土，我吸取它的养分。我不能选择母亲，我却能选择我的精神家园。在半个世纪不长也不短的时间里，我朝夕呼吸着这座城市的气息。北海波光摇曳的湖面，留下了我的影子；东华门那条覆盖着丁香的御河边的林荫道，留下了我的足迹；居庸关险峻的隘口，天坛美轮美奂的穹顶下，都是我曾经流连的地方。北京以它的博大，以它的沉厚，以它的开阔，以它的悠远铸造了我，不，是再造了我！它在我多汁液的南方的性格中渗进了一份粗放、一份激烈、一份坚定。我曾说过，我只是一粒蒲公英的种子，我从遥远的东南海滨被命运的小女孩吹到了这干涸而寒冷的北方。这里濒临沙漠，然而，<u>这里是无尽的原野，这里给了我一片土，给了我柔韧的枝条和伸往地层深处的长长的根须</u>。

（取材于谢冕的同名散文）

1. 下列对文中加点词语的解说，不正确的一项是（　　）（3分）

A. 一例苍劲的古槐　　　　一例：一列。

B. 相隔绵邈   绵邈：遥远。

C. 夏日慵懒的亭午   亭午：中午，午间。

D. 似是还非的懵懂   懵懂：尚未完全理解。

2. 请结合文章内容，分析结尾画线句的内涵及表达效果。（6分）

_____

_____

【答案】

1. A

2. 内涵：北京这个城市用它辽阔的地域和文化空间、深厚的历史和人文底蕴，接纳了"我"，给予了"我"新的发展和成就，"我"和北京已经融为一体。

效果：比喻手法的使用，把自己在北京的成就比作了"柔韧的枝条"，和北京城融为一体比作了"根须深深扎进了大地"。如此写来既表达了"我"对北京城深深的热爱之情，又形象生动、含蓄蕴藉，提升和升华了文章的主题。

【解析】

1. "胡同里一例苍劲的古槐"，"一例"应该是"一律，全，都"的意思，就是说胡同里都是古槐，此题结合语境，没有难度。

2. 画线句"这里是无尽的原野，这里给了我一片土，给了我柔韧的枝条和伸往地层深处的长长的根须"的内涵："这里"指的是"北京"这座城市；"无尽的原野"不仅指北京地域辽阔，更指北京"戊戌变法""五四运动"等重大历史事件让它底蕴丰厚；"给了我柔韧的枝条和伸往地层深处的长长的根须"运用比喻手法，"柔韧的枝条"和"长长的根须"表明作者不仅在北京扎下根，而且还得到了成长和发展。正如前文所说，"北京接受了我，我也接受了北京"，这组比喻展现出作者融入北京、北京也融入了他生命的过程。所谓"内涵"，就是重点句子含义之转化，可抓住关键词，逐一转化就好。

表达效果：这段话运用比喻手法表达内容和情感，使之形象生动；很多词句含义深刻，意味深长；作者不是直接抒发自己与北京的深厚情感，而是采用比喻的表达，使得情感表达得格外深沉；作为文章结尾的句子，此句提炼和升华了文章主题。

（三）技巧赏析

散文所有的表达技巧，根本是为表现文章的主旨，这是在鉴赏散文表达技巧时必须知晓的原则。

鉴赏表达技巧是高考的一个重要设题点。鉴赏的对象可以是一个句子、一个段落，也可以是全文。从高考卷命题的切入点来看，多是一两个句子或者一个语段，而且这些句、段多是描写性的。因此，对描写性句、段的赏析是我们训练的重点。从考生作答这类题的实际情况看,**有两个比较突出的问题:一是答题没有明确的思考方向,做题比较随意;二是赏析角度不全面,往往要点不全。**

【应对策略】

1. 从描写角度切入进行赏析,分清是人物描写还是景物描写。二者有共性,比如都可以局部刻画,都可以点面结合;各有个性。

2. 从其他角度切入进行赏析。如下表所示。

修辞手法 (局部看修辞)	注意多种修辞手法的综合运用
表现手法	多是联想想象、对比烘托等,不大涉及整篇文章赏析用的象征、托物言志、以小见大等。"表现手法"这个概念有狭义和广义之分。狭义的只指象征、衬托、对比、抑扬、虚实结合、以小见大等手法,广义的则包括修辞手法。高考卷一般使用的是狭义的概念。**若需要,可按先"狭义"后"广义"的步骤思考,即先考虑狭义的表现手法,再考虑修辞**
语言表达	如某段文字语言有特色,就从这个角度考虑。至于表达方式,则需要较大篇幅的文字才可考虑

对描写性句、段的赏析往往可从多角度切入,不要求面面俱到,可从最有把握的角度答起;还要看清问题本身,有些考题在题干中已指明答题方向,考生只需按题目要求的角度去思考即可。(**散文的技巧赏析本质上和诗歌、小说没有大的区别,诸君可以举一反三。**)

例析 ▶

阅读下面的文章,完成1~2题。 (2020年天津卷)

线条之美

梁衡

我第一次对线条感兴趣,是有人送我一个细长的瓶子,里面装着一种很名贵的牡丹油。但我"买椟还珠",目不见油,竟被这个瓶子惊呆了。它的设计非常简洁,并没有常见的鼓肚、细腰、高脚、束口等扭扭捏捏的俗套。如果把瓶盖去掉,就剩下左右两条对称的弧线。但这线条的干净,让你觉得是窗前的月光,空明如水;或是草原深处的歌声,直飘来你的心底。我神魂颠倒,在手中把玩、摩挲不停。工作时置于案头,常会忍不住抬头看两眼。

初中学几何时就知道,空间中先有一个点;点一动,它的轨迹就生成了一条线。所谓轨迹者,只是我们的想象,或者是一物划过之后,在我们的脑海里的视觉驻留。原来这线条的美正在似有似无之间,是自带几分幻美的东西。主客交融,亦幻亦真,天光云影,想象无穷。正是因了它的来无踪,去无影,永不停,却又永无结果,也就让你永不会失望。线条,一种虚幻的、没有穷尽的，可以寄托我们任何理想、情感和审美的美。

点动生线，线动生面，在大千世界里，这线永处于一种过渡之中。当它静卧于纸面时就含而不露，或如枪戟之威，或如少女之娴；而一旦横空出世，就如羽镝之鸣，星过夜空。这线内藏着无尽的势能与动能。所以中国画的白描，不要颜色，也不要西画的透视、光影，只需一根线，就能表现出人物的喜怒哀乐，山水的磅礴雄浑。那线的起落、走势、轻重、弯曲等，居然能分出几十种手法，灵动地捕捉各种美感。叶落霜天，花开早春，大河狂舞，烈马嘶鸣。确实在大自然中，从天边群山的轮廓，到眼前的一片树叶、一枚花瓣，都是曲线的杰作。无论平面还是立体的艺术，一线便可定格一个美丽的瞬间，同时也吐纳着作者内心的块垒。曹植的《洛神赋》："翩若惊鸿，婉若游龙……髣髴兮若轻云之蔽月，飘飖兮若流风之回雪……秾纤得衷，修短合度。肩若削成，腰如约素。"简直是一幅美人线描图。张岱的名篇《湖心亭看雪》写雪后西湖的风景，"天与云与山与水，上下一白。湖上影子，惟长堤一痕、湖心亭一点、与余舟一芥，舟中人两三粒而已。"你看一痕、一点、一芥、一粒，虽是文字，作者却如画家一般纯熟地运用了点和线的表现手法。

线条既然有这样的魔力，便为所有艺术之不可或缺，或者算是艺术之母了吧。最典型的是书法艺术，洗尽铅华，只剩了白纸上一丝黑线的游走。那飞扬狂舞的草书，漏痕、飞白、悬针、垂露等，恨不能将人间所有的线条式样收来，再融入作者的情感，飞墨于纸。或如晴空霹雳，或如灯下细语。就这样牵着人的神经，几千年来书不完、变无穷、说不够、赏不尽。再如舞蹈，一个舞蹈家的表演实际上是无数条曲线在空间做着力与势、虚与实、有与无的曼妙组合，不停地在我们的脑海里形成视觉的叠加。正如纸上绝不会有两幅相同的草书，台上也绝不会有两个相同的舞姿。这永不休止的奇幻变化，怎么能不教你的神经止不住地兴奋呢。至于音乐，那是声音加时间的艺术，是不同声音的线条在不同时间段上的游走，轻轻地按摩着我们的神经，形成听觉上的驻留。所谓余音绕梁，三日不绝。其实那梁上绕着的是些乐谱的彩色线条。

线条魅力的最高体现在于我们的人体。人，除作为生产力的第一要素外，还是世间高贵的审美对象。郭兰英唱："姑娘好像花一样，小伙心胸多宽广。"奚秀兰唱："阿里山的姑娘美如水呀，阿里山的少年壮如山。"这些都是在说他们身上阴柔至美或阳刚至强的线条。于是就专门产生了美术界的人体绘画、摄影、雕塑，舞台上的舞蹈、戏剧、模特，竞技场上的体操、健美、杂技等。这些都是人对自身形体线条的欣赏、开发与利用。

线的魅力不止于具体的人或物，还常常注入主观精神，可囊括一个时代，代表一个地域，成了一个国家或一段历史的符号。秦篆、汉隶、魏碑、唐楷，还有春秋的金文、商代的甲骨，这每一种字体的线条，就是贴在那个朝代门楣上的标签。新中国成立之初，林徽因受命参与设计国徽与人民英雄纪念碑的浮雕。其时她已重病在身，研究出方案后便让学生去画草图。一周之后交来作业，她只看了一眼，便大声说："这怎么行？这是康乾线条，你给我到汉唐去找，到霍去病墓上去找。"多年前，当我初读到这段资料时就奇怪，只用铅笔在白纸上勾出的一根细线，就能看出它是康熙、乾隆，还是大汉、盛唐？带着这个疑问，我终于在去年有缘亲到霍去病墓上走了一趟。那著名的《马踏匈奴》，还有石牛、石马等作品，线条拙朴、雄浑、苍凉，虽时隔两千年，仍然传递着那个时代的辉煌、开放、不拘一格与国家的强盛。康乾时期中国的封建社会已是强弩之末，线条繁缛奢华，怎能表现当时新中国的如日初升呢？

美哉！博大精深的线条。

（选自《人民日报》，有删节）

1. 下列对文章的理解与分析，不恰当的两项是（ 　　 ）（4分）

A. 第1段中"买椟还珠"加引号，语带自嘲，强调了礼物的珍贵，突出了朋友所赠之物带给"我"的惊艳感受。

B. 第3段谈到中西方绘画技法，突出了中国画白描技法中线条的丰富表现力，语气中含有对中国文化的自豪感。

C. 文章引用《洛神赋》文句，意在赞美曹植的艺术想象力，丰富了线条美的内涵，增添了本文的文化韵味。

D. 文中写了舞蹈和音乐两种艺术形式，通过线条在空间里的组合和在时间中的游走来阐释线条奇幻的动态之美。

E. 全文从"物""人""理"等方面组织材料，由实入虚，脉络清晰，思路严谨，内容丰富，繁而不乱。

2. 请赏析文中画线句子。（5分）

_____

_____

【答案】

1. A、C

2. 画线句描述的是在书法中线条之美的展现，运用了拟人、排比、比喻的手法，写出了线条在书法中的地位以及给人的美感、震撼，"晴空霹雳""灯下细语"言线条可以营造不同的艺术气氛，"书不完、变无穷、说不够、赏不尽"说明线条之美可以给人无尽的艺术享受。

【解析】

1. A. "强调了礼物的珍贵，突出了朋友所赠之物带给'我'的惊艳感受"错。结合原文"但我'买椟还珠'，目不见油，竟被这个瓶子惊呆了"，可见这是作者自嘲没有看上那名贵的牡丹油，只对瓶子感到惊艳。C. "意在赞美曹植的艺术想象力"错，结合原文"无论平面还是立体的艺术，一线便可定格一个美丽的瞬间，同时也吐纳着作者内心的块垒。曹植的《洛神赋》……简直是一幅美人线描图"，可见作者引用曹植的《洛神赋》是想要表达线条可以定格美丽的瞬间，同时吐纳曹植等作者内心的感慨，而非"赞美曹植的艺术想象力"。

2. **落实了散文阅读的必考点之后，题型不明，技巧不熟，表达不准，条理不清，采分点不明，这些"坑"，你就能有效避开。**

重难点解析——关键词句把握、主旨概括分析

对散文阅读而言，难点在"内容分析"这个考点。原因如下："内容分析"项包括两个大点：梳理概括题和作用题，二者皆为重要考点；而作用题又会拉开区分度，诸君都知道作用题必须落实结构、主题（内容）两个方面，并且还涉及情感，"作用思情感"此之谓也。

（一）梳理概括题

此类题的本质和论述类文本并无不同，只是在梳理、整合的地方，会要求更细致一些。

基本按照：**转化、提取、再转化、连缀四个步骤落实**，考查理解、分析综合能力。

1. 转化

转化题干，确定问题的指向，从而锁定答题区间，这里可称作"区间意识"。

2. 提取

提取有效信息，散文阅读中"有效信息"散布的面较广，会涉及几个段落乃至全文。

3. 再转化

此处敲黑板，有效信息筛选后，还要有一个分析、加工的过程：或直接抄写、或概括作答（多数如此）、或提取观点后用原文来支撑，要具体分析。

4. 连缀

依照题干提示整理顺序，把信息连缀成答案，确保不重不漏。

> **例析** ▶

阅读下面作品，完成下面小题。（2020 年北京卷）

从音乐和美术认识生命

沈从文

我有一点习惯，从小时养成，即对音乐和美术的爱好。从四五岁起始，这两种东西和生命发展，即完全密切吻合。

初有记忆时，记住黄昏来临一个小乡镇戍卒屯丁的鼓角，在紫煜煜入夜光景中，奏得又悲壮，又凄凉。春天的早晨，睡梦迷糊里，照例可听到高据屋脊和竹园中竹梢百舌、画眉鸟自得其乐的歌呼。此外河边的水车声，天明以前的杀猪声，田中秧鸡、笼中竹鸡、塘中田鸡……以及通常办喜事丧事的乐曲，求神还愿的乐舞，田野山路上的唢呐独奏——一切在自然中与人生中存在的有情感的声音，陆续镶嵌在成长的生命中每一部分。这个发展影响到成

熟的生命，是直觉的容易接受伟大优美乐曲的暗示或启发。

到都市中来已三十年，在许多问题上，工作方式、生活取舍上，头脑都似乎永远有点格格不入，老是闹别扭。即勉强求适应，终见得顽固呆钝，难于适应，意识中有"承认"与"否定"两种力量永远在争持，显得混乱而无章次。唯有音乐能征服我，驯柔我。一个有生命有性格的乐章在我耳边流注，逐渐浸入脑中襞褶深处时，生命仿佛就有了定向，充满悲哀与善良情感，而表示完全皈依。

音乐对我的说教，比任何经典教义更具效果。也许我所理解的并不是音乐，只是从乐曲节度中条理出"人的本性"。一切好音乐都能把我引带走向过去，走向未来，而认识当前，乐意于将全生命为当前平凡人生卑微哀乐而服务。笔在手上工作已二十六年，总似乎为一种召唤而永远向前，任何挫折均无从阻止，从风声、水声、鸟声中，都可以得到这种鼓励与激发。从隔船隔壁他人家常絮语与小小龃龉中，也同样能够得到。即身边耳边一切静沉沉的，只要生命中有这些回音来复，来自多年以前的远方，我好像也即刻得到一线微光，一点热，于是继续摸索而前。

一件事给我生命以力量和信心回复，即具启发性的音乐。对于生命的欢欣，死亡的肯定，一个伟大作曲者必然能理解，并理解到这种生命皈依的庄肃，把它当成创造的动力。音乐教育我，实在比任何文字书本意义都重大得多。

我爱美术有相似而不同情形。认识我自己生命，是从音乐而来：认识其他生命，实由美术而起。就记忆所及，最先启发我教育我的，是黄蜂和蟢子在门户墙壁间的结窠。工作辛勤结构完整处，使我体会到微小生命的忠诚和巧智。其次看到鸟雀的作窠伏雏，花草在风雨阳光中的长成和新陈代谢，也美丽也严肃的生和死。举凡动植潜跃，生命虽极端渺小，都有它的完整自足性。再其次看到小银匠捶制银锁银鱼，一面因事流泪，一面用小钢模敲击花纹。看到小木匠和小媳妇作手艺，我发现了工作成果以外工作者的情绪或紧贴，或游离。并明白一件艺术品的制作，除劳动外还有个更多方面的相互依存关系。而尤其重要的，是这些小市民层生产并供给一个较大市民层的工艺美术，色泽与形体，原料及目的，作用和音乐一样，是逐渐浸入寂寞生命中，娱乐我并教育我，和我生命发展严密契合分不开的。

我对于美术的理解，明显即比普通美术理论大不相同，也容易和一般鉴赏家兴致异趣。加上十年流亡转徙生活教育，自然景物与人生万象，复轮流浸润于生命中。个人生命在这种错综繁复人生中发育长成，即缺少美术史的严格训练，爱好与理解，自然和普通人已经大不相同。和音乐关系二而一，我能从多方面对于一件美术品发生兴味。有一点还想特别提出，即爱好的不仅仅是美术，还更爱那个产生动人作品的性格的心，一种真正"人"的素朴的心。

到都市来，工艺美术扩大了我的眼界。不仅对制作过程充满兴味，对制作者一颗心，如何融会于作品中，他的勤劳、愿望、热情，以及一点切于实际的打算，全收入我的心胸。一切美术品都包含了那个作者生活挣扎形式，以及心智的尺衡，我理解的也就细而深。

在小小作品中，作者注入崇高的理想，浓厚的感情，安排得恰到好处时，即一块顽石，一把线，一片淡墨，一些竹头木屑的拼合，也见出生命洋溢。这点创造的心，就正是民族品德优美伟大的另一面。

（取材于沈从文《关于西南漆器及其他》）

1. 下列对文中加点词语的解说，不正确的一项是（　　）（3分）

A. 即完全密切吻合　　　　　　　　　　即：就。

B. 即勉强求适应　　　　　　　　　　　即：即使。

C. 只是从乐曲节度中条理出"人的本性"　条理：分析整理。

D. 从隔船隔壁他人家常絮语与小小龃龉中　龃龉：轻声细语。

2. 下列对文章的理解与赏析，不正确的一项是（　　）（3分）

A. 作者自幼年起的各种声音记忆，使其日后从直觉上更加容易理解伟大优美的乐曲。

B. 以小银匠、小木匠、小媳妇为例，文章意在说明制作者在制作过程中需全神贯注。

C. 作者多年流亡转徙，积累了错综繁复的人生经验，其审美眼光不同于普通人。

D. 作者充分调动感官来捕捉平凡生活之美，并借助生动的细节使之重现于纸上。

3. 作者理解的音乐和美术分别包含哪些内容？请概括说明。（6分）

_____

_____

4. 音乐和美术对作者的成长及认识生命起到了什么作用？（6分）

_____

_____

【答案】

1. D　2. B

3. ①作者理解的音乐包含：自然之声，日常生活之声，作曲家谱写的乐曲。②作者理解的美术包含：动植物的生命形态，民间工艺美术，都市工艺美术。（每个点1分）

4. ①成长：自幼年起，音乐和美术丰富了作者的生命体验，和他的成长密不可分，起到教育作用；进入都市后，音乐帮助他调和工作、生活中的种种矛盾及内心冲突；音乐作为一种向上、向善的力量，给他生命以方向感、归属感；在他困顿时，音乐给他生命以力量和信心回复。②认识生命：作者从音乐中认识自己的生命，从美术中认识其他的生命；美术使作者体会到微小生命的完整自足性；理解工艺美术中包含的制作者的素朴的心。

【解析】

1. 本题考查对词语含义的理解能力。

D. "从隔船隔壁他人家常絮语与小小龃龉中"，"龃龉"的本意是"抵触，意见不合"，句中"家常絮语"与"龃龉"的意思应当相对，因此句中的"龃龉"就是"矛盾""争吵"之意。

2. 本题考查对文章内容的理解和赏析能力。

B. "意在说明制作者在制作过程中需全神贯注"错。结合原文"再其次看到小银匠捶制银锁银鱼，一面因事流泪，一面用小钢模敲击花纹。看到小木匠和小媳妇作手艺，我发现了工作成果以外工作者的情绪或紧贴，或游离。并明白一件艺术品的制作，除劳动外还有个更多方面的相互依存关系"，可见举这些人的例子旨在说明艺术品的制作除劳动外还有很多东西，比如情绪融入其中。

3. 本题考查理解概念含义及筛选并概括文中信息的能力。

对音乐含义的理解，结合第2段"春天的早晨，睡梦迷糊里，照例可听到高据屋脊和竹园中竹梢百舌、画眉鸟自得其乐的歌呼……一切在自然中与人生中存在的有情感的声音，陆续镶嵌在成长的生命中每一部分"，可见作者理解的音乐包含"自然之声"；再结合第4段中"从风声、水声、鸟声中，都可以得到这种鼓励与激发。从隔船隔壁他人家常絮语与小小龃龉中，也同样能够得到"，可见作者理解的音乐还包含"日常生活之声"；最后结合第5段"一件事给我生命以力量和信心回复，即具启发性的音乐。对于生命的欢欣，死亡的肯定，一个伟大作曲者必然能理解，并理解到这种生命皈依的庄肃，把它当成创造的动力"，可见作者理解的音乐同样包括"作曲家谱写的乐曲"。

作者理解的美术，结合第6段"就记忆所及，最先启发我教育我的，是黄蜂和蟢子在门户墙壁间的结窠……举凡动植潜跃，生命虽极端渺小，都有它的完整自足性"可知对美术的理解包括"动植物的生命形态"；再结合第6段"再其次看到小银匠捶制银锁银鱼，一面因事流泪，一面用小钢模敲击花纹……而尤其重要的，是这些小市民层生产并供给一个较大市民层的工艺美术，色泽与形体，原料及目的，作用和音乐一样，是逐渐浸入寂寞生命中，娱乐我并教育我，和我生命发展严密契合分不开的"，可见作者理解的美术还包括"民间工艺美术"；最后结合第8段"到都市来，工艺美术扩大了我的眼界。不仅对制作过程充满兴味，对制作者一颗心，如何融会于作品中，他的勤劳、愿望、热情，以及一点切于实际的打算，全收入我的心胸。一切美术品都包含了那个作者生活挣扎形式，以及心智的尺衡，我理解的也就细而深"，可见作者理解的美术也包括"都市工艺美术"。

请牢记：观点归作者，答案在文中。这是基本铁律。

4. 本题考查梳理文本结构，概括文章思想内容的能力。

本题问"音乐和美术对作者的成长及认识生命起到了什么作用"，只要逐段筛选体现作者成长和认识的句子加以概括即可。难度不大，但点较零碎，需要考生细致分析、应对。

（二）作用题

散文阅读的作用题往往会涉及"结构、内容、情感、技巧"，此处注意技巧是手段，另外三类才是目的。问题所问之文段（词句），在内容上有何作用（一般指向主旨），在结构上有何作用（统领全文、承上启下、呼应总结），在情感上有何作用（怎样体现作者态度、情感）。

口诀：**作用思情感，技巧效果明。**（这两句是互文见义）就是说作用题一定在内容、结构之外留心情感（为文必有情）；技巧题也要注意情感和效果的呈现。

例析 ▶

阅读下面的文字，完成下面小题。　（2020年新高考全国1卷）

建水记①（之四）

于坚

看哪，这原始之城，依然像它被创造出来之际，藏在一座朱红色的、宫殿般的城楼后面，"明洪武二十年建城。砌以砖石，周围六里，高二丈七尺。为门四，东迎晖，西清远，南阜安，北永贞。"（《建水县志》）如果在城外20世纪初建造的临安车站下车，经过太史巷、东井、洗马塘、小桂湖……沿着迎晖路向西，来到迎晖门，穿过拱形的门洞进城，依然有一种由外到内，从低到高，登堂入室，从蛮荒到文明的仪式感，似乎"仁者人也"是从此刻开始。

高高在上的是朝阳、白云、鸟群、落日、明月、星宿，而不是摩天大楼。一圈高大厚实的城墙环绕着它，在城门外看不出高低深浅，一旦进入城门，扑面而来的就是飞檐斗拱、飞阁流丹、钩心斗角、楼台亭阁、酒旌食馆、朱门闾巷……主道两旁遍布商店、酒肆、庙宇、旅馆……风尘仆仆者一阵松弛，终于卸载了，可以下棋玩牌了，可以喝口老酒了，可以饮茶了，可以闲逛了，可以玩物丧志了，可以一掷千金了，可以浅斟低唱了，可以秉烛夜游了……忽然瞥见"小楼一夜听春雨，深巷明朝卖杏花"那类女子——建水的卖花女与江南的不尽相同，这边的女性身体上洋溢着一种积极性，结实、健康、天真——正挑着一担子火红欲燃的石榴，笑呵呵地在青石铺成的街中央飘着呢。不免精神为之一振，先去买几个来解渴。

街面上，步行者斜穿横过，大摇大摆，扶老携幼，走在正中间，俨然是这个城的君王。满大街的雕梁画栋、摊贩食廊、耄耋之辈……令司机们缩头缩脑，不敢再风驰电掣。城门不远处就是有口皆碑的临安饭店，开业都快七十年了，就像《水浒传》里描写过的那种。铺面当街敞开，食客满堂，喝汤的喝汤，端饭的端饭，动筷子的动筷子，晃勺子的晃勺子，干酒的干酒，嚼筋的嚼筋，吆五喝六，拈三挑四，叫人望一眼就口水暗涌，肚子不饿也忍不住抬腿跨进去。拖个条凳坐下，来一盘烧卖！这家烧卖的做法是明代传下来的，肥油和面，馅儿是肉皮和肉糜。大锅猛蒸，熟透后装盘，每盘十个，五角一个。再来一土杯苞谷酒，几口灌下去，夹起一枚，蘸些建水土产的甜醋，送入口中，油糜轻溢，爽到时，会以为自己是条梁山泊好汉。

临安饭店后面，穿过几条巷子走上十分钟，就是龙井菜市场，那郑屠、张屠、李屠、赵屠……正在案上忙着呢。如果是七月的话，在某个胡同里走着，忽然会闻见蘑菇之香，环顾却是老墙。墙头上挂着一窝大黄梨。哪来的蘑菇耶？走，找去，必能在某家小馆的厨房里找到，叫作干巴菌，正闪亮亮的，在锅子中间冒油呢。这临安大街两边，巷子一条接一条流水般淌开去。在电子地图上，这些密密麻麻的小巷是大片空白，电子地图很不耐烦，只是标出一些大单位的地点和最宽的几条街，抹去了建水城的大量细节，给人的印象，似乎建水城是个荒凉的不毛之地。其实这个城毛细血管密集，据统计，建水城3.3平方公里的范围内有30多条街巷，550多处已经被列为具有保护价值的文物性建筑，这是很粗疏的统计。许多普通人家雕梁画栋的宅子、无名无姓的巷道并不在内。在巷子里面，四合院、水井、老树、门神、香炉、杂货铺、红糖、胡椒、土纸、灶房、明堂、照壁、石榴、苹果、桂花、兰草、绵纸窗、凉粉、米线、青头菌、炊烟、祖母、媳妇、婴孩、善男信女、市井之徒、酒囊饭袋、闲云野鹤、翩翩少年、三姑六婆、环肥燕瘦、虎背熊腰、花容月貌、明眸皓齿、慈眉善目、鹤发童颜……此起彼伏，鳞次栉比。

在这个城里，有个家的人真是有福啊。他们还能够像四百年前的祖先们那样安居乐业，不必操心左邻右舍的德行，都是世交啦。有一位绕过曲曲弯弯的小巷，提着在龙井市场买来的水淋淋的草芽（一种建水特有的水生植物，可食，滚油翻炒数秒起锅，甜脆)、莴笋、茄子、青椒、豆腐、毛豆、肉糜、茭瓜……一路上寻思着要怎么搭配，偶尔向世居于此的邻居熟人搭讪，彼此请安。磨磨蹭蹭到某个装饰着斗拱飞檐门头的大门前（两只找错了窝的燕子拍翅逃去)，咯吱咯吱地推开安装着铜质狮头门环的双开核桃木大门，抬脚跨过门槛。绕过照壁，经过几秒钟的黑暗，忽然光明大放，回到了曾祖父建造的花香鸟语、阳光灿烂的天井。从供销社退休已经三十年的祖母正躺在一把支在天井中央的红木躺椅上，借着一棵百年香樟树的荫庇瞌睡呢。

（有删改）

[注] ①建水：县名。在云南省，旧称临安。

1. 下列对本文相关内容的理解。不正确的一项是（　　　）(3分)

A. 文章引用《建水县志》的记载，将今日建水与其"原始之城"的风貌关联起来，写的是建水绵延不断的历史传承。

B. 文意以"仁者人也"来承接并形容进城的"仪式感"，是借儒家经典语句来观照城的规划与人的活动，凸显建水保有传统的人文气息。

C. 文章引用诗句"深巷明朝卖杏花"是由街头所见引起的诗意联想，意在转向描写建水女子的"结实、健康、天真"。

D. 文章以《水浒传》中的相关描写来类比临安饭店食客满堂的场面，是借梁山好汉的形象来展现建水人性格中的粗犷不羁。

2. 下列对本文艺术特色的分析鉴赏，不正确的一项是（　　　）（3分）

A. 文章以"看哪"开头，确定了全文的描写角度，即始终以一个导游者的旁观视角来铺叙建水城，使叙述语调显得既热情又客观。

B. 文章写"电子地图很不耐烦"地忽略了建水毛细血管一样密集的巷子，这种表述意在强调建水的巷子丰富生动，只有通过实地游走方可感知。

C. 文章最后一段写归家，提及"曾祖父""祖母"，并以"香樟树的荫庇"作结，意在说明普通人家一代代的平凡生活蕴含着生生不息的文化传承。

D. 文章最显著的文字特点是常常大量堆叠同类词语或词组，以此形成繁复恣肆的修辞效果，同时也表现了物阜民安的世俗生活气象。

3. 本文记建水城时，在饮食描写上花费了大量笔墨，对此你如何理解？（4分）

_____

_____

【答案】

1. D　2. A

3. ①写饮食，就是写建水城独具特色的地方风物及其历史传承；②写饮食，就是写人的日常生活和城的烟火气息，是文章所要表现的建水古城的城市品格，是作者对建水城喜爱之情的体现。

【解析】

1. 本题考查理解文章内容的能力。

　　学生首先应对文本的整体内容有所把握，然后结合题目回到文中具体分析。答题的关键是审读题干，把握命题意图，找出题干所在的具体语段及语句；将题目材料信息带入选文比对理解分析，寻找细微的差别，得出正确结论。D项中"文章以《水浒传》中的相关描写来类比临安饭店食客满堂的场面"，意欲表现建水城的繁华富庶，而非"借梁山好汉的形象来展现建水人性格中的粗狂不羁"。

2. 本题考查对文章思想内容与艺术特色的分析和鉴赏。

　　答题的关键是审读题干，把握命题意图，找出题干所在的具体语段及语句；将选项带入文中比对分析，寻找差别，得出正确结论。A项中"即始终以一个导游者的旁观视角来铺叙建水城"错误，文章并没有一味"铺叙"建水城，既有对历史的回味，也有对现实的客观描写，还有主观情感的抒发，并穿插了大量的议论和抒情。

3. 此题问"记建水城时，为何在饮食描写上花费了大量笔墨"，实质是问"大体量地写建水的饮食有何作用"，转化一旦明晰，解题思路就瞬间明朗起来。作答时，首先根据文章写作背景，写作意图、语段出现的关键词等概括语段所写的内容，然后依据写作主旨、语段位置等回答其在文中的作用。

三 解题模板

散文阅读的解题模板，与前面小说阅读在共性中自有不同，结合其实际情形口占一绝（编个顺口溜），略作解析，同学可以将其融会贯通，自有奇效。

解题口诀

观点归作者，答案在文中。

归条先筛选，采分点保证。

作用思情感，技巧效果明。

词句理解透，翻译高手成。

逐句解释如下，一、二句"观点归作者，答案在文中"，散文阅读主观题的答题点一般都在文本之中，诸君需要有精准的"区间问题意识"，转化题干，依问作答。

三、四句"归条先筛选，采分点保证"，主观题作答要我们把握有效信息，把握有效信息的前提是筛选信息、进而归纳概括信息，使之条理清晰，不重不漏；然后是采分点意识，该题分值几分，一般就会有几个采分点：效果、作用类的注意先概括而后结合文本作答，此之谓"先观点，后理由"。

五、六句**"作用思情感，技巧效果明"**，此二句口诀互文见义，**散文阅读作用题、技巧题都要考虑情感和效果，这是作答此两类题目的根本。**

最后两句"词句理解透，翻译高手成"，针对词句理解题。结合语境、主旨明了关键词句在文中表达的意思，转化成直白的语言按采分点作答，可以认为是变相的"翻译"一下。注意词语句子的含蓄、用技巧之处，具体分析含蓄句的外在形式，特别是语句中的关键词，再由表及里，整合答案。

四 创新题前瞻

创新点：本题文本选择典型；从大家耳熟能详的诗中生发感悟，是说理抒情散文的常见思路。第3题对诗句含意的理解，设点清晰、引人思考，能很好地考查审美鉴赏、文本思考的能力。

阅读下面作品，完成下面小题。（16分）

蒌蒿与河豚

苏轼的《惠崇春江晚景》（其一），我从前一直是把它当作美食诗来读的。作为自小生长在长江边的土人，我不大认那什么题画诗的账，只是觉得自己是会意东坡老人家的。

竹外桃花三两枝，春江水暖鸭先知。蒌蒿满地芦芽短，正是河豚欲上时。

我一直疑心，那句"蒌蒿满地芦芽短"是苏轼根据自己的生活经验，尤其是美食经验，来推测或联想的。试想，在这幅春江晚景图的画面下方，那些一粒粒细小的墨点子，天知道是草还是苗。可是，苏轼说，是蒌蒿，是芦芽。因为在江边生活过，甚至因为，他还吃过，且喜欢吃。

这个美食家，于北宋元丰三年被贬谪到黄州。养家艰难，于是，放下书卷，开荒种地。自古以来，都是靠山吃山、靠水吃水。住在水边的人，自有水里的鱼虾和岸边的菜蔬。每年春上，穿过开着桃花的人家门前，下到江滩上采摘野菜时，我就会想起苏轼的《惠崇春江晚景》（其一）；就会觉得，有才有识有情有调的东坡，和我，隔着时空，共饮一江水，共食一道菜，那春光也变得分外有纵深感。

春日里，蒌蒿和河豚，都是时鲜。烹制河豚时，里面不要放杂物，以求其味醇正。好的食材，仪态万方，是根本不需要配角来起哄的。但是，河豚是有毒的，要清除干净它的肝脏、眼睛等有毒部位。如此，吃河豚，其实是担着一分危险的。但是，上天安排万物生长，常常会有完美的构思。据说，蒌蒿有解河豚毒的功效。所以，水里有河豚，岸上便有了蒌蒿。

情绪低落时，每读《惠崇春江晚景》（其一），就仿佛听见苏轼在教诲：先经营好餐桌，好好吃饭。

苏轼写此诗时，是元丰八年，刚离了贬谪之地黄州，正在归京途中。人的情绪表现有时真是一个悖论。就像苏轼在黄州，身为大宋第一才子，在荒冷之地，开田地自度日月。可是，也正是在黄州，他写了《赤壁赋》和《后赤壁赋》，写了《念奴娇·赤壁怀古》。他低到泥土稼禾之间，忽然心地广大了。他与天地对话，问日月古今。江水有多无穷，他就有多无穷；月光有多辽阔，他就有多辽阔。

可是，有一天，忽然一只大手从高空伸来，将匍匐在地的人往上一拎。这时，往往万千委屈齐上心头。刘禹锡写"沉舟侧畔千帆过，病树前头万木春"。那些身为沉舟病树的光阴，只有自己知道其中的幽暗潮湿。阳光乍现，一定会刺眼，一定会流泪。我想，苏轼此番回京路上，内心的感受一定不是只有喜悦一种。在返京的路上，苏轼一定把他出世与入世的矛盾在内心再次演绎一遍。

前几天，读到李少君的两行诗：<u>我们总是迷恋着现代的晕眩感，又深深依恋着故乡的宁静</u>。我想，这大约是我们这个时代大多数人的写照。

每个周末，我从合肥返回我的江边小镇后，常常在黄昏和家人来到江边，看船，看水，看乡野人家那种默片一样安静从容的生活。这时，我常常在心底问自己：我要的，到底是什么？

我日夜凿着自己，想要凿去对寻常烟火的享受，凿去固守乡土的安逸，我把自己捻成一根箭了，嗖的一声放出去。我以为，只要自己足够努力，就可以抵达我的站台。可是，慢慢发现，我多么天真。

好在，还有苏轼。

我有苏轼，就像中了河豚之毒的人之有蒌蒿。蒌蒿来搭救那些因为追求美味而受伤的肠胃和脏腑；而苏轼的"蒌蒿满地芦芽短，正是河豚欲上时"，则在循循教我。我问自己：你的才华有苏轼那么高吗？你的人生，有苏轼那么颠簸吗？然后我就仿佛听见苏轼的讥笑：那你还委屈什么呢？虽然，我一路泥泞一肩风霜地赶路，想要抵达我风烟中长久遥望的站台，可是临到跟前，才惊觉站台早已被人捷足先登。我和苏轼，隔着时空，面对一桌蒌蒿和河豚，会意一笑。

这一首《惠崇春江晚景》（其一），中年之后再读，真是感慨良多。从前只以为它是美食诗，现在，则暗自认定那是一首哲理诗。

"正是河豚欲上时"，每每再读这一句时，我常常会想，可否把这一句里的"上"换了？如果仅仅是表达河豚作为时令食物，正是河豚将捕时，正是河豚洄游时，意思都还能到吧？可是，总还是觉得这"上"实在是好，实在是无词可替。

每年春季，河豚从深冷的大海出发，一路沿江而上，去寻找适宜的水域来繁衍生命。江水滔滔东流，小小的鱼类，要用自己单薄的身体克服江水巨大的阻力，才能逆流而上，抵达它的目的地。

向上的旅程，从来都是艰险的、是辛苦的。可是，生之意义，似乎也就在于这"向上"之中。

在水里的河豚艰难上行的同时，几尺之遥的江边沼泽和沙滩上，蒌蒿也从地底探出身子。它们会长高、长壮，极尽所有的力气，来完成一棵植物所能抵达的最大高度。它们在秋冬凋零，生的一口气全沉潜在泥土里。它们匍匐在泥土深处，熬过深冬，等冰雪消融，等风日和暖，然后启程，向着天空去攀登。

苏轼写此诗时，正在北上的途中。这是一段地理上的向上之路，更是他仕途上的一段谪后升迁之途。那流落于黄州的五年，恰似一尾鱼沉潜于幽暗水底，恰似蒌蒿落了翠叶，朽了茎秆，埋在土里。

河豚逆江而上，完成了一年的使命，然后便是顺流而下，回到低处的大海。当秋风肃杀，茂密的蒌蒿便开启了生命向下的旅程，叶子回到根边，茎秆摧折，慢慢和腐叶一起化为泥土。

苏轼也要在他的生命里，把"上——下——上——下"这样的节奏不断地演绎。演绎得频繁了，那"上"的喜悦，便来也来得朦胧徘徊，来也来得滋味万千。我实在喜欢"正是河豚欲上时"里那遥遥传来的喜气。

（取材于许冬林同名散文）

1. 下列对文中加点词语的解说，不正确的一项是（　　）（3分）

A. 觉得自己是会意东坡老人家的　　会意：会心，领悟。

B. 则在循循教我　　　　　　　　　循循：严肃的样子。

C. 沉潜在泥土里　　　　　　　　　沉潜：潜伏。

D. 那遥遥传来的喜气　　　　　　　遥遥：远远地。

2. 下列对文章的理解与赏析，不正确的一项是（　　）（3分）

A. 《惠崇春江晚景》（其一）一诗，也有基于生活经验而形成的画外之趣。

B. "捻成一根箭"用比喻的手法，刻画了作者在追逐生活理想时的锐气。

C. "上"字很难用他词替换，是因为其中蓬勃的"向上"之气殊为可贵。

D. "匍匐在泥土深处"一句，用拟人和夸张手法表现蒌蒿生命力的顽强。

3. 作者在文中引用了李少君的两行诗句，这两行诗句在文中有何具体的含意。（4分）

_____

4. 本文标题"蒌蒿与河豚"意蕴丰富。综观全文，分条陈述其中包含的意思。（6分）

_____

【答案】

1. B　2. D

3. 这两行诗句揭示了现代人生存的困境，点出了现代人的矛盾心理：既着迷于现代快节奏生活带来的刺激，又渴望平静安适的生活。

4. ①一首关于蒌蒿和河豚的题画诗，让"我"与苏轼在精神上跨越时空联系起来。
②苏轼之于我们正如蒌蒿之于河豚，其"解毒"效应能慰藉追梦路上的受挫者。
③蒌蒿和河豚生命历程中的"向上"态势，应激励更多的人自信而勇毅地上行。

【解析】

1. **本题考查理解文中重要词语含义的能力。**

  B. "循循：严肃的样子"错误。结合"而苏轼的'蒌蒿满地芦芽短，正是河豚欲上时'，则在循循教我"分析，语境讲"苏轼的'蒌蒿满地芦芽短，正是河豚欲上时'"在有顺序地教我。应该译为有顺序的样子。

2. **本题考查对文章的理解与赏析的能力。**

  D. "用拟人和夸张手法"中的"夸张"错误。用"匍匐"来写蒌蒿，运用拟人手法。语境讲"它们匍匐在泥土深处，熬过深冬，等冰雪消融，等风日和暖，然后启程，向着天空去攀登"，突出蒌蒿顽强的生命力，没有用夸张。

3. **本题考查分析文章重要语段的含意的能力。**

  抓住"迷恋着现代的晕眩感""依恋着故乡的宁静""是这个时代大多数人的写照"等分析，李少君的两行诗写出了现代人的矛盾心理，这是现代大多数人的写照。这样的矛盾揭示现代人的生活困境。

4. **本题考查分析文章标题的含意的能力。**

  结合文本，按行文顺序逐次筛选、概括即可。

第二部分
古诗文阅读

第一章 文言文阅读

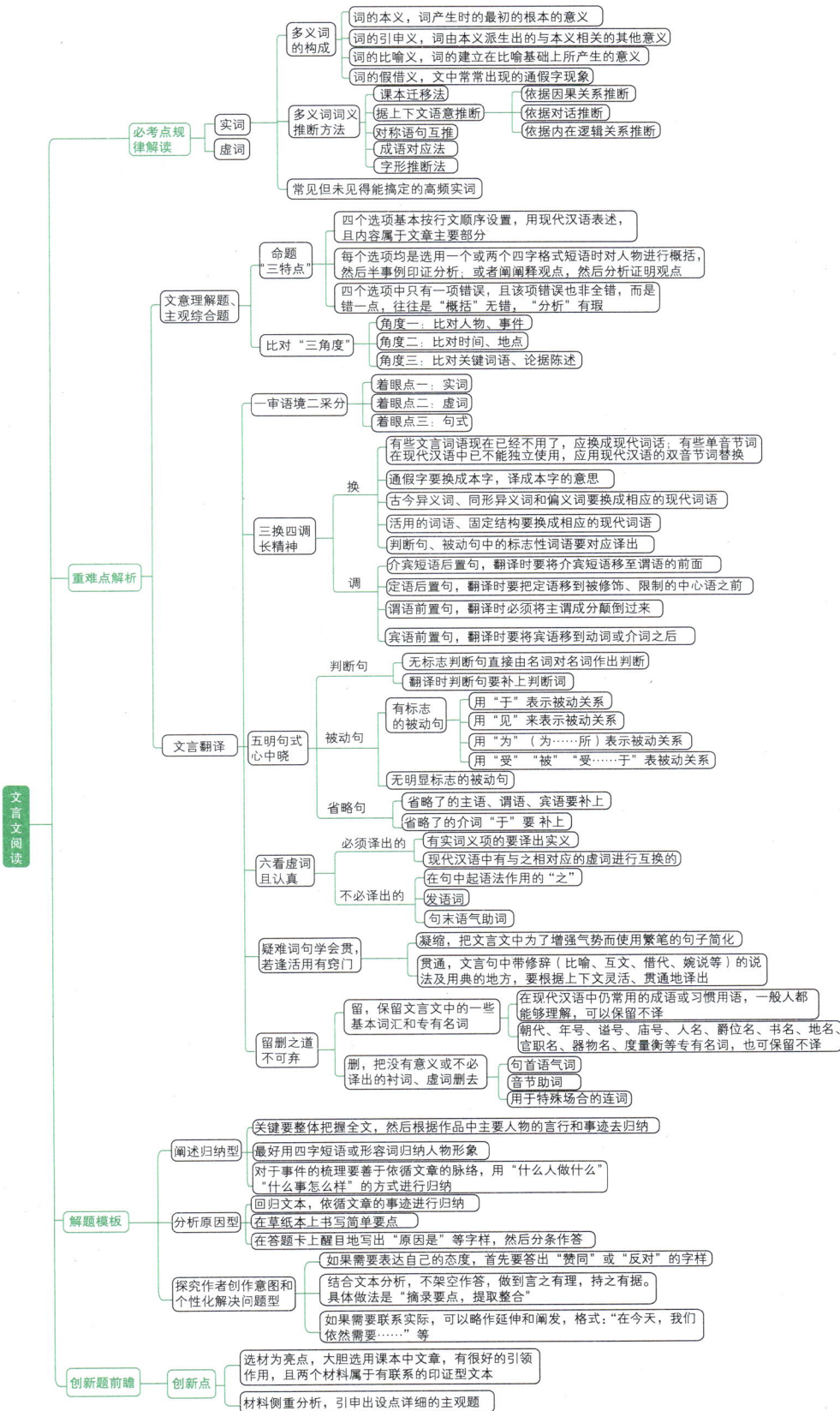

文言文阅读

重难点解析

必考点规律解读

实词

多义词的构成
- 词的本义，词产生时的最初的根本的意义
- 词的引申义，词由本义派生出的与本义相关的其他意义
- 词的比喻义，词的建立在比喻基础上所产生的意义
- 词的假借义，文中常常出现的通假字现象

多义词词义推断方法
- 课本迁移法
- 据上下文语意推断
  - 依据因果关系推断
  - 依据对话语境推断
  - 依据内在逻辑关系推断
- 对称语句互推
- 成语对应法
- 字形推断法

常见但未见得能搞定的高频实词

虚词

重难点解析

文意理解题、主观综合题

命题"三特点"
- 四个选项基本按行文顺序设置，用现代汉语表述，且内容属于文章主要部分
- 每个选项均是选用一个或两个四字格式短语时对人物进行概括，然后举事例印证分析；或者阐释观点，然后分析证明观点
- 四个选项中只有一项错误，且该项错误也非全错，而是错一点，往往是"概括"无错，"分析"有瑕

比对"三角度"
- 角度一：比对人物、事件
- 角度二：比对时间、地点
- 角度三：比对关键词语、论据陈述

文言翻译

一审语境二采分
- 着眼点一：实词
- 着眼点二：虚词
- 着眼点三：句式

三换四调长精神

换
- 有些文言词语现在已经不用了，应换成现代词语；有些单音节词在现代汉语中已不能独立使用，应用现代汉语的双音节词替换
- 通假字要换成本字，译成本字的意思
- 古今异义词、同形异义词和偏义词要换成相应的现代词语
- 活用的词语、固定结构要换成相应的现代词语
- 判断句、被动句中的标志性词语要对应译出

调
- 介宾短语后置句，翻译时要将介宾短语移至谓语的前面
- 定语后置句，翻译时要把定语移到被修饰、限制的中心语之前
- 谓语前置句，翻译时必须将主谓成分颠倒过来
- 宾语前置句，翻译时要将宾语移到动词或介词之后

五明句式心中晓

判断句
- 无标志判断句直接由名词对名词作出判断
- 翻译时判断句要补上判断词

被动句
- 有标志的被动句
  - 用"于"表示被动关系
  - 用"见"来表示被动关系
  - 用"为"（为……所）表示被动关系
  - 用"受""被""受……于"表示被动关系
- 无明显标志的被动句

省略句
- 省略了的主语、谓语、宾语要补上
- 省略了的介词"于"要补上

六看虚词且认真

必须译出的
- 有实词义项的要译出实义
- 现代汉语中有与之相对应的虚词进行互换的

不必译出的
- 在句中起语法作用的"之"
- 发语词
- 句末语气助词

疑难词句学会贯，若逢活用有窍门
- 凝缩，把文言文中为了增强气势而使用繁笔的句子简化
- 贯通，文言句中带修辞（比喻、互文、借代、婉说等）的说法及用典的地方，要根据上下文灵活、贯通地译出

留删之道不可弃

留，保留文言文中的一些基本词汇和专有名词
- 在现代汉语中仍常用的成语或习惯用语，一般人都能够理解，可以保留不译
- 朝代、年号、谥号、庙号、人名、爵位名、书名、地名、官职名、器物名、度量衡等专有名词，也可保留不译

删，把没有意义或不必译出的衬词、虚词删去
- 句首语气词
- 音节助词
- 用于特殊场合的连词

解题模板

阐述归纳型
- 关键要整体把握全文，然后根据作品中主要人物的言行和事迹去归纳
- 最好用四字短语或形容词归纳人物形象
- 对于事件的梳理要善于依循文章的脉络，用"什么人做什么""什么事怎么样"的方式进行归纳

分析原因型
- 回归文本，依循文章的事迹进行归纳
- 在草纸本上书写简单要点
- 在答题卡上醒目地写出"原因是"等字样，然后分条作答

探究作者创作意图和个性化解决问题型
- 如果需要表达自己的态度，首先要答出"赞同"或"反对"的字样
- 结合文本分析，不架空回答，做到言之有理，持之有据。具体做法是"摘录要点，提取整合"
- 如果需要联系实际，可以略作延伸和阐发，格式："在今天，我们依然需要……"等

创新题前瞻

创新点
- 选材为亮点，大胆选用课本中文章，有很好的引领作用，且两个材料属于有联系的印证型文本
- 材料侧重分析，引申出设点详细的主观题

一 必考点规律解读——实词、虚词是基础

诸君先看，高考文言文的"变与不变"，就知何谓"文言自有道，探骊可得珠"，我们探究的、掌握的是文言文本考查之本质，落地之规则。

先看变。

1. 选材有新变化

如 2021 年全国乙卷和全国甲卷文言文考查的选文分别出自《通鉴纪事本末·贞观君臣论治》和《宋史纪事本末·契丹盟好》。主要呈现以下鲜明特点：材料截取跨度大，思维跳跃性强；表达以议论为主，文中有多人物对话，多时空转换，语气词、助词出现频率更高；近乎非连续文本，一篇文中可能会写到几件事情，且彼此之间不一定存在有机联系；微言大义，阅读理解上难度会适度加大，对学生文言知识的积累以及古文素养的要求会更高（**2023 年亦然**）。这是文言文选材和考查的一个新方向，值得关注。

2. 题型有变化（稳中有变）

分析综合题、翻译题，自 2009 年一直沿用至今，没有变化。2014 年起全国新课标卷中的文言文阅读部分试题有了微调，删去 2013 年及以前的信息筛选题，增设了断句题，且是以单选题的形式考查（笔者一直觉得是送分，但很多同学不这样认为）。2014 年及以前均设有一道考查文言实词的单选题，至 2015 年后替换为一道文化知识题，仍是以单选题的形式考查；2023 年又**变为"文本结合课本考查"的形式**。近三年各题题型及其涉及的考点保持不变。

再看不变。

1. 始终坚持"浅易"原则

"浅易"体现在五个方面。

第一，全国卷选文大部分出自"二十四史"中的人物传记（2007—2020 年，全国卷中《宋史》选文 11 篇，《明史》选文 6 篇，《旧唐书》选文 2 篇，《新唐书》选文 1 篇，《北史》选文 2 篇，《宋书》选文 3 篇，《后汉书》选文 3 篇，《新五代史》选文 1 篇，《晋书》选文 2 篇，《史记》选文 3 篇。2020 年全国新课标Ⅰ、Ⅱ、Ⅲ卷中的三篇文言选文来自《宋史》与《晋书》），自命题省份喜欢人物传记和说理议论类文本交叉考查，以说理议论类为重，如 2023 年北京卷《贵廉》带有明显的说理性质。

第二，文章用词均为常用词。

第三，文章均采用常见句式。

第四，文章可在脱离写作背景的情况下读懂。（**敲黑板**）

第五，文章是典范的文言文作品。

2. 考点全覆盖

文言文阅读的考查对《考试大纲》所规定的考点的覆盖必须是全方位的。全国卷不

单独设虚词题、筛选信息题等，似乎遗漏了某些考点，但实际上这些考点在断句题、文化常识题、分析综合题和翻译题的考查中都有所体现；自命题省份变化稍多，虚词、实词、信息归纳都会有彰显。另，《考试说明》题型示例出现了实词考查单选题，说明此考点依然重要。

那么，就正告诸君，文言文是这样学的：**首先实词、虚词是基础，而后读懂，而后分析、梳理。**

务必落实文言实词

（一）多义词的构成

诸君皆知，文言文阅读拿高分的关键是读懂，读懂的关键是掌握文言实词，掌握文言实词之关键是一词多义和语境（**好有道理**）。

实词的用法和含义是高考的常考题，复习重点是一词多义和通假字。注意那些"古有今无""古常见今不常见"的义项。了解词的本义、引申义、比喻义和假借义。

1. 词的本义

所谓词的本义，就是词的本来意义，即词产生时的最初的根本的意义。如"本"的本义就是草木的根或靠近根的茎干。"道"的本义就是指路途、道路。

〔小练习〕

指出下列加点词语的本义。

①战则请从 （跟随）

②后因伐木，始见此山 （攻伐）

③范增数目项王 （眼睛）

④岂得之难而失之易欤 （换取）

2. 词的引申义

所谓词的引申义，就是词由本义派生出的与本义相关的其他意义。如"道"的本义为"道路"，"方向，方法，道理，取道，经过"为其引申义。"本"的本义是草木的根或靠近根的茎干，"根本，本来，原本，基本"就是它的引申义。

〔小练习〕

指出下列加点词语的本义和引申义。

①项伯亦拔剑起舞，常以身翼蔽沛公，庄不得击。

本义：身体。

引申义："亲自"（禹之王天下也，身执耒臿以为民先），"自己""自身"（兔不可复得，而身为宋国笑），"身孕"（且以汝之有身也，更恐不胜悲，故惟日日呼酒买醉），"性命"（国事至此，予不得爱身）等。

②士别三日，即更刮目相待。

本义：对男子的美称。

引申义:"做官的人"(士大夫终不肯夜泊绝壁之下),"读书人"(士志于道,而耻恶衣恶食者),"有才能的人"(胜不敢复相士),"士兵"(士不敢弯弓而报怨)。

③伯乐学相马,顾玩所见,无非马者。

本义:察看,仔细看。

引申义:"辅助,辅佐"(无物以相之),"选择"(良禽相木而栖,贤臣择主而事),"辅佐帝王的人"(王侯将相宁有种乎)。

3. 词的比喻义

所谓词的比喻义,就是词建立在比喻基础上所产生的意义。如"爪牙"的本义是鸟兽的爪子和牙齿,比喻意义是"得力的帮手或武士"等。

[**小练习**]

指出下列加点词语的本义和比喻意义,并举例说明。

①手足情深,焉能或忘。

本义:手和脚。

比喻义:兄弟,党羽。

②不然,令五人者保其首领以老于户牖之下,则尽其天年,人皆得以隶使之。

本义:头和颈。

比喻义:某个集团的领导人。

③草菅人命,纵横乡里。

本义:野草。

比喻义:不值得珍惜的事物。

4. 词的假借义

所谓词的假借义,就是古文中常常出现的通假字现象。所谓通假字,就是指本应用甲字,使用时借用与其意义不相干只是音同或音近的乙字去代替它的现象。

[**小练习**]

指出下列加点词语的通假字并解释其含义。

①愿伯具言臣之不敢倍德也　(同 **"背"**,背叛。)

②赢粮而景从　(同 **"影"**,像影子一样。)

③君子日参省乎己,则知明而行无过矣　(同 **"智"**。)

④满坐寂然,无敢哗者　(同 **"座"**。)

⑤风吹草低见牛羊　(同 **"现"**。)

⑥善刀而藏之　(同 **"缮"**,擦拭的意思。)

⑦"离骚"者,犹离忧也　(同 **"罹"**,遭受的意思。)

上面所给都是例子,单纯例子不能培养同学的整体阅读、分析能力,所以要往下看。

（二）多义词词义推断方法

1. 课本迁移法

我们在课本中学过大量的文言实词，平时练习中也会接触到大量实词，熟记这些实词的义项，在阅读时自觉地迁移学过的知识，可以帮助我们提高实词理解的正确率。**在大考之前**，课本中的古诗文，诸君最少得过两遍。"以本为本"，切勿以浅近忽之。

例析 ▶

（1）下列句子中加点词语的解释，不正确的一项是（　　）

A. 城之不拔者二耳　　　　　拔：被攻取。

B. 齐人未附　　　　　　　　附：归附。

C. 使老弱女子乘城　　　　　乘：巡视。

D. 秦人追亡逐北　　　　　　北：指败逃者。

（2）对下列句子中加点词语的解释，不正确的一项是（　　）

A. 讽帝大征四方奇技　　　　讽：劝告。

B. 咸私哂其矫饰焉　　　　　哂：讥笑。

C. 恐为身祸，每遇人尽礼　　遇：优待。

D. 太宗初即位，务止奸吏　　务：致力。

【答案】

（1）C　　（2）C

【解析】

（1）C. "乘"看语境+课本迁移（《卫风·氓》"乘彼垝垣"），可知此处应是"登上"之意。

（2）C. 应为"对待"。

小结：教材是本，课外选文是末，所以说牢固的基础是很重要的。

【巩固】

（1）"谢氏生于盛族，年二十以归吾"，此句与《项脊轩志》中"后五年，吾妻来归"相似，此句中"归"解释为"出嫁"。

（2）"危素、张起岩并荐，不报"，此句与《廉颇蔺相如列传》中"计未定，求人可使报秦者"相似，此句中"报"解释为"答复，回复"。

2. 据上下文语意推断

多义词义项丰富，但在具体语境中最准确的往往只有一个，因此判别多义词的义项要在理解其基本义项的基础上，依据上下文作出选择，前因后果、上问下答、事件内在的逻辑关系等常是判别词义的重要依据。

（1）依据因果关系推断

例析 ▶

①其（何远）清公实为天下第一。居数郡，见可欲终不变其心，妻子饥寒如下贫者。及去东阳归家，经年岁，口不言荣辱，士类益以此多之。

解释下列加点词在句中的意思。

士类益以此多之

②徐恪，字公肃，常熟人。成化二年进士。授工科给事中。中官（太监）欲出领抽分厂，恪等疏争。中官怒，请即遣恪等，将摭其罪，无所得乃已。

解释下列加点词在句中的意思。

将摭其罪

【答案】

①多：称赞。

②摭：拾取，搜集。

【解析】

①士大夫越发因为这个原因而称赞他。

②太监要搜集徐恪等人的罪责。

（2）依据对话推断

例析 ▶

（曹植）善属文。太祖尝视其文，谓植曰："汝倩人邪？"植跪曰："言出为论，下笔成章，顾当面试。奈何倩人？"

"倩人"一词，从上下文语意推敲，其意应为（　　）

A. 请人代笔　　　　　　　　B. 模拟他人名作

C. 文章讲求漂亮辞藻　　　　D. 文章有女性的阴柔之美

【答案】

A

【解析】

这里也可对照"倩何人唤取，红巾翠袖"中"倩"的解释。

［小练习］

翻译文中画横线的句子。

鲁哀公问于孔子曰："乐正夔一足，信乎？"孔子曰："昔者舜欲以乐传教于天下，乃令重黎举夔于草莽之中而进之，舜以为乐正。夔于是正六律，和五声，以通八风。而天下大服。重黎又欲益求人，舜曰：'夫乐，天地之精也，得失之节也。故唯圣人为能和乐之本也。

夔能和之，以平天下，若夔者一而足矣。'故曰'夔一足'，非'一足'也。"

【答案】

所以说，有"夔"这样的人一个就足够了，不是说"夔"只有一只脚啊。

（3）依据内在逻辑关系推断

例析 1

是时，高祖与契丹约为父子，契丹骄甚，高祖奉之愈谨，重荣（人名）愤然，以谓"屈中国以尊夷狄，困已敝之民，而充无厌之欲，此晋万世耻也！"数以此非诮高祖。

判断下列加点词语的解释是否正确（　　　　）

契丹骄甚，高祖奉之愈谨　　谨：严格。

【答案】

错

【解析】

此语段中安重荣认为晋高祖的态度是"屈中国以尊夷狄"，是"晋万世耻也"，因而非常愤慨，由此可以推知晋高祖在骄甚的契丹面前的态度应该是恭恭敬敬、低三下四，而不可能是对契丹要求严格，所以"谨"应该解释为"恭敬"，**此解释错误**。

例析 2

翻译文中画线的句子。

时大雪，积地丈余。洛阳令身出案行，见人家皆除雪出，有乞食者。至袁安门，无有行路，谓安已死。令人除雪，入户见安僵卧。问："何以不出？"安曰："大雪，人皆饿，不宜干人。"令以为贤，举为孝廉。

（《后汉书·袁安传》）

【答案】

天降大雪，人们都很饥饿，不应该去打扰别人。

【解析】

"干"，可以灵活翻译。

3. 对称语句互推

文言文中常出现对称语句，这些句子结构整齐严谨，既丰富了文章的内容，又增加了斐然的文采。这些语句又是相互映衬的，相同位置处的词语含义常常呈相同、相近、相对或相反的关系，词性则常常是相同的，这一特点可以帮我们由已知推出未知。

①生之有时而用之亡度（"亡"与"有"相对，当"无"讲。）

②忠不必用兮，贤不必以（"以"对应"用"，被任用。）

③戴朱缨宝饰之帽，腰白玉之环（"腰"与"戴"对应，动词，腰佩，腰挂。）

④灭六国者六国也，非秦也；族秦者秦也，非天下也（"族"同"灭"。）

4. 成语对应法（此方法后面会频繁出现）

在成语中保留了大量的文言词义，我们在掌握了一定量的成语后，便可以根据一些成语的意义、用法，推断出文本中的文言词义，如下所示。

①殚其地之出，竭其庐之人　　殚精竭虑　　殚、竭：尽。

②赵奢之伦制其兵　　　　　　不伦不类　　伦：类。

③夫晋，何厌之有　　　　　　贪得无厌　　厌：同"餍"，满足。

④使弈秋诲二人弈　　　　　　诲人不倦　　诲：教导，指导。

⑤明于治乱，娴于辞令　　　　长治久安　　治：安定，太平。

不少成语源自文言文，可借助这些成语中的意义来推断文言实词的意义，如下列语句中加点词的意义。

①（孙膑）期曰"暮见火举而齐发"（由不期而遇，可推知"期"为"约定"。）

②至丹以荆卿为计，始速祸焉（由不速之客，可推知"速"为"招致"。）

③登高而呼，声非加疾也（由疾风知劲草，可推知"疾"为"大，强"。）

④每责一头，辄倾数家之产（由求全责备，可推知"责"为"要求"。）

⑤势拔五岳掩赤城（由出类拔萃，可推知"拔"为"超过"。）

⑥在官清恪，未尝闻私（由恪守不渝，可推知"恪"为"谨慎而恭敬"。）

[小练习]

翻译下文中的画线句。

天成、长兴之间，岁屡丰熟，中国无事……异日，（公权）与周墀（xī）同对，论事不阿，墀为惕恐，<u>公权益不夺</u>，帝徐曰："卿有诤臣风，可屈居谏议大夫。"开成三年，转工部侍郎。

【答案】

柳公权越发不改变（自己的看法）。

5. 字形推断法

①可以独飨（xiǎng）白粲（càn）。

飨，右边是"食"，可推断大概是"食用，享受"。粲，下边是"米"，可推断大概是米一类的东西。

②王怒曰："劓（yì）之。"

劓：可推断与鼻子和刀有关，割掉鼻子。

③家人睍（jiàn）见者，悉骇愕。

"睍"为形声字，与"看"有关，眼睛透过门缝看东西，可推断意思是"窥见"。

[小练习]

①丰则贵籴（dí），歉则贱粜（tiào）。　　籴：买米。粜：卖米。

②臣父母春秋高，冀得一归觐（jìn）。　　觐：拜见，探望。

总结

凡形旁从"钅（金）、木、氵（水）、灬（火）、土"者，多与五行有关；凡形旁从"刂（刀）、弓、矛、戈、斤（斧）、殳（shū）"者，多与兵器有关；凡"马、牛、羊、犭、鸟、虫"等多与动物类有关；"讠（言）、忄（心）"多与心理有关；"辶（辵）、彳（行）"等多与行为有关；"禾"多与五谷有关；"贝"多与金钱有关；"皿"多与器具有关；"宀"多与房舍有关；"阝"多与地名有关；"求"多与毛皮有关；"旨"多与美味有关；"隹（zhuī）"多与鸟雀有关；"能"多与熊罴有关；"尸"多与身体有关；"女"多与妇人有关；"冖"多与笼罩有关；"系"多与捆绑有关；"纟"多与丝织品有关；"攴（pū）"多与敲击有关；"歹"多与死亡有关；"月"多与肉有关，"页"多与人头、首有关，"自"多与鼻有关，"目"多与眼有关。

（三）常见但未见得能搞定的高频实词

文言实词（高频、古今异义）是读懂古诗文之基础，诸君切勿小觑。

下面句中加点词语为近十年考题中出现的高频实词。

1. 有功故出反囚，罪当诛，请按之。（《旧唐书·列传三十五》）
   误：按照。正：追究，追查。
   译文：徐有功特意开脱谋反的人，论罪应当处死，请追查他。

2. 府省为奏，敕报许之。（《北齐书·袁聿修传》）
   误：报告。正：回复，批复。
   译文：有关部门为此上奏，（后主）下诏回复同意了这件事。

3. 大破李信军，入两壁，杀七都尉。（《史记·白起王翦列传》）
   误：城墙。正：营垒。
   译文：（项燕）大败李信的军队，攻下两座营垒，杀死七名都尉。
   链接：大家想我们常用的一成语"作壁上观"，就晓得了。

4. 尧民之病水者，上而为巢，是为避害之巢。（《书巢记》）
   误：生病。正：担心，忧虑。
   译文：尧的百姓担心水患，因而在水上筑巢，这就是避免灾害的巢。

5. 师进，次于陉。（《左传·齐桓公伐楚》）
   误：依次。正：临时驻扎。
   译文：各诸侯国的军队前进，临时驻扎在陉地。

6. 天下有大勇者，卒然临之而不惊。（《留侯论》）
   误：完毕。正：同"猝"，突然。
   译文：天下真正有大勇的人，灾难突然降临也不会惊恐。

7. 王趣见，未至，使者四三往。(《燕书十四首》)

误：高兴。正：急忙。

译文：楚王急忙接见（尊卢沙），（尊卢沙）没有到，（楚王派）使者多次前去（邀请）。

8. 存诸故人，请谢宾客。(《史记·汲郑列传》)

误：安置。正：问候。

译文：问候那些老朋友，邀请、答谢宾朋。

链接：想《短歌行》"越陌度阡，枉用相存"，就好。

9. 若复失养，吾不贷汝矣。(《宋史·薛奎列传》)

误：借给。正：宽恕。

译文：如果再不赡养母亲，我就不宽恕你了。

链接：想"严惩不贷"。

10. 楚庄王谋事而当，群臣莫能逮。(《新序·杂事第一》)

误：捉拿。正：赶得上。

译文：楚庄王谋划事情很得当，群臣没有人能赶得上。

11. 陛下登杀之，非臣所及。(《新唐书·戴胄传》)

误：上去。正：当即。

译文：陛下（如果）当即杀掉他，（就）不是我的职权管得了的。

12. 凡再典贡部，多柬拔寒俊。(《宋史·贾黄中传》)

误：典籍。正：主持。

译文：贾黄中先后两次主持贡部，多次选拔出身寒微而才能杰出的人。

13. 诸公多其行，连辟之，遂皆不应。(《后汉书·乐恢传》)

误：许多。正：称赞。

译文：许多人都称赞他的品行，接连几次征召他，他都没有答应。

14. 太祖知其心，许而不夺。(《三国志·田畴传》)

误：夺取。正：强行改变。

译文：太祖了解他的志向，允许他而没有强行加以改变。

链接：《论语》有言：三军可夺帅也，匹夫不可夺志也。"夺"同上。

15. 阿有罪，废国法，不可。(《吕氏春秋》)

误：阿附。正：偏袒。

译文：偏袒有罪之人，废弃国法，是不能容许的。

16. 弁（biàn）性好矜伐，自许膏腴。(《北史·宋隐》)

误：讨伐。正：夸耀。

译文：宋弁生性喜好自夸，自认为门第高贵。

17. 所犯无状，干暴贤者。(《后汉书·列传二十九·赵咨传》)

误：干涉。正：冲撞，冒犯。

译文：我们所做的太无理，冒犯了贤良。

链接：《论语》中"子张学干禄"中"干"应解释为"求取"，就是子张同学向孔子讨教做官之道。

18. 欲通使，道必更匈奴中。（《史记·大宛列传》）

误：改换。正：经过。

译文：汉朝想派使者去联络月氏，但通往月氏的道路必定经过匈奴统治区。

19. 瓒闻之大怒，购求获畴。（《三国志·魏书十一》）

误：购买。正：悬赏征求。

译文：公孙瓒听说这件事非常愤怒，悬赏捉拿田畴，最后将其捕获。

20. 齐将马仙埤连营稍进，规解城围。（《北史》）

误：规劝。正：谋划。

译文：齐将马仙埤让各座营寨相连逐步向前推进，谋划解除对义阳城的围困。

21. 吾君优游而无为于上，吾民给足而无憾于下。（《醒心亭记》）

误：遗憾。正：怨恨。

译文：我们的国君在上能宽大化民，不用刑罚；我们的人民在下生活富裕，没有怨恨。

22. 不去，羽必杀增，独恨其去不早耳。（《范增论》）

误：怨恨。正：遗憾。

译文：不离去，项羽必定会杀掉范增，只是遗憾他没有及早离开罢了。

23. 曾预市米吴中，以备岁俭。（《宋史·吴遵路传》）

误：节省。正：收成不好。

译文：吴遵路曾经预先在吴地买米，用来防备收成不好。

24. 其简开解年少，欲遣就师。（《三国志·魏书·国渊传》）

误：简略。正：选拔。

译文：你可以选拔聪明有知识的年轻人，派他们去从师学习。

25. 遂铭石刻誓，令民知常禁。（《后汉书·循吏传·王景传》）

误：禁止。正：禁令。

译文：（王景）于是让人在石碑上刻下诫辞，使百姓知晓法典禁令。

26. 明法审令，捐不急之官，废公族疏远者。（《史记·吴起列传》）

误：捐助。正：裁撤。

译文：（吴起便）申明法度，赏罚分明，裁撤冗余官员，废除疏远的王族的爵禄。

链接：想"细大不捐"中"捐"是"舍弃"之意，小的、大的都不抛弃，形容包罗一切，没有选择。

27. 告俭与同郡二十四人为党，于是刊章讨捕。（《后汉书·党锢列传》）

误：刊登。正：删除。

译文：（朱并）控告张俭和同郡二十四人结为朋党，朝廷于是发布了删除告发人姓名的捕人诏书搜捕张俭等人。

链接：想"不刊之论"。

28. 时虽老，暇日犹**课**诸儿以学。（《梁书》卷十二列传第六）

　　误：讲课。正：**督促。**

　　译文：韦睿当时虽然年事已高，但闲暇的时候还督促孩子们学习。

29. 上令朝臣**厘**改旧法，为一代通典。（《隋书》卷四十一列传第六）

　　误：逐步。正：**订正。**

　　译文：皇上命令朝臣订正旧的法令，作为一朝通用的典章制度。

30. 然百姓**离**秦之酷后，参与休息无为。（《史记·曹相国世家》）

　　误：离开。正：**同"罹"，遭受。**

　　译文：但是百姓遭受了秦的残暴统治后，（曹参）给了他们休养生息的机会，无为而治。

链接：《离骚》中"离"字，亦可如此解。

31. 民不胜**掠**，自诬服。（《宋史·唐震传》）

　　误：掠夺。正：**拷打。**（由语境可推知）

　　译文：州民经受不住严刑拷打，自己捏造事实认罪了。

32. 未及劳问，**逆**曰："子国有颜子，宁识之乎？"（《后汉书·黄宪传》）

　　误：违背。正：**迎着。**

　　译文：没有问候（袁闳），迎上去便说："你们那里有位颜子，你认识吗？"

33. 汉数千里争利，则人马**罢**，虏以全制其敝。（《强弩之末》）

　　误：停止。正：**同"疲"，疲乏。**

　　译文：汉军到几千里以外去争夺利益，就会人马疲乏，敌人就会凭借全面的优势对付我们的弱点。

34. 属与贼**期**，义不可欺。（《后汉书·刘平传》）

　　误：期限。正：**约定。**

　　译文：我刚才已经跟贼人约定好了，根据道义不能欺骗他们。

35. 出水处犹未可耕，奏**寝**前议。（《清史稿》卷二六五）

　　误：睡觉。正：**搁置。**

　　译文：已经退水的田地还不能耕种，上奏搁置先前的奏议。

36. 以予之**穷**于世，贞甫独相信。（《沈贞甫墓志铭》）

　　误：贫穷。正：**困厄艰难。**

　　译文：因为我当时处境艰难，只有贞甫相信我。

37. 十年，举进士第一，授右拾遗，**权**翰林修撰。（《金史》卷一百二十五）

　　误：权利。正：**临时代理官职。**

　　译文：（天会）十年，考中状元，被授官右拾遗，代理翰林修撰。

38. 议者皆然固奏。（《后汉书·郭陈列传》）

误：这样。正：认为……对。

译文：议事的人都认为窦固的上奏是对的。

39. 至朝时，惠帝让参曰。（《史记·曹相国世家》）

误：谦让。正：责备。

译文：到了上朝的时候，惠帝便责备曹参说。

40. 是之不恤，而蓄聚不厌，其速怨于民多矣。（《国语·楚语》）

误：迅速。正：招致。

译文：（子常）对这些都不去救济，却聚敛不已，他招致百姓怨恨的事情太多了。

链接：想"始速祸焉"中"速"就是"招致"之意。

41. 受欺于张仪，王必惋之。（《战国策·秦策二》）

误：可惜。正：怨恨。

译文：受到张仪的欺骗，大王一定会怨恨他的。

42. 绛侯望袁盎曰："吾与而兄善，今尔廷毁我！"（《史记·袁盎晁错列传》）

误：期望。正：埋怨。

译文：绛侯周勃埋怨袁盎说："我与你兄长交好，如今你却在朝廷上毁谤我！"

43. 众皆夷踞相对，容独危坐愈恭。（《资治通鉴·汉纪四十七·郭泰》）

误：危险。正：端正。

译文：那些人都很随便地、互相面对地蹲坐，茅容独自端正地坐着、更加恭谨。

44. 未尝见其喜愠之色，乃知古人为不诬耳。（《世说新语》）

误：陷害。正：欺骗。

译文：从没有看见他把喜怒哀乐挂在脸上，才知道古人是不欺骗（我们）的。

45. 诚得至，反汉，汉之赂遗王财物，不可胜言。（《史记·大宛列传》）

误：遗留。正：赠送。

译文：如果我真能到那里，返归汉朝后，汉王赠送给大王的财物，会多得无法说尽。

46. 性刚嫉恶，与物多忤。（《明史·列传十六》）

误：事物。正：别人。

译文：生性刚烈，疾恶如仇，与别人多有抵触。

链接：想"恃才傲物"，君知否，"物"此处是"人"的意思。

47. 由是民得安其居业，户口蕃息。（《资治通鉴》）

误：繁盛。正：繁殖。

译文：因此百姓能够安心地居住下来并从事他们的职业，住户和人口得以繁殖增长。

48. 彧（yù）据案而立，立素于庭，辨诘事状。素由是衔之。（《隋书·列传第二十七》）

误：接受。正：怀恨。

译文：柳彧手按几案站立，让杨素站在庭院中，审问杨素的犯罪事实，杨素从此怀恨他。

49. 季文子相鲁，妾不衣帛。以约失之者鲜矣。（《国语·鲁语》）

误：约会。正：<u>少，节俭。</u>

译文：季文子辅佐鲁国，妾不穿丝绸衣服。因节俭而犯错的人少啊。

50. 王氏诸少并佳，然闻信至，咸自矜持。（《晋书·王羲之传》）

误：书信。正：<u>信使。</u>

译文：王家子弟都很好，但是听到信使到来，都显得有些拘谨。

51. 乾宁三年，充武宁军留后，行颍州刺史。（《旧五代史·张存敬传》）

误：巡行。正：<u>担任。</u>

译文：乾宁三年，充任武宁军留后，担任颍州刺史。

52. 变不形于方言，真台辅之器也。（《宋史·列传第四十》）

误：形势。正：<u>表现。</u>

译文：内心变化不表现在言语上，真有做高官的气量。

53. 阶疾病，帝自临省。（《三国志·魏书》）

误：察看。正：<u>探视，问候。</u>

译文：桓阶患病，曹丕亲自前往问候。

54. 文长既雅不与时调合。（《徐文长传》）

误：儒雅。正：<u>平素，向来。</u>

译文：文长向来不与时风调和。

55. 公与语，不自知膝之前于席也。语数日不厌。（《史记·商君列传》）

误：厌恶。正：<u>满足。</u>

译文：秦孝公与他交谈，不知不觉地将双腿移到席前。两人长谈几天还不满足。

56. 叔为人刻廉自喜，喜游诸公。（《史记·田叔列传》）

误：游览。正：<u>交往。</u>

译文：田叔为人苛刻廉洁，并以此自得，喜欢和德高望重的人交往。

57. 观者见其然，从而尤之，其亦不达于理矣。（《〈张中丞传〉后叙》）

误：尤其。正：<u>指责。</u>

译文：看的人见情况是这样，就来指责那个地方，那也太不通晓事理了。

链接：《论语》有言：君子不怨天，不尤人。

58. 国家无虞，利及后世。（《资治通鉴·汉高帝六年》）

误：欺骗。正：<u>灾祸，忧患。</u>

译文：国家没有忧患，利益延及后世。

59. 城谦恭简素，遇人长幼如一。（《新唐书·阳城传》）

误：遇到。正：<u>对待。</u>

译文：阳城性情谦虚敬肃、简约朴素，无论年长年幼，都一样对待。

60. 轮扁，斫轮者也，而读书者与之。（《庄子》）

误：给予。正：<u>结交。</u>

译文：轮扁，是斫木制车轮的人啊，可是读书人结交他。

61. 时始诏民垦荒，**阅**三年乃税。（《明史·方克勤传》）

误：察看。正：**经历**。

译文：当初皇帝下令百姓开垦荒地，经历三年才收税。

62. 公琰托志忠雅，当与吾共**赞**王业者也。（《三国志·蜀书·蒋琬传》）

误：赞美。正：**辅佐**。

译文：公琰（蒋琬的字）志向忠诚儒雅，应当是能与我一起辅佐君王成就帝业的人。

63. 我**则**天而行，有何不可！（《资治通鉴》）

误：准则。正：**效法**。

译文：我效法上天做事，有什么不可以！

链接：大家这回就知道一代女皇武则天名字之由来了吧。这就是学问。

64. 汝既不田，而戏**贼**人稻！（《陶侃惜谷》）

误：盗窃。正：**毁害**。

译文：你既然不种田，却毁害别人的稻谷！

65. 高祖举兵将入洛，留暹**佐**琛知后事。（《北齐书·列传第二十二》）

误：了解。正：**主持**。

译文：高祖起兵将入洛阳，把崔暹留下来辅佐高琛主持后方的政务。

66. 每读书至**治**乱得失。（《新唐书》）

误：整治。正：**太平**。

译文：每次读书读到有关国家太平、祸乱、成功、失败的经验教训。

链接：天下大治中的"治"就是这个意思。

67. 催科不扰，是催科中抚**字**。（《宋史·赵方传》）

误：文字。正：**养育**。

译文：催租不骚扰，这是催租中的抚恤（爱护养育）。

链接：女子未嫁，叫"待字闺中"，懂了吧。

[小练习]

读下文，回答问题。

余禁所禁垣西，是法厅事也，有古槐数株焉。虽生意可知，同殷仲文之古树；而听讼斯在，即周召伯之甘棠，每至夕照低阴，秋蝉疏引，发声幽息，有切尝闻，岂人心异于曩时，将虫响悲于前听？嗟乎，声以动容，德以象贤。故洁其身也，禀君子达人之高行；蜕其皮也，有仙都羽化之灵姿。候时而来，顺阴阳之数；应节为变，审藏用之机。有目斯开，不以道昏而昧其视；有翼自薄，不以俗厚而易其真。吟乔树之微风，韵姿天纵；饮高秋之坠露，清畏人知。仆失路艰虞，遭时徽纆。不哀伤而自怨，未摇落而先衰。闻蟪蛄之流声，悟平反之已奏；见螳螂之抱影，怯危机之未安。感而缀诗，贻诸知己。庶情沿物应，哀弱羽之飘零；道寄人知，悯余声之寂寞。非谓文墨，取代幽忧云尔。

1. 解释文中加点的词。（结合语境）

（1）生意：　　　　　　　　（2）曩时：

（3）视：　　　　　　　　　（4）艰虞：

2. 这是骆宾王《在狱咏蝉》一诗的序，请概括作者在文中体现出来的情感。

_____

_____

【答案】

1.（1）生意：生机活力。（2）曩时：以前。（3）视：视听。（4）艰虞：艰难险阻。

2. 情感：无辜入狱之悲叹；自身高洁之期许；对世态炎凉之感叹；感有知己之坦然。（答三点即可。）

二 重难点解析（一）——文意理解题、主观综合题（相关内容的大致翻译，对其根据题目要求进行简单概括、分析）

高考文言文概括分析题的每个选项均由"概括+分析"两部分构成（各套题皆然），主要从人、时、地、事等几个方面设误，要求考生全面准确地把握文章内容，并对文章中所述的事件、人物形象、论说角度等进行综合性分析、判断。因此，在分析判断选项表述正误时，应明确设误点，进行**针对性比对**。比对法就是把选项与原文进行细致的比对、分析，从中发现选项与原文意思不一致的地方，进而找出选项的干扰处。

（一）命题"三特点"

1. 四个选项基本按行文顺序设置，用现代汉语表述，且内容属于文章主要部分。按顺序设置，有利于快速找到信息区间进行文题比对。

2. 每个选项均是先用一个或两个四字格式短语对人物进行概括，然后举事例印证分析；或者先阐释观点，然后分析证明观点。

3. 四个选项中只有一项错误，且该项错误**也非全错**，而是错一点，往往是"概括"无错，"分析"有瑕。故在比对时可重点关注分析印证的部分文字。

（二）比对"三角度"

1. **角度一：比对人物、事件。**

2. **角度二：比对时间、地点。**

3. **角度三：比对关键词语、论据陈述。**（地方卷喜欢。）

例析

阅读下面的文言文，完成下面小题。（2021年新高考全国1卷）

　　唐高祖武德九年秋八月甲子，太宗即皇帝位于东宫显德殿，初上皇欲强宗室以镇天下，故皇再从三从弟及兄弟之子，虽童孺皆为王。王者数十人。上从容问群臣，遍封宗子于天下利乎？封德彝对曰："上皇敦睦九族，大封宗室，自两汉以来未有如今之多者。爵命既崇，多给力役，恐非示天下以至公也。"上曰："然。朕为天子，所以养百姓也，岂可劳百姓以养己之宗族乎！"十一月庚寅，降宗室郡王皆为县公，惟有功者数人不降。上与群臣论止盗。或请重法以禁之，上哂之曰："民之所以为盗者，由赋繁役重，官吏贪求，饥寒切身，故不暇顾廉耻耳。朕当去奢省费，轻徭薄赋，选用廉吏，使民衣食有余，则自不为盗，安用重法邪！"自是数年之后，海内升平，路不拾遗，外户不闭，商旅野宿焉。上闻景州录事参军张玄素名，召见，问以政道。对曰："隋主好自专庶务，不任群臣，群臣恐惧，唯知禀受奉行而已，莫之敢违。以一人之智决天下之务，借使得失相半，乖谬已多，下谀上蔽，不亡何待！陛下诚能谨择群臣而分任以事，高拱穆清而考其成败，以施刑赏，何忧不治！"上善其言，擢为侍御史。上患吏多受赇，密使左右试赂之。有司门令史受绢一匹，上欲杀之，民部尚书裴矩谏曰："为吏受赂，罪诚当死。但陛下使人遗之而受，乃陷人于法也，恐非所谓'道之以德，齐之以礼'。"上悦，召文武五品已上告之曰："裴矩能当官力争，不为面从，傥（倘）每事皆然，何忧不治？"

　　臣光曰：古人有言，"君明臣直。"裴矩佞于隋而忠于唐，非其性之有变也，君恶闻其过则忠化为佞，君乐闻直言则佞化为忠。是知君者表也，臣者景也，表动则景随矣。

（节选自《通鉴纪事本末·贞观君臣论治》）

1. 下列对原文有关内容的概述，不正确的一项是（　　）（3分）

A. 唐太宗赞同封德彝的意见，认为天子应该养育百姓，不应辛劳百姓以养活自己宗族，于是将有功者之外的宗室郡王全都降格为县公。

B. 在讨论制止偷盗一事时，有人提出用重法治理，唐太宗认为应减轻赋税，选用清官，使百姓衣食无忧，严刑峻法反而不能达到目的。

C. 唐太宗向张玄素询问政事，张说隋亡在于君王专权，以致下谀上蔽，若君王能分任贤能之臣，考核成败，赏罚分明，一定能够大治。

D. 裴矩是隋朝的旧臣，进入唐朝后，忠于国事，不做面从之臣，敢于进言，对唐太宗的不当行为谏诤，受到唐太宗的认可和当众表扬。

2. 文末《资治通鉴》的作者司马光评价说"君者表也，臣者景也"，这句话说的是什么道理？他这样说的目的是什么？（3分）

【答案】

1. B

2. (1) "君者表也，臣者景也"是说君主如同测影的表，大臣便似影子，以此比喻君臣之间的关系，讲明君明则臣直的道理。(2) 司马光这样说的目的是劝谏后世君主能够虚心纳谏，鼓励臣子忠直不讳，君臣一体定会使国家强盛安定。

【解析】

1. 本题考查归纳内容要点、概括中心意思的能力。

B项中"严刑峻法反而不能达到目的"错误，依据原文"朕当去奢省费……安用重法邪！"可知，唐太宗认为没必要施用严刑峻法，而不是说"严刑峻法反而不能达到目的"。

切记：所有典型的文言分析概括题，都是"答案在文中"，读懂后落实比对意识，应对自然轻松。

2. 依然答案在文中。

[小练习]

宪宗成化二十三年，皇太子即位，诏赦天下，以明年为弘治元年。召马文升为左都御史，文升陛见，赐大红织金衣一袭。盖上在东宫时，素知其名故也。文升感殊遇，自奋励，知无不言。上耕籍田毕，宴群臣，教坊以杂伎承应，或出亵语。文升厉色曰："新天子当知稼穑艰难，岂宜以此渎乱宸聪！"即斥去。

张吉、王纯、丁玑、敖毓元、李文祥并以言事远谪，吏部主事储瓘上言："五人者，既以直言徇国，必不变节辱身。今皆弃之岭海之间，毒雾瘴气，与死为伍，情实可悯。乞取而寘之风纪论思之地，则言论风采必有可观。与其旋求敢诔之士，不若先用已试之人。"上命吏部皆起用之。

吏部尚书王恕恳疏求致仕，不许。恕时有建白，众议谓业已行矣。恕言："天下事苟未得其当，虽十易之不为害。若谓已行不及改，则古之纳谏如流，岂皆未行乎？"恕遇事敢言，有不合，即引疾求退，上每温诏留之。

刑部侍郎屠勋勘寿宁侯与河间民构田事，直田归民。勋上言："食禄之家不言利，况母后诞毓之乡，而与小民争尺寸地，臣以为不可。"上嘉纳从之。大学士刘健上言："自古愿治之君，必早朝晏罢，日省万几。迩者视朝太迟，散归或至昏暮。怠荒是戒，励精是图，庶可以回天意，慰人心。"上嘉纳之。

陕西巡抚都御史熊翀得玉玺来献，礼部尚书傅瀚言："以史传诸书考之，形制篆刻皆不类，其为赝作无疑。即使非赝，人主受命在德不在玺。"上乃属库藏之。

上谕各司大小诸臣曰："朕方图新理政，乐闻谠（正直的）言。除祖宗成宪定规不可纷更，其余事关军民利病，切于治体，但有可行者，诸臣悉心开具以闻。"

（节选自《明史纪事本末·弘治君臣》）

下列对原文有关内容的概述，不正确的一项是（　　）（3分）

A. 马文升是直言敢谏之人，受到皇帝特殊恩遇后，更是感恩图报；他严厉批评指责教坊，实际上也是从侧面提醒皇帝要恪守本心。

B. 储礭指出，现在与其到处寻求敢谏之人，不如重新任用那些经过考验的忠良之士，最终说服了皇帝，巧妙地让张吉等五人得脱厄境。

C. 屠勋秉持食禄者不与民争利的原则，处理戚贵与百姓间的土地纠纷，固然是为了维护纲纪和皇家形象，但也在一定程度上保护了百姓的利益。

D. 皇帝重用贤良，广为纳谏，曾表示：一切有益于军国民生和国政治理的措施，除先皇成法不可更改外，均可经汇报后施行。

【答案】

D

【解析】

"均可经汇报后施行"错，根据原文"但有可行者，诸臣悉心开具以闻"可知，皇帝只是让大臣们把能想到的良策汇报上来，并没有说其经由汇报后就可施行。

重难点解析（二）——文言文翻译

理解和翻译文中的句子，就是根据语境读懂、领会某一个句子的意思，能从语句内容、语意阐释和语气效果等方面把这个句子用现代汉语的形式表达出来。文言文翻译对理解文言文来说是一项系统工程，它涉及文言实词、文言虚词、文言句式、文学常识、文化常识等多方面的知识，考查的是考生文言文的综合能力和做题的细心程度，是文言文的重点，也是高考的难点（**敲黑板**）。

大家都知晓"信达雅"翻译三原则，"字字落实"的翻译准则，"直译为主，意译为辅"的补充协议吧，这些真的有用，惜乎不够强大。这里有打油诗一首，有料、有趣、有逻辑，与大家共勉！

一审语境二采分，三换四调长精神。

五明句式心中晓，六看虚词且认真。

疑难词句学会贯，若逢活用有窍门。

留删之道不可弃，我是文言小超人！

除第八句起搞笑担当之外，另外各句都是干货满满，下面逐一详述之。

第一句：一审语境二采分

文言文翻译和很多题目一样，也是按采分点赋分。命题人设置文段中的某一句作为翻译题，说明此句有特殊之处，往往考其中的某实词、某虚词，或考其中的某句式（主要是这三方面）。在做文言文翻译时，首先要思考所翻译句的命题点在何处，抓住了命题点，也就抓住了基本的采分点。

1. 着眼点一：实词

作为采分点的实词，从词性上看，以动词居多，其次是形容词和名词。把关键实词翻译到位，就是把句中的通假字、多义词、古今异义词、**活用词语**、特殊难解词语准确理解，并且在译文中正确地体现出来。

2. 着眼点二：虚词

作为采分点的虚词，主要指文言语句中的副词、连词、介词（**在后面章节有详细解析**）。

3. 着眼点三：句式

文言句式在翻译题目中是重要的采分点，翻译时审出译句中的特殊句式是关键。大家要注重积累，重点掌握容易忽略的省略句、宾语前置句和固定句式等（**后面亦有详解**）。

例析

阅读下面的文言文，将文中画横线的句子翻译成现代汉语。（提示：在翻译句子之前，请先找出"关键实词""关键虚词""文言句式"并加以解释。）

（李）绛见浴堂殿，帝曰："比谏官多朋党，论奏不实，皆陷谤讪，欲黜其尤者，若何？"绛曰："自古纳谏昌，拒谏亡。夫人臣进言于上，岂易哉？君尊如天，臣卑如地，加有雷霆之威，彼昼度夜思，始欲陈十事，俄而去五六，及将以闻，则又惮而削其半，故上达者财十二。何哉？干不测之祸，顾身无利耳。虽开纳奖励，尚恐不至。今乃欲谴诃之，使直士杜口，非社稷利也。"帝曰："非卿言，我不知谏之益。"

以足疾求免，罢为礼部尚书。绛虽去位，犹怀不能已。十年，出为华州刺史。宝历初，拜尚书左仆射。绛以直道进退，望冠一时，贤不肖太分，屡为谗邪所中。文宗立，召为太常卿。四年，南蛮寇蜀道，诏绛募兵千人往赴，不半道，蛮已去，兵还。监军使杨叔元者，素疾绛，遣人迎说军曰："将收募直而还为民。"士皆怒，乃噪而入，劫库兵。绛方宴，不设备，遂握节登陴。或言缒城可以免，绛不从，遂遇害，年六十七。谥曰贞。

（选自《新唐书·列传第七十七》，有删改）

（1）今乃（**重点虚词**）欲谴诃（**重点实词**）之，使直士杜（**重点实词**）口，非社稷利也（**全句为判断句**）。（4分）

译文：＿＿＿＿＿＿＿＿＿＿＿＿＿＿＿＿＿＿＿＿＿＿＿＿＿＿＿＿＿＿

（2）绛以（**重点虚词**）直道进退，望冠（**重点实词**）一时，贤不肖太分，屡为谗邪所中（**被动句**）。（4分）

译文：＿＿＿＿＿＿＿＿＿＿＿＿＿＿＿＿＿＿＿＿＿＿＿＿＿＿＿＿＿＿

【答案】

（1）如今竟然想要谴责、呵斥他们，让正直敢言的人闭口，这样对国家是没有好处的。

（2）李绛进退仕途均奉行正道，一时名望颇大。然而对待贤者与不贤之人态度截然有别，因此常为邪恶之辈所忌恨。

[参考译文]

　　李绛在浴堂殿见皇帝，皇帝说："谏官有很多集团派别，上奏论述自己意见不实，都陷入毁谤讥刺之中，想要罢黜其中最严重的人，怎么样？"李绛说："自古以来，纳谏昌盛，拒谏灭亡。臣子向皇上进谏，难道容易吗？君王尊贵如天，臣子低微如地，加之君王的雷霆之威，那些谏官们昼思夜想，开始想陈述十件事，马上又去掉五六件，到将要把事情讲给君王听的时候，就又害怕而削减一半，所以下情达于君上仅其中的十分之二。为什么呢？担心遭遇无法揣测的祸患，顾虑对自身没有好处。即使广泛采纳谏言，给予嘉奖鼓励，还是担心谏言不会自然到来。如今竟然想要谴责、呵斥他们，让正直敢言的人闭口，这样对国家是没有好处的。"皇帝说："不是你说，我还不知道谏言的好处。"

　　李绛因为脚病请求免官，改任礼部尚书。李绛虽然离开了宰相的位置，仍然从内心深处不能停止谏言。元和十年（815年），出任华州刺史。宝历初年，任尚书左仆射。李绛进退仕途均奉行正道，一时名望颇大。然而对待贤者与不贤之人态度截然有别，因此为邪恶之辈所忌恨。文宗即位，召李绛为太常卿。大和四年，南蛮进犯西蜀，下诏让李绛招募兵卒千人赴蜀救援。李绛的军队行路不到一半，蛮军已退，所募兵卒皆返回。监军使杨叔元素来怨恨李绛，派人迎接并劝兵卒说："将收回招募时给的钱，兵卒回到原籍做老百姓。"兵卒们都愤怒了，便喧噪聚集涌向府署，劫夺库中兵器。李绛正与幕僚会宴，来不及防备，就握持符节登上城墙。有人说缒城出走可以避免凶祸，李绛没有答应，而被乱兵杀害，时年六十七岁。追封谥号"贞"。

第二句　三换四调长精神

（一）换

　　用现代汉语中的词语替换文言词语，此为翻译中最重要的一环。在翻译文言语句时，替换法的运用有以下几种类型（**以课本为例**）。

　　（1）有些文言词语现在已经不用了，应换成现代词语；有些单音节词在现代汉语中已不能独立使用，应用现代汉语的双音节词替换。例如："吾尝终日而思矣"可译为"我曾经整天地思考"，其中"思"就用现代汉语的双音节词"思考"替换。

　　（2）通假字要换成本字，译成本字的意思。例如："距关，毋内诸侯"可译为"把守住函谷关，不让诸侯进来"，其中的"距"就译成了本字"拒"的意思"把守"。

　　（3）古今异义词、同形异义词和偏义复词要换成相应的现代词语。例如："沛公居山东时"可译为"沛公居住在崤山以东时"，"山东"是古今异义词，翻译时就换成了"崤山以东"。

　　（4）活用的词语、固定结构要换成相应的现代词语。例如："吾从而师之"可译为"我跟从他以他为师"，"师"为名词的意动用法，翻译为"以……为师"。

　　（5）判断句、被动句中的标志性词语要对应译出。例如："此则岳阳楼之大观也"为判断句，应译为"这就是岳阳楼的雄伟景象啊"。

[小练习]

翻译下文中画线的句子。

苞以十月下旬至家，留八日，便饥驱宣、歙，间入泾河。路见左右高峰刺天，水清泠见底，崖岩参差万叠，风云往还，古木、奇藤、修篁郁盘有生气。聚落居人，貌甚闲暇。因念古者庄周、陶潜之徒，逍遥纵脱，<u>岩居而川观，无一事系其心</u>。天地日月山川之精，浸灌胸臆，以郁其奇，故其文章皆肖以出。

可替换的词有： 岩、居、川、系等。

采分点有： "岩""川"是词类活用，名词作状语，分别译为"在山岩上""在河岸边"；"系"是动词，"束缚"。

译文：（他们）在山岩上居住，在河岸边观看景色，没有一件事束缚他们的内心。

（二）调

所谓"调"就是语序的调整，文言文中倒装句在翻译时一般都需要调整为正常的语序。

"调"即按照现代汉语的习惯，在对译的基础上，将特殊句式的语序调整过来，使译句畅达。翻译时需要调整语序的句子主要有以下几种：①介宾短语后置句，翻译时要将介宾短语移至谓语的前面。②定语后置句，翻译时要把定语移到被修饰、被限制的中心语之前。如《廉颇蔺相如列传》中"求人可使报秦者，未得"，应翻译为"寻求（寻找）一个可以派去回复秦国的人，没有找到"。③谓语前置句，翻译时必须将主谓成分颠倒过来。如《愚公移山》中"甚矣，汝之不惠"，应翻译为"你也太不聪明了"（此类型出现不多）。④宾语前置句，翻译时要将宾语移到动词或介词之后（**高频率**）。

[考题分析]

考题	**翻译文中画横线的句子。**（2019年全国2卷） 以卫鞅为左庶长，卒定变法之令。<u>令行于民期年，秦民之国都言初令之不便者以千数。</u>
答案	法令在民间实行一年，秦人到国都诉说新法不便利的数以千计。
评注	文中的"行于民"是介宾短语后置，翻译时，应调为"于民行"。

[小练习]

阅读下面一段文言文，把文中画线的句子翻译成现代汉语。（注意运用调序法）

周浚随王浑伐吴，攻破江西屯戍，与孙皓中军大战，斩伪丞相张悌等首级数千，俘馘万计，进军屯于横江。时闻龙骧将军王濬既破上方，别驾何恽说浚曰："<u>张悌率精锐之卒，悉吴国之众，殄灭于此，吴之朝野莫不震慑。</u>今王龙骧既破武昌，兵威甚盛，顺流而下，所向辄克，土崩之势见矣。窃谓宜速渡江，直指建邺，大军卒至，夺其胆气，可不战而擒。"浚善其谋，便使白浑。恽曰："<u>浑暗于事机，而欲慎己免咎，必不我从。</u>"浚固使白之，浑果曰：“受诏但令江北抗衡吴军，不使轻进。贵州虽武，岂能独平江东！今者违命，胜不足多；若其不胜，为罪已重。且诏令龙骧受我节度，但当具君舟楫，一时俱济耳。”浑曰：“龙骧克万里之寇，以既济之功来受节度，未之闻也。且握兵之要，可则夺之，所谓受命不受辞也。今渡江必全克获，将有何虑？若疑于不济，不可谓智；知而不行，不可谓忠，实鄙州上下所以恨恨也。”浑执不听。

（选自《晋书·周浚传》，有删改）

（1）张悌率精锐之卒，悉吴国之众，殄灭于此，吴之朝野莫不震慑。

关键词语	悉、殄灭、莫、震慑
调整句式	“殄灭于此”（状语后置句）
译文	张悌统率着精锐的部队，都是吴国的部众，在此地被我们消灭了，吴国朝野无不震撼慑服。

（2）浚善其谋，便使白浑。恽曰：“浑暗于事机，而欲慎已免咎，必不我从。”

关键词语	善、使、白、暗、事机、慎、咎
调整句式	“浑暗于事机”（状语后置句）；“必不我从”（宾语前置句）
译文	周浚认为何恽说的是条妙计，便派人禀告王浑。何恽说：“王浑在把握时机方面昏聩糊涂，就想行事谨慎保全自己免于过失，一定不会同意我们的计策。”

（3）龙骧克万里之寇，以既济之功来受节度，未之闻也。且握兵之要，可则夺之，所谓受命不受辞也。

关键词语	克、以、济、受、节度、要、则、夺、受、命、辞
调整句式	“未之闻也”（宾语前置句）
译文	龙骧将军攻克了万里敌寇，凭借已成战功来接受王浑的指挥，这是不曾听说过的事。再说掌握兵权的关键是，时机允许就夺取，这就是说只接受上级布置的任务，而如何完成则不受上级指令的约束。

[参考译文]

　　周浚跟随王浑攻吴，攻破江西的守军，与孙皓的中军激战，斩了伪丞相张悌等几千人的首级，俘虏数以万计，进军并在横江驻扎。当时听说龙骧将军王濬已经攻克上游城镇，别驾何恽劝说周浚道：“张悌统率着精锐的部队，都是吴国的部众，在此地被我们消灭了，吴国朝野无不震撼慑服。现在龙骧将军已经攻克武昌，军威很强盛，沿江顺流而下，所向无敌，攻无不克，吴已显现出土崩瓦解之势。我私下认为应该迅速渡江，直奔建邺，大军突然而至，夺了吴军胆量气势，可以不用交战就擒获敌人。”周浚认为何恽说的是条妙计，便派人禀告王浑。何恽说：“王浑在把握时机方面昏聩糊涂，就想行事谨慎保全自己免于过失，一定不会同意我们的计策。"周浚坚持派人禀告王浑，王浑果然说："我接受的诏命只是让我在江北与吴军抗衡，不让我轻率进军。你的州即使武力强大，难道能独自平定江东！现在违背了皇命，即便取胜也不值得称赞；如果不能取胜，罪责更重。再说诏令龙骧将军要接受我的指挥，只应该备齐你们的舟楫，同时渡江罢了。"何恽说："龙骧将军攻克了万里敌寇，凭借已成战功来接受王浑的指挥，这是不曾听说过的事。再说掌握兵权的关键是，时机允许就夺取，这就是说只接受上级布置的任务，而如何完成则不受上级指令的约束。现在渡江必定大获全胜，还有什么顾虑呢？如果犹疑不决迟迟不渡江，不能叫作明智；如果明知能取胜却不去行动，不能叫作忠诚，这真的将会成为我州上下遗憾不已的原因。"王浑固执己见不肯听从。

第三句　五明句式心中晓

文言文中的特殊句式除了倒装之外，还有判断句、被动句、省略句，此三者在翻译时都要留心，其中以省略句为最。此外还有一个"小坑"叫作固定句式，固定句式在高考翻译中只要出现，必是采分点，在此处将其一并解决。

（一）判断句

判断句是对事物的性质、情况、事物之间的关系作出肯定或否定判断的句子，在文言文中绝大多数情况下借助语气词来表示判断（一般不用"是"）。难度小，不予详述。

注意：（1）无标志判断句。文言文中的判断句有的没有任何标志，可直接由名词对名词作出判断。

例如：刘备天下枭雄。（司马光《赤壁之战》）

（2）翻译时判断句要补上判断词。

例如：师者，所以传道受业解惑也。应译为：老师是用来传授道理、教授学业、解答疑难的。

（二）被动句

被动句的主语与谓语之间的关系是被动关系，就是说主语是谓语动词所表示行为的被动者、受事者，而非主动者、实施者。被动句主要有两大类型：一是有标志的被动句，即借助一些被动词来表示。二是无标志的被动句，亦称意念被动句，这种被动句没有明显的标志，但翻译时需要翻译成被动句。例如：

视事三年，上书乞骸骨，征拜尚书。（《张衡传》）

古代汉语中有标志的被动句式主要有以下几种。

1. 用"于"表示被动关系

2. 用"见"来表示被动关系

在动词前用"见"（或又在动词后加"于"）引进主动者。它的形式是："见+动词"或者"见+动词+于+主动者"。例如：

秦城恐不可得，徒见欺。（《廉颇蔺相如列传》）

臣恐见欺于王而负赵。（《廉颇蔺相如列传》）

注意： 文言中不是所有的"**见**"都表被动，"见"有前置的相当于"我"的意思，如"君既若见录"（你既然如此记挂我）。

3. 用"为"（为……所）表示被动关系

吴广素爱人，士卒多为用者。（《陈涉世家》）

今不速往，恐为操所先。（《赤壁之战》）

有如此之势，而为秦人积威之所劫。（《六国论》）

4. 用"受""被""受……于"表被动关系

信而见疑，忠而被谤，能无怨乎？（《屈原列传》）

予犹记周公之被逮，在丁卯三月之望。（《五人墓碑记》）

吾不能举全吴之地，十万之众，受制于人。（《赤壁之战》）

（三）省略句（要"增补"）

所谓"增补"，主要针对省略句，一句话：缺啥补啥。以下情况可以使用增补法。

1. 省略了的主语、谓语、宾语要补上

例如："度我至军中，公乃入"是"（公）度我至军中，公乃入（辞）"的省略，因此应译为"（你）估计我回到了军营中，你再进去（辞谢）"。

2. 省略了的介词"于"要补上

例如："将军战河北，臣战河南"是"将军战（于）河北，臣战（于）河南"的省略，因此应译为"将军（在）黄河以北作战，我（在）黄河以南作战"。

[**小练习**]

翻译下面画线的句子。

夫工人之染，先修其质，后事其色，质修色积，而染工毕矣。学亦有质，孝悌忠信是也。君子内正其心，外修其行，行有余力，则以学文，文质彬彬，然后为德。<u>夫学者不患才不及，而患志不立，故曰希骥之马，亦骥之乘，希颜之徒，亦颜之伦也。</u>又曰锲而舍之，朽木不知；锲而不舍，金石可亏。斯非其效乎！

可添补的词有：（己）才不及（人）；亦（为）骥之乘。

采分点有："学者"是古今异义词，学习的人，联系《师说》"古之学者必有师"可知其意义；"患"，担心；"才不及"是省略句，（自己的）才智赶不上（别人）；"希"，羡慕；"亦骥之乘"省略谓语中心语"成为"；最后一个"之"，代词，这；"伦"，同类。

译文： 所以学习的人不担心自己的才智赶不上别人，而担心志向不能确立；所以说羡慕千里马的马，也能成为像千里马那样的马；羡慕颜回的人，也能成为和颜回同类的人。

第四句　六看虚词且认真

虚词的翻译要注意两点：一是必须译出的，有实词义项的要译出实义，如作代词的

"之""其""以"等；现代汉语中有与之相对应的虚词进行互换的，如"之""而""以""于"等。二是不必译出的，在句中起语法作用的"之"、发语词及句末语气助词等。关键虚词的翻译，要仔细辨明词性及意义，能译则译，不需要译出的切不可强译。

在翻译中要留心有实词义项的虚词：之、其、以、焉、乃、与、因、为。下面逐一详述。

（一）之

1. 动词

译为"往""到……去"。

胡为乎遑遑欲何之（《归去来兮辞（并序）》）

2. 代词

（1）代指人、事、物，相当于"他""她""它"，有时活用为第一人称或第二人称。

①作《师说》以贻之。（《师说》）

②人非生而知之者。（《师说》）

③不知将军宽之（宽恕我）至此也！（《廉颇蔺相如列传》）

（2）用作指示代词，相当于"这"。

均之二策，宁许以负秦曲。（《廉颇蔺相如列传》）

（二）其

1. 代词

（1）第三人称代词，译为"他""他的""他们的""它""它的""它们的"。

臣从其计，大王亦幸赦臣。（《廉颇蔺相如列传》）

（2）第一人称代词或第二人称代词，译为"我的""我（自己）"或"你的""你"。

而余亦悔其（自己）随之而不得极夫游之乐也。（《游褒禅山记》）

（3）指示代词，表远指，译为"那""那个""那些""那里"。

及其出，则或咎其欲出者。（《游褒禅山记》）

（4）指示代词，表近指，译为"这""这个""这些"。

有蒋氏者，专其利三世矣。（《捕蛇者说》）

（5）指示代词，表示"其中的"，后面多为数词。

其一犬坐于前。（《狼》）

2. 语气副词（表各种语气，重要采分点）

（1）表祈使、商量或命令语气，译为"可""还是""一定"。

与尔三矢，尔其无忘乃父之志。（《伶官传序》）

（2）表揣测语气，译为"恐怕""或许""大概""可能"。

其皆出于此乎？（《师说》）

（3）表反问语气，译为"难道""怎么"。

其孰能讥之乎？（《游褒禅山记》）

（三）以

1. 动词

（1）译为"以为""认为"。

皆以美于徐公。（《邹忌讽齐王纳谏》）

（2）译为"率领""带领"。

令骑将灌婴以五千骑追之。（《项羽之死》）

2. 名词

译为"缘由""原因"。

古人秉烛夜游，良有以也。（《春夜宴从弟桃花园序》）

3. 固定结构

以为：译为"认为……是""把……当作""把……作为"等。

南取百越之地，以为桂林、象郡。（《过秦论》）

以是、是以：相当于"因此"，引出事理发展或推断的结果。

众人皆醉而我独醒，是以见放。（《屈原列传》）

有以：有用来……的（办法）。无以：没有用来……的（办法）。

①项王未有以应，曰："坐。"（《鸿门宴》）

②臣无祖母，无以至今日；祖母无臣，无以终余年。（《陈情表》）

（四）焉

1. 兼词

（1）用于动词之后或句末，相当于"于之""于此""于彼"。

积土成山，风雨兴焉。（《劝学》）

（2）相当于"于何"，译为"在哪里""从哪里"等。

且焉置土石。（《愚公移山》）

2. 代词

（1）用于动词之后，作宾语，相当于"之"。

犹且从师而问焉。（《师说》）

（2）疑问代词，译为"哪里""怎么""为什么"。

未知生，焉知死？（《论语·先进》）

焉用亡郑以陪邻？（《烛之武退秦师》）

（五）乃

1. **第二人称代词，译为"你""你的"**

家祭无忘告乃翁。（《示儿》）

2. **指示代词，译为"这样""如此"**

夫我乃行之，反而求之，不得吾心。（《齐桓晋文之事》）

3. **固定结构**

无乃：表猜测，译为"恐怕……"

求！无乃尔是过与？（《季氏将伐颛臾》）

乃尔：译为"这样""如此"。

府吏再拜还，长叹空房中，作计乃尔立。（《孔雀东南飞（并序）》）

（六）与

1. **动词**

（1）译为"给予""授予"。

与尔三矢，尔其无忘乃父之志。（《伶官传序》）

（2）译为"结交""亲附"。

与嬴而不助五国也。（《六国论》）

（3）译为"对付"。

胡虏易与耳。（《李将军列传》）

（4）译为"参加""参与"。

蹇叔之子与师。（《崤之战》）

（5）译为"赞同""同意"。

吾与点也。（《子路、曾皙、冉有、公西华侍坐》）

2. **固定结构**

"孰与""与……孰"用法相同，表示比较与选择，译为"跟……比较，哪一个更……"。

吾孰与徐公美？（《邹忌讽齐王纳谏》）

（七）因

1. **动词**

译为"沿袭""继续"。

蒙故业，因遗策。（《过秦论》）

2. **名词**

译为"原因""机缘""缘由"。

于今无会因。（《孔雀东南飞（并序）》）

（八）为

1. 动词，读"wéi"

意义相当广泛，其基本义是"做"，但在不同语境中有不同的含义。也可表判断，译为"是"。

①斩木为兵，揭竿为旗。（《过秦论》）

②如今人方为（**是**）刀俎，我为（**是**）鱼肉。（《鸿门宴》）

2. 介词，读"wèi"

（1）表动作、行为的原因，译为"由于""因为"。

非为织作迟，君家妇难为。（《孔雀东南飞》）

（2）表动作、行为的目的，译为"为了""为着"。

慎勿为妇死，贵贱情何薄！（《孔雀东南飞》）

（3）表动作、行为的对象，译为"替""给"。

请以赵十五城为秦王寿。（《廉颇蔺相如列传》）

（4）表动作、行为的朝向，译为"向""对""朝"。

不足为外人道也。（《桃花源记》）

（5）表被动，引出动作、行为的主动者，常跟"所"结合，组成"为所""为……所……"结构。

今不速往，恐为操所先。（《赤壁之战》）

（6）表动作、行为的时间或处所，译为"于""在"。

为其来也，臣请缚一人过王而行。（《晏子使楚》）

[**小练习**]

阅读下面的文言文，翻译文中画线的句子。

　　武帝受禅，封堂阳子。入为司隶校尉，转尚书。时秦、凉为虏所败，遣鉴都督陇右诸军事，坐论功虚伪免官。后为镇南将军、豫州刺史，坐讨吴贼虚张首级。诏曰："昔武牙将军田顺以诈增虏获自杀，诬罔败法，古今所疾。鉴备大臣，吾所取信。往事西事，公欺朝廷，以败为得，竟不推究。中间黜免未久，寻复授用，冀能补过，而乃与下同诈。所谓大臣，义得尔乎！有司奏是也，顾未忍耳。今遣归田里，终身不得复用，勿削爵土也。"久之，拜光禄勋，复为司隶校尉，稍加特进，迁右光禄大夫、开府，领司徒。前代三公册拜，皆设小会，所以崇宰辅之制也。自魏末已后，废不复行。至鉴，有诏令会，遂以为常。太康末，拜司空，领太子太傅。

（选自《晋书·石鉴列传》）

（1）昔武牙将军田顺以诈增虏获自杀，诬罔败法，古今所疾。（4分）

译文：_____

（2）自魏末已后，废不复行。至鉴，有诏令会，遂以为常。（4分）

译文：_____

【答案】

（1）从前武牙将军田顺因为多报俘虏人数而自杀，欺诈败坏法规，自古至今被人痛恨。（采分点：以、诬、罔、疾）

（2）自从魏末以后，废除不再推行。到石鉴时，诏令恢复宴会，于是把它作为制度。（采分点：废、行、常）

[参考译文]

武帝接受魏帝禅让，封石鉴为堂阳子。召入任司隶校尉，后改任尚书。当时秦、凉被异族打败，派石鉴统领陇右各种军事事宜，因虚报战功被免官。后任镇南将军、豫州刺史，因讨吴时虚报杀敌人数被治罪。诏书说："从前武牙将军田顺因为多报俘虏人数而自杀，欺诈败坏法规，自古至今被人痛恨。你石鉴身为大臣，我非常信任。过去西边战事，你欺骗朝廷，以败报功，最后未追究。其间你被免官不久，接着再次被起用，希望你能将功补过，但仍与部下共同欺诈。作为大臣，正义何在！有关部门的上奏是对的，我只是不忍心。现在遣返你回家种田，终身不得再用，但不剥夺爵位和封地。"很久以后，石鉴被授予官职光禄勋，再任司隶校尉，不久加位特进，升任右光禄大夫、开府，担任司徒。前代册封三公时，都要设宴会，这是尊崇宰辅制度的做法。自从魏末以后，这个做法被废除、不再推行。到石鉴时，诏令恢复这个宴会，于是把它作为制度。太康末年，石鉴任司空一职，接受太子太傅一职。

第五、六句　疑难词句学会贯，若逢活用有窍门

"贯"在此是"贯通"之意，就是我们经常说的"意译"，都知道直译译不通时需要"意译"，但很多人不知何种情况要"意译"，只是凭感觉，那就"像雾像雨又像风"了，不精准。

"贯"大致有两种情况：凝缩、贯通，逐一述之。

（一）凝缩

"凝缩"就是把文言文中为了增强气势而使用繁笔的句子简化。例如：有席卷天下，包举宇内，囊括四海之意，并吞八荒之心；"席卷""包举""囊括""并吞"四个词语都是"并吞"之意；"宇内""四海""八荒"都是"天下"之意；"意""心"意思也相同。因此，可以凝缩翻译为"秦有并吞天下的雄心"。

[小练习]

翻译文中画线的句子。

先生刚肠疾恶，俗流不敢至其门，寒酸有一善，誉之如不容口。其在都，载酒问字者，车辙断衢路；所至之处，从游百数十人。<u>既资深望重，则大言翰林以读书立品为职，不能趋谒势要</u>。

可凝缩的词有： 趋谒、势要。

采分点有： "既"，副词，已经，在……以后；"言"，倡导；"趋谒"是动词，趋附巴结；"势要"指有权势，居要职，此处指有权有势的人。

译文： （先生）在资历深、名望重以后，就越发倡导读书人要把读书立品作为自己的职责，不能去巴结权贵。

（二）贯通

所谓贯通，**指文言句中带修辞（比喻、互文、借代、婉说等）的说法及用典的地方，要根据上下文灵活、贯通地译出。** 例如：

（1）**金城**千里，子孙帝王万世之业也。（固若金汤的城池）

（2）项伯以身**翼**蔽沛公。（像翅膀一样）

（3）**缙绅**而能不易其志者，四海之大，有几人欤？（做官的人）

（4）虽少，愿及未**填沟壑**而托之。（自己死去）

（5）**司马春衫**，吾不能学太上之忘情也。（江州司马白居易同情琵琶女的遭遇而泪湿青衫。）

［小练习］

阅读下面文言文，把文中画线的句子翻译成现代汉语。（注意运用贯通法。）

文长为山阴秀才，大试辄不利，豪荡不羁。总督胡梅林公知之，聘为幕客。文长与胡公约："若欲客某者，当具宾礼，非时辄得出入。"胡公皆许之。文长乃葛衣乌巾，长揖就坐，纵谈天下事，旁若无人。胡公大喜。是时公督数边兵，威振东南，介胄之士，膝语蛇行，不敢举头；而文长以部下一诸生傲之，信心而行，恣臆谈谑，了无忌惮。

（节选自袁宏道《徐文长传》，有删减）

是时公督数边兵，威振东南，介胄之士，膝语蛇行，不敢举头。

变通词语	介胄之士、膝语、蛇行（词类活用）
译文	那时胡宗宪统率着几个防区的军队，威震东南一带，军人畏惧他以至跪着说话，匍匐在地像蛇一样爬行，不敢抬头。

［参考译文］

徐谓是山阴的秀才，乡试多次未被录取。他性格直爽，无拘无束。总督胡宗宪知晓他的才能，聘请他做幕客。文长与胡宗宪讲定："如果要我做幕客的话，要按照接待宾客的礼节，不规定时间，自由进出。"胡宗宪都答应了他。文长于是穿葛布衣服，戴黑色头巾，拱手行礼入座，放言畅谈天下大事，好像旁边没有人一样。胡宗宪非常高兴。那时胡宗宪统率着几个防区的军队，威震东南一带，军人畏惧他以至跪着说话，匍匐在地像蛇一样爬行，不敢抬头；而文长作为部下一秀才而对他高傲自得，随心所欲地行事，任意谈论和开玩笑，丝毫没有畏惧和顾虑。

第七句 留删之道不可弃

1. 所谓"留"，即保留文言文中的一些基本词汇和专有名词。包括：①在现代汉语中仍常用的成语或习惯用语，一般人都能够理解，可以保留不译（译了，反而显得不通顺）。如"劳苦而功高如此，未有封侯之赏"（《鸿门宴》），"劳苦功高"这个成语就可以保留不译；②朝代、年号、谥号、庙号、人名、爵位名、书名、地名、官职名、器物名、度量衡等专有名词，也可保留不译。

[考题分析]

考题	**翻译文中画横线的句子。**（2019 年全国 3 卷） 　　魏置相，相田文。吴起不悦，谓田文曰："请与子论功，可乎？"文曰："主少国疑，大臣未附，百姓不信，方是之时，属之于子乎？属之于我乎？"起默然良久，曰："属之子矣。"文曰："此乃吾所以居子之上也。"吴起乃自知弗如田文。
答案	田文说："这就是我的地位在你之上的原因啊。"吴起才知道自己比不上田文。
评注	文中的"文""吴起""田文"均是人名，翻译时应该保留，不能该留不留、强行翻译。

2. 所谓"删"，即把没有意义或不必译出的衬词、虚词删去。文言语句中有些词，如句首语气词"盖""夫"，音节助词"之"，用于特殊场合的连词"而"等，在翻译时删去之后也不影响译文的准确、通顺，便可删去不译。如《兰亭集序》"夫人之相与，俯仰一世"中的"夫"为句首语气词，引起下文，无实义，翻译时需删去。

[小练习]

阅读下面一段文言文，把文中画线的句子翻译成现代汉语。（注意运用删削法。）

　　凡兵，不攻无过之城，不杀无罪之人。夫杀人之父兄，利人之货财，臣妾人之子女，此皆盗也。故兵者，所以诛暴乱、禁不义也。兵之所加者，农不离其田业，贾不离其肆宅，士大夫不离其官府。由其武议在于一人，故兵不血刃而天下亲焉。夫将，提鼓挥枹①，临难决战。接兵角刃，鼓之而当，则赏功立名；鼓之而不当，则身死国亡。是存亡安危在于枹端，奈何无重将也。

（节选自《尉缭子》）

[注] ①枹：鼓槌。

兵之所加者，农不离其田业，贾不离其肆宅，士大夫不离其官府。由其武议在于一人，故兵不血刃而天下亲焉。

删削词语	之、焉
关键词语	兵、加、武议、亲
译文	对于被讨伐的国家，要使它的农民不离开他们的土地，商人不离开他们的店铺，士大夫不离开他们的官府。因为用兵的目的，只在于惩罚祸首一人，所以能不必经过流血战斗就可得到天下的拥护。

[参考译文]

　　凡是用兵，不要进攻没有过失的国家，不要杀害无辜的人。杀害人家的父兄，掠夺人家的财物，奴役人家的子女，这些都是强盗的行为。战争的目的是平定暴乱，制止不义行为。对于被讨伐的国家，要使它的农民不离开他们的土地，商人不离开他们的店铺，士大夫不离开他们的官府。因为用兵的目的，只在于惩罚祸首一人，所以能不必经过流血战斗就可得到天下的拥护。将帅击鼓指挥军队，使其在危难情况下与敌决战。当两军短兵相接的时候，如果指挥得当，就会建立功名；如果指挥不当，就会身死国亡。由此看来，国家的存亡安危，在于将帅的指挥是否得当，这怎能不使人重视将帅的作用。

三 解题模板

题型及方法指导

（一）阐述归纳型

这类题要求考生读懂文本，深入了解事实真相和来龙去脉，重点是了解事情的前因后果和它所包含的深层意义，在此基础上经过独立思考进行回答。

【提问方式】文章讲述了那几件事？

【提问变体】这些事说明了传主是怎样一个人？请结合文中相关事例归纳人物的性格特点？

【解答分析】这是一种很常见的题型。一般是考查归纳人物形象、事迹、性格特点等的能力。

【答题步骤】

（1）关键要整体把握全文，然后根据作品中主要人物的言行和事迹去归纳。

（2）最好用四字短语或形容词归纳人物形象。

（3）对于事件的梳理要善于依循文章的脉络，用"什么人做什么""什么事怎么样"的方式进行归纳。

（二）分析原因型

【提问方式】某某（传主）之所以深受百姓爱戴的原因是什么？

【提问变体】某某为官一方，政绩显赫的原因是什么，请结合文本分析。

【解答分析】做这种题要懂得原因分为内因和外因；主要原因和次要原因；直接原因和间接原因等，从多角度、多维度作答。

【答题步骤】

（1）回归文本，依循文章的事迹进行归纳。

（2）在草稿纸上书写简单要点。

（3）在答题卡上醒目地写出"原因是"等字样，然后分条作答。

（三）探究作者创作意图和个性化解决问题型

【提问方式】你对文章中某句话如何评价？从中可以看出作者怎样的情感和态度？

【提问变体】请结合文章相关情节或相关语句，谈谈你对传主在某某事件处理过程的观点或看法。

【解答分析】这种题在原文中找不到具体的文字，需要自己在整体把握文章内容的基础上进行分析作答。只要结合文本分析，符合评价的公正、辩证、多元等原则，言之有理即可。

【答题步骤】

（1）如果需要表达自己的态度，首先要答出"赞同"或"反对"的字样。

（2）结合文本分析，不架空作答，做到言之有理，持之有据。具体做法是"摘录要点，提取整合"。

（3）如果需要联系实际，可以略作延伸和阐发，格式："在今天，我们依然需要……"等。

例析 ▶ ─────────────────────────── （18分钟）

阅读下面的文言文，完成 1~5 题。

文本一：

太祖武皇帝，沛国谯人也，姓曹，讳操，字孟德。公少机警，有权数，而任侠放荡，不治行业，故世人未之奇也；惟梁国桥玄、南阳何颙异焉。玄谓公曰："天下将乱，非命世之才不能济也，能安之者，其在君乎！"年二十，举孝廉为郎，征拜议郎。

建安二年，张绣等降，既而悔之，复反。公与战，军败，为流矢所中，长子昂遇害。公乃引兵还舞阴，绣将骑来抄，公击破之。公谓诸将曰吾降张绣等失不便取其质以至于此。吾知所以败，诸卿观之，自今已后不复败矣。"遂还许。

初，公举魏种孝廉。兖州叛，公曰："唯魏种且不弃孤也。"及闻种走，公怒曰："种不南走越、北走胡，不置汝也！"四年春，生擒种，公曰："唯其才也！"释其缚而用之。以魏种为河内太守，属以河北事。初，公为兖州牧，以东平毕谌为别驾。张邈之叛也，邈劫谌母弟妻子；公谢遣之，曰："卿老母在彼，可去。"谌顿首无二心，公嘉之，为之流涕。既出，遂亡归吕布。及布破，谌生得。众为谌惧，公曰："夫人孝于其亲者，岂不亦忠于君乎！此吾所求也。"以为鲁相。

（节选自《三国志·魏武纪》）

文本二：

建安十五年春，下令曰："自古受命及中兴之君，何尝不得贤人君子与之共治天下者乎？今天下尚未定，此特求贤之急时也。若必廉士而后可用，则齐桓何以霸世！诸子其佐我明扬仄陋，唯才是举，吾得而用之。"十六年，令曰："夫有行之士未必能进取，进取之士未必能有行也。陈平岂笃行？苏秦岂守信邪？而陈平定汉业，苏秦济弱燕。由此言之，士有偏短，庸可废乎！有司明思此义，则士无遗滞，官无废业矣。"

（节选自曹操《求贤令》）

1. 文中画波浪线的部分有三处需加句读，请用铅笔将答题卡上相应位置的答案标号涂黑。（3分）

公 A 谓 B 诸 C 将 D 曰 E 吾 F 降 G 张 H 绣 I 等 J 失 K 不 L 便 M 取 N 其 O 质 P 以 Q 至 R 于 S 此

2. 下列对文中与加点词语相关内容的解说，不正确的一项是（　　）（3分）

A. "能安之者，其在君乎"与"其皆出于此乎"（《师说》）两句中的"其"字含义不同。

B. 举孝廉，汉朝的一种由下向上推选人才为官的制度，孝廉是察举制的主要科目之一。

C. 古代以黄河以北为河内，黄河以南为河外，文中的"河内"意指黄河以北的广大地区。

D. "遂亡归吕布"与"遂并起而亡秦族矣"（《过秦论》）两句中的"亡"字含义不同。

3. 下列对原文有关内容的概述，不正确的一项是（　　）（3分）

A. 曹操年轻时机敏警悟，有谋略，桥玄、何颙都认为他与众不同，二十岁时就被推举为孝廉，后任郎官。

B. 曹操深受张绣投降又反叛之害，自己中箭，长子被杀，他当众检讨剖析错误，并承诺不再犯错。

C. 魏种和毕谌曾离开过曹操，在被活捉后，曹操出于对人才的重视，不计前嫌，继续任用这两人。

D. 《求贤令》与《短歌行》都直接地表达了曹操"求贤若渴"之情，如"唯才是举，吾得而用之"。

4. 把文中画横线的句子翻译成现代汉语。（8分）

（1）张邈之叛也，邈劫谌母弟妻子。

_____

（2）谌顿首无二心，公嘉之，为之流涕。

_____

5. 曹操对"有行"和"进取"的关系有怎样的认识？他举了哪些例子来证明？请结合文本二概括回答。（3分）

_____

_____

【答案】

1. E、J、P

2. A　3. D

4. （1）张邈发动叛乱，劫持了毕谌的母亲、弟弟、妻子、儿女。

（2）毕谌磕头向太祖表明自己没有二心，太祖赞赏他，并为他流下眼泪。

5. ①曹操认为，有德行之士，未必能够努力上进；努力上进之士，未必都能有德行。②举了陈平和苏秦的例子来证明。

【解析】

1. 公谓诸将曰/吾降张绣等/失不便取其质/以至于此

2. **本题考查对古代文化常识的掌握程度和理解一词多义现象的能力。**

A. 错误。都是"大概"的意思。句意：能够使天下安定的人，大概就是你吧。/大概就是出于这个缘故吧？

B. 正确。

C. 正确。

D. 正确。逃往；使……灭亡。含义不同。句意：就逃亡并归附了吕布。/就群起而把秦朝的统治推翻了。

故选 A。

3. **本题考查理解文章内容的能力。**

D. "都直接地表达了曹操'求贤若渴'之情"错误，由《短歌行》中"青青子衿，悠悠我心""月明星稀，乌鹊南飞""山不厌高，海不厌深"可知，作者曹操用比喻和用典的方式，委婉地表达了"求贤若渴"之情。故选 D。

4. **本题考查理解并翻译文言文句子的能力。**

（1）叛：叛乱；劫：劫持；妻子：妻子、儿女。

（2）顿首：磕头；嘉：赞赏；涕：眼泪。

5. **本题考查分析文章信息、归纳内容要点的能力。**

①由原文"夫有行之士未必能进取，进取之士未必能有行也"可知，曹操认为，有德行之士，未必能够努力上进；努力上进之士，未必都能有德行。

②由原文"陈平岂笃行？苏秦岂守信邪？而陈平定汉业，苏秦济弱燕"可知，列举了陈平和苏秦的例子证明观点。

四 创新题前瞻

创新点：选材为亮点，甲材料大胆选用课本中文章，有很好的引领作用，且两个材料属于有联系的印证型文本。乙材料侧重分析，引申出设点详细的主观题。

阅读下面的文言文，完成后面小题。(本题共 5 小题，20 分)

甲

晋侯、秦伯围郑，以其无礼于晋，且贰于楚也。晋军函陵，秦军氾南。

佚之狐言于郑伯曰："国危矣，若使烛之武见秦君，师必退。"公从之。辞曰："臣之壮也，犹不如人；今老矣，无能为也已。"公曰："吾不能早用子，今急而求子，是寡人之过也。然郑亡，子亦有不利焉。"许之。

夜缒而出，见秦伯，曰："秦、晋围郑，郑既知亡矣。若亡郑而有益于君，敢以烦执事。越国以鄙远，君知其难也。焉用亡郑以陪邻？邻之厚，君之薄也。若舍郑以为东道主，行李之往来，共其乏困，君亦无所害。且君尝为晋君赐矣，许君焦、瑕，朝济而夕设版焉，君之所知也。夫晋，何厌之有？既东封郑，又欲肆其西封，若不阙秦，将焉取之？阙秦以利晋，唯君图之。"秦伯说，与郑人盟。使杞子、逢孙、杨孙戍之，乃还。

(节选自《烛之武退秦师》)

乙

天下之事以利而合者，亦必以利而离。秦、晋连兵而伐郑，郑将亡矣。烛之武出说秦穆公，立谈之间存郑于将亡，不惟退秦师，而又得秦置戍而去，何移之速也！烛之武一言使秦穆背晋亲郑，弃强援、附弱国；弃旧恩、召新怨；弃成功、犯危难。非利害深中秦穆之心，讵能若是乎？秦穆之于晋相与之久也相信之深也相结之厚也一怵于烛之武之利，弃晋如涕唾，亦何有于郑乎？他日，利有大于烛之武者，吾知秦穆必翻然从之矣！

(节选自吕祖谦《东莱〈左传〉博议》)

1. 文中画波浪线的部分有三处需加句读，请用铅笔将答题卡上相应位置的答案标号涂黑。(3分)

秦穆 A 之于晋 B 相与之 C 久也 D 相信之 E 深也 F 相结之 G 厚也

2. 下列对文中加点词语的解说，不正确的一项是（　　　）(3分)

A. 寡人，指寡德之人，古代的诸侯、君主在失德后的自称。后来成了他们的谦称。

B. 执事，指做事情，主持工作，也指办事的官吏，后来也用于表示对对方的敬称。

C. 鄙，指"把……当作边邑"，与《曹刿论战》中"肉食者鄙"的"鄙"意思不同。

D. 济，指"渡过水流"，与《行路难（其一）》中"直挂云帆济沧海"的"济"意思相同。

3. 下列对原文有关内容的概述，不正确的一项是（　　　）(3分)

A. 烛之武顾全大局。面对郑国危亡的局面，他放下长年不被重用的个人恩怨，毅然担负起游说秦穆公退兵的重任。

B. 烛之武反客为主。他对秦穆公说，灭亡郑国是让秦赔上自己的邻国来增加晋国的势力并削弱自己。

C. 烛之武富于谋略。他一面向秦穆公许诺，愿为秦国提供好处；一面利用秦、晋矛盾，施行离间之计。

D. 烛之武不辱使命。他在国家危亡之时出使，不卑不亢，从容辞令，说服秦国退兵护郑，不失本国尊严。

4. 把文中画横线的句子翻译成现代汉语。（8分）

（1）既东封郑，又欲肆其西封，若不阙秦，将焉取之？

_____

（2）不惟退秦师，而又得秦置戍而去，何移之速也！

_____

5. 请结合乙文中的观点，分析秦穆公退兵的原因。（3分）

_____

【答案】

1. B、D、F 2. A 3. B

4.（1）它在东边使郑国成为它的边境之后，又想要扩张它西边的疆界，如果不使秦国土地减少，将从哪里取得它所贪求的土地呢？

（2）不只是使秦国军队撤兵，并且又得到秦军帮助设置戍守。（秦国）改变得多么快啊！

5. 吕祖谦认为，诸侯国之间的关系实质上就是利益关系，诸侯国之间因有共同利益而合作，也会因利益不同而背弃。秦穆公退兵的原因就是因为利益。

【解析】

1. 略

2. A. "古代的诸侯、君主在失德后的自称"理解错误，"寡人"即为寡德之人，意为在道德方面做得不足的人，是古代君主、诸侯王对自己的谦称，中国古代讲究"以德治国"，"以德配天"，就是说君主、诸侯王的权位是上天赋予的，但上天只会把天下给有德的人，君主、诸侯王如果失德就会失去尊贵的权位，所以君主、诸侯王就谦称自己是"寡人"。

C. 正确。"肉食者鄙"的"鄙"指目光短浅、见识浅陋。句意：越过邻国把远方的郑国作为（秦国的）东部边邑。/当权的人目光短浅。

D. 正确。句意：可是，晋惠公早晨渡过河去，晚上就筑城来防备您。/高高挂起云帆，在沧海中勇往直前。

3. B. "烛之武反客为主"理解错误，他没有"反客为主"，而是完全站在秦国的立场进行利害分析。

4.（1）东：名词作状语，在东边；第二个"封"：边界；阙：使动用法，侵损，削减；焉：

哪里。

（2）惟：只；退：使……撤退；置戍：设置戍守；移：改变。

5. 略

[**参考译文**]

乙

天下的事因为利益而合作的，必然会因为利益而分离。秦国、晋国联合出兵讨伐郑国，郑国就要灭亡了。烛之武出城游说秦穆公，站着说会话的工夫就在（郑国）将要灭亡的时候保全了郑国，不只是使秦国军队撤兵，并且又得到秦国帮助设置戍守，（秦国）改变得多么快啊！烛之武一席话就让秦穆公背叛了晋国而亲近郑国，舍弃强大的援军，而依附弱小的国家；抛弃（与晋国）旧日的恩情，招来（与晋国）新的怨恨；舍弃成功，触犯危险。如果不是（烛之武所说的）利益与危害深深击中了秦穆公的心，怎么能这样呢？秦穆公与晋国结交很长时间了，信任很深了，结盟很厚了，一旦恐惧于烛之武（所说）的利害，抛弃晋国（都）如同抛弃鼻涕、唾沫一样，对于郑国又有什么（不能抛弃的）呢？如果哪天有比烛之武所说的更大的利益，我明白秦穆公一定会很快转变去寻求那更大的利益了！

第二章　诗歌阅读

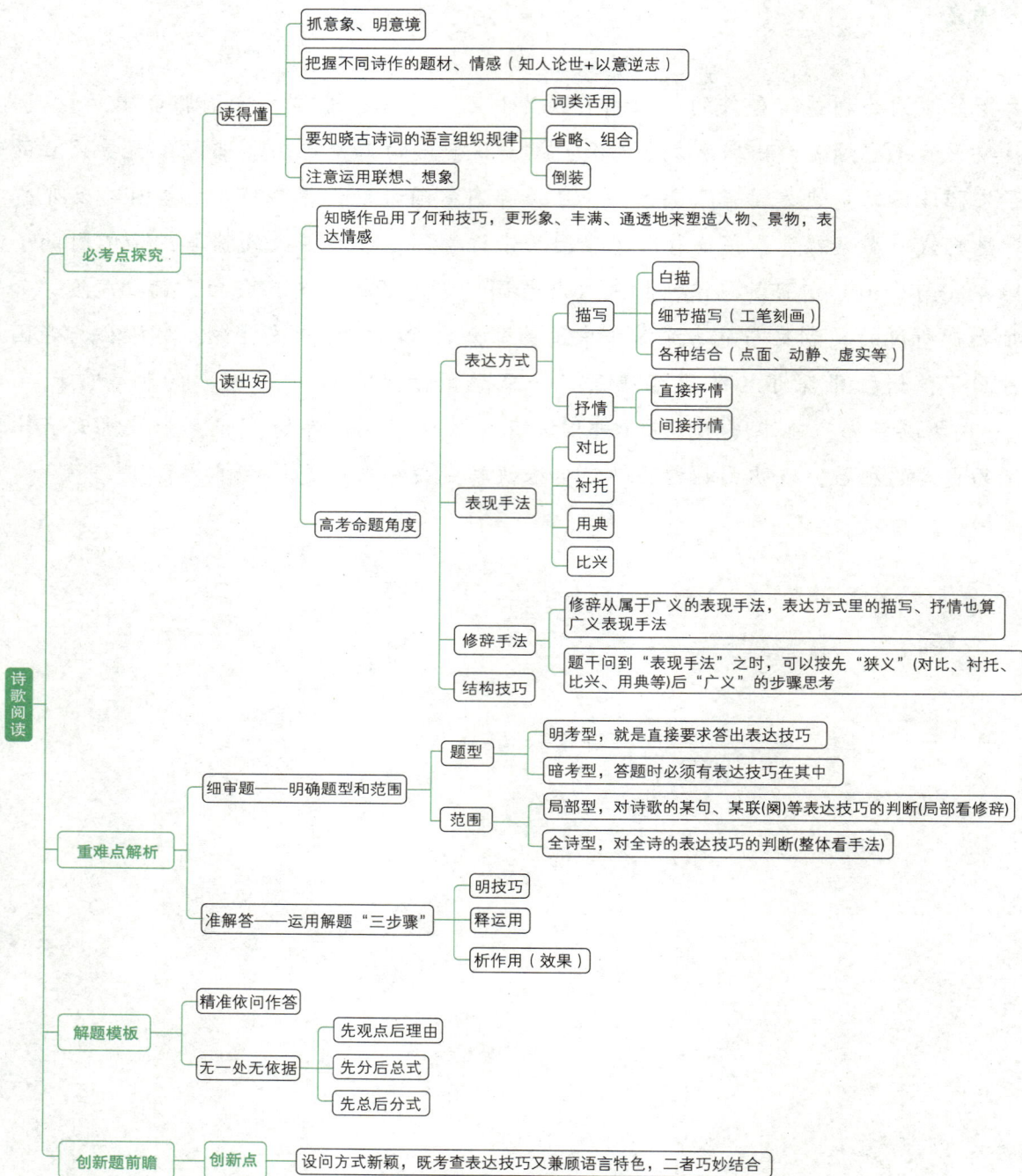

诗歌阅读
- 必考点探究
  - 读得懂
    - 抓意象、明意境
    - 把握不同诗作的题材、情感（知人论世+以意逆志）
    - 要知晓古诗词的语言组织规律
      - 词类活用
      - 省略、组合
      - 倒装
    - 注意运用联想、想象
  - 读出好
    - 知晓作品用了何种技巧，更形象、丰满、通透地来塑造人物、景物，表达情感
    - 高考命题角度
      - 表达方式
        - 描写
          - 白描
          - 细节描写（工笔刻画）
          - 各种结合（点面、动静、虚实等）
        - 抒情
          - 直接抒情
          - 间接抒情
      - 表现手法
        - 对比
        - 衬托
        - 用典
        - 比兴
      - 修辞手法
        - 修辞从属于广义的表现手法，表达方式里的描写、抒情也算广义表现手法
        - 题干问到"表现手法"之时，可以按先"狭义"(对比、衬托、比兴、用典等)后"广义"的步骤思考
      - 结构技巧
- 重难点解析
  - 细审题——明确题型和范围
    - 题型
      - 明考型，就是直接要求答出表达技巧
      - 暗考型，答题时必须有表达技巧在其中
    - 范围
      - 局部型，对诗歌的某句、某联(阕)等表达技巧的判断(局部看修辞)
      - 全诗型，对全诗的表达技巧的判断(整体看手法)
  - 准解答——运用解题"三步骤"
    - 明技巧
    - 释运用
    - 析作用（效果）
- 解题模板
  - 精准依问作答
  - 无一处无依据
    - 先观点后理由
    - 先分后总式
    - 先总后分式
- 创新题前瞻
  - 创新点
    - 设问方式新颖，既考查表达技巧又兼顾语言特色，二者巧妙结合

一 必考点规律解读——读得懂（题材、情感）、读出好（技巧）、会做题（精准依问作答）

　　我国是诗歌的国度，诗歌的赏析题历来是高考的重点、难点，它综合考查同学的理解（内容理解+情感体察）、分析综合（对作者观点态度的把握）、鉴赏探究（语言、技

巧）的能力，不可小觑。内容、情感、语言、技巧、意境，是高考重点考查的几个大点，其中内容、情感是读懂诗歌之基础，语言、技巧是赏析之关键，意境鉴赏为综合能力之体现。

这几个大点，综合起来可从**"读得懂""读出好""会做题"** 三句平实话语中一探究竟，这就是**"删繁就简三秋树"，抓住规律找出路**！

（一）读得懂

1. 抓意象、明意境

切记意象构成意境，意境往往就是古人所言"情景结合"，说出：所表现的画面、所勾勒氛围的特点、所抒发的情感。

2. 把握不同诗作的题材、情感（知人论世+以意逆志）

我国从来就有"诗言志，歌咏言"的说法，"诗言志"的"志"，如果仅是作者的志向那理解就略狭隘了，应该是各种感情的抒发皆可为"志"，喜怒哀乐皆然。陆游的"上马击狂胡，下马草军书"为志，李白的"狂风吹我心，西挂咸阳树"亦为志。

此处我们把诗歌的题材分类讲一下，务必知道"题材就是内容，内容往往关乎情感"，纵观近五年高考，考题所囊括题材如下：思乡怀人类（2020年北京卷《寄东鲁二稚子》）、赠友送别类（2021年新高考全国1卷《寄江州白司马》、2022年新高考全国2卷《送别》）、忧国伤时类（2022年北京卷《病柏》）、山水田园类（2023年新高考全国2卷《湖上晚归》），此外边塞征战类、咏史怀古类、羁旅行役类、爱情闺怨类也是考查重点。以上几类在辨析时应注意：①它们的本质应该都是**"托物言志类"（敲黑板）**；或者间接抒情（借景抒情也算此范畴）；或者直抒胸臆，如"飒飒秋风满院栽，蕊寒香冷蝶难来。他年我若为青帝，报与桃花一处开"，此处就是黄巢的直接抒情。②某首作品在分类时，有时会出现交叉现象，这个很正常，如《桂枝香·金陵怀古》很明显是怀古类作品，但同时也明显有借景抒情的意味。

思乡怀人类作品往往会表现思念之情，常借助意象表现，如"江水三千里，家书十五行。行行无别语，只道早还乡"。

赠友送别类作品或是劝慰友人，或是表达惜别之情。而惜别之情又有不同：有缠绵悱恻者，如《雨霖铃·寒蝉凄切》；有豪放大气者，如《别董大》。

忧国伤时类作品其名称就可以指向情感，不赘述；边塞征战类作品所表达的情感相对复杂：有建功立业的豪放，如"少小虽非投笔吏，论功还欲请长缨"；有对家人、故乡的思念，如"露从今夜白，月是故乡明"；也有以上两种情感的交织，如范仲淹《渔家傲·塞下秋来风景异》；有对统治者穷兵黩武之控诉，如"三春白雪归青冢，万里黄河绕黑山"；当然也有对百姓之同情。

咏史怀古类作品所表之情或讽今、或吊古、或伤己，讽今者往往借古讽今，如李商隐《北齐二首》中"小怜玉体横陈夜，已报周师入晋阳"就在讽刺晚唐君主的昏庸；吊古者描写历史之陈迹、抒发思古之幽情，如刘禹锡的"旧时王谢堂前燕，飞入寻常百姓家"；伤己者慨叹自己生不逢时、壮志未酬、明珠投暗等，如辛弃疾大名鼎鼎的"凭谁问：廉颇老矣，尚能饭否?"。

山水田园类作品在考题涉及范围内以表达闲适之情为主，亦有对现实的不满和怀才不遇的苦闷。另，羁旅行役类往往抒旅途苦闷、思乡心切的哀怨之情；闺怨诗顾名思义即可，亦不赘述。

3. 要知晓古诗词的语言组织规律

诗歌语言受字数、句数和格律的限制，在语法上主要表现为改变词性、颠倒词序、省略句子成分等现象。了解诗歌语言组织的规律，就能迅速进入诗歌的语境，进而把握诗歌情感。

（1）词类活用

古代诗歌中一些词的词性发生改变，有时具有化腐朽为神奇的功效。

①名词活用作动词：锦帽貂裘，千骑卷平冈。（《江城子·密州出猎》）"锦帽貂裘"等于说"戴锦帽""穿貂裘"。

②名词活用作形容词：沉舟侧畔千帆过，病树前头万木春。（《酬乐天扬州初逢席上见赠》）"春"，名词活用作形容词，意为"茂盛的"。

③形容词活用作名词：贫贱有此女，始适还家门。（《孔雀东南飞》）"贫贱"，形容词活用作名词，意为"贫贱之家"。贫贱之家有这样一个女子，刚出嫁就被休回娘家。

④形容词的使动用法：春风又绿江南岸，明月何时照我还？（《泊船瓜洲》）"绿"，形容词的使动用法，意为"使……绿"。

⑤形容词的意动用法：天意怜幽草，人间重晚晴。（《晚晴》）"重"，意为"以……为重"。苍天有意怜爱生长在幽暗之地的小草，人世间更以晚晴为重。

⑥名词用作状语：樯橹灰飞烟灭。（《念奴娇·赤壁怀古》）"灰"，意为"像灰一样"；"烟"，意为"像烟一样"。曹操的水军像灰一样飞散，像烟一样消亡。

（2）省略、组合

诗歌的语句之间往往具有跳跃性，于是，就产生了省略现象，也就出现了空白，从而为读者留下想象的空间。诗歌省略主要有以下两个特点：

①对话省略，如"松下问童子，言师采药去。只在此山中，云深不知处。"明明是三番问答，至少要六句才能完成，作者采用答话包孕问话的方法，精简为二十个字。

②意象组合，如："枯藤老树昏鸦，小桥流水人家。古道西风瘦马，夕阳西下，断肠人在天涯。"诗人将"枯藤、老树、昏鸦"等九种意象直接组合在一起，中间没有任何联结词语，这九种意象将悲秋与乡愁巧妙地结合在一起，平静地为我们勾勒出一幅深秋晚景的凄凉画面。整个画面给人以迟暮、渺茫、凄凉、低沉的感觉，与漂泊异乡游子暗淡的心绪协调一致。

（3）倒装

与语意省略相比，倒装（或词语错位）结构更易使人对诗句产生错误理解。在古诗歌阅读中，要重视倒装（或词语错位）现象，积累常见类型，有助于读懂诗句，知其所言之"志"。

古诗常见倒装类型举隅（**括号内加色句为正常语序**）。

1）谓语前置

①入院将雏鸟，寻萝抱子猿。（将雏鸟入院，抱子猿寻萝。）

②林下听经秋苑鹿，江边扫叶夕阳僧。[秋苑（中的）鹿林下听经，夕阳（下的）僧江边扫叶。]

2）宾语前置

①风光新柳报，宴赏落花催。（新柳报风光，落花催宴赏。）

②故国神游，多情应笑我，早生华发。（神游故国，应笑我多情，华发早生。）

3）主宾互换

①秋色渐将晚，霜信报黄花。（黄花报霜信。）

②薰琴调大舜，宝瑟和神农。（大舜调薰琴，神农和宝瑟。）

4）状语后置

①登高临远虽多感，叹老嗟卑却未曾。（却未曾叹老嗟卑。）

②乱叶翻窗，碎声敲砌，愁人多少（多少：多么）！

[乱叶（于）窗（外）翻，碎声敲砌，多么愁人！]

此外还要在意境中品味词、句：诗歌中的词、句处在统一意境中，只有在诗境中分析，才能得到正确的理解。注意了《月夜忆舍弟》的总体意境，就能正确理解"月是故乡明"———因思念故乡而倍觉故乡的月更明亮。

4. **注意运用联想、想象**

诗歌鉴赏是一种再创造，再创造的主要方式是联想、想象，也可说这是"以意逆志"的具体体现，以读者的心理、心态去揣摩作者的想法；想你自己就处于惊涛碧海之中、大漠黄沙之内，可倚红偎翠、可拔剑西风……如此就会画面感十足，读懂诗歌，便水到渠成。

如王驾的《雨晴》，作者没有描写邻家院子景色，但写了"蜂蝶纷纷过墙去"这一实景。如果考生紧紧依傍这一诗句，透过言在此而意在彼的重重迷雾，会联想到邻家春色美不胜收，如此景致，连路人都会驻足观望，更何况是喜花的蜂蝶呢？

例析 ▶

阅读下面两首诗，完成各题。

秋江送别

[唐] 王勃

归舟归骑俨成行，江南江北互相望。

谁谓波澜才一水，已觉山川是两乡。

送柴侍御

[唐] 王昌龄

沅水通波接武冈，送君不觉有离伤。

青山一道同云雨，明月何曾是两乡？

1. 这两首送别诗在情感上，《秋江送别》突出_____；而《送柴侍御》突出_____，与王勃的《送杜少府之任蜀州》中的"海内存知己，天涯若比邻"情怀类似。（2分）

2. 前人评《送柴侍御》"翻新脱妙"。比较《秋江送别》与《送柴侍御》两诗的后两句，分析后者写法的妙处。（6分）

_____

_____

_____

【答案】

1. 感伤 豁达（较简单，题目中也有提示，不做详细解析）

2. ①意象运用上，王勃诗的意象隐于句内；王昌龄诗将青山、明月两个意象前置，形象鲜明突出，富有象征意义（青山象征思念，明月暗示友情），意境开阔。

②构思技法上，王勃诗化近为远，强调心理距离之远，为送别诗传统写法（如谢脁诗有"何况隔两乡"）；王昌龄诗则化远为近，强调心理距离之近，是创新性的表达，也表达出了对朋友的劝慰之情。

③抒情方式上，王勃诗以议论直接表达，意尽句中；王昌龄诗融情入景，反问收尾，余韵悠长。

【解析】

王昌龄此诗是送别诗，诗人通过乐观开朗的诗词来减轻柴侍御的离愁。"沅水通波接武冈，送君不觉有离伤"，点出了友人要去的地方，语调流畅而轻快，"流水"与"通波"蝉联而下，显得江河相连，道无艰阻，再加上一个"接"字，更给人一种两地比邻之感，这是为下一句作势。龙标、武冈虽然两地相"接"，但毕竟是隔山隔水的"两乡"。"青山一道同云雨，明月何曾是两乡？"两句，一句肯定，一句反诘，反复致意，恳切感人。

这首诗通过想象来创造各种形象，以化"远"为"近"，使"两乡"变为"乡"。语意新颖，出人意料，然亦在情理之中，因为它蕴含的正是人分两地、情同一心的深情厚谊。而这种情谊也是别后相思的种子。又何况那青山云雨、明月之夜，更能撩动离人的心弦。

对比王勃的《秋江送别》，就会发现王勃诗略有些"为赋新词强说愁"的意味，的确不如《送柴侍御》"翻新脱妙"。

（二）读出好

所谓"读出好"，就是知晓作品用了何种技巧，更形象、丰满、通透地来塑造人物、景物，表达情感。一言以蔽之：技巧是为内容、情感服务的。从近年来的考查题型来看，高考主要从以下 4 个角度命题：表达方式、表现手法、修辞手法、结构技巧。

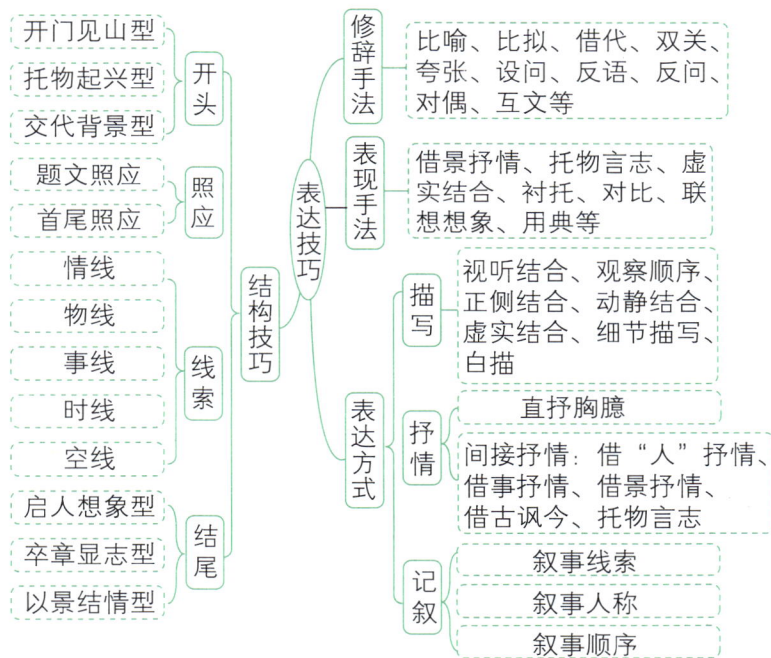

一）**表达方式**　诗歌阅读重点考查描写、抒情两种表达方式。

1. 描写

描写指用生动形象的语言对人物、事件、环境所做的具体描绘和刻画，也就是我们常说的"绘形绘声绘色"。

（1）白描

用简练的文字描摹对象，不重辞藻修饰与渲染烘托，如实地勾勒出描写对象的情态面貌，具有传神和突出主体的作用，如"鸡声茅店月，人迹板桥霜"。

[小练习]

阅读下面的唐诗，完成后面的题目。

田 家

聂夷中

父耕原上田，子劚山下荒。

六月禾未秀，官家已修仓。

本诗表现了田家的悲苦命运，却没有一个议论和抒情的句子，那么，诗歌是怎样表现这一主题的？

_____

_____

【答案】

本诗运用白描手法，寥寥数语勾勒出农人辛勤耕耘劳作、官家筑仓虎视以待的画面。表现了封建统治者残酷剥削、压榨农民的深刻主题。

（2）细节描写（工笔刻画）

主要指动作、神态、心理等描写，可起到烘托环境气氛、刻画人物性格和心理、揭示主旨等作用，如"洛阳城里见秋风，欲作家书意万重。复恐匆匆说不尽，行人临发又开封。"（张籍的《秋思》）这首诗借助生动的细节描写传递人物的感情，"临发又开封"这一动作细节表达了作者对家乡、对亲人的深切思念。

例析 ▶

阅读下面的宋诗，完成后面的题目。

柳絮二阕（其二）

韩琦

絮雪纷纷不自持，乱愁萦困满春晖。

有时穿入花枝过，无限蜂儿作队飞。

这首诗中的"有时穿入花枝过，无限蜂儿作队飞"历来为人称道，请赏析其妙处。（6分）

_____

_____

【答案】

①诗歌最后两句，通过细节描写来描绘柳絮。②柳絮穿过花枝，巧妙地借来了色香，

引来无数蜂儿成队追逐。③将柳絮的狡狯轻薄表现得极为形象。这两句诗语言活泼，富有意趣。

（3）各种结合（点面、动静、虚实等）

"各种结合"是笔者为了陈述方便姑且称之，它涵盖了正侧结合、点面结合、虚实结合、动静结合、视听结合等方面，可以归入描写手法，也可归入表现手法；答题时讲述清楚即可。这些"结合"中尤以虚实结合、视听结合为重点。

①虚实结合，把抽象的述说与具体的描写结合起来，或者是把眼前现实生活的描写与回忆、想象结合起来。其作用使作品的形象更加鲜明，内容更加丰富，使描写的意境既开阔又深邃、有层次感。

如柳永的《雨霖铃》，上阕除"念去去，千里烟波，暮霭沉沉楚天阔"外，写的都是眼前实景、实事、实情，写词人和心爱的人不忍分别、又不得不别的心情，是实写；下片"今宵酒醒何处？杨柳岸，晓风残月"写对别后生活的设想，着意描绘词人孤独寂寞的心情，是虚写。虚实结合，丰富了诗歌离别的内容，拓展了诗歌凄清的意境，渲染和强化了词人与心爱的人离别时的悲伤、孤独、无奈之情。

②视听结合，也叫多感官结合，指从视觉、听觉、嗅觉等多个角度，通过色彩、声音去描写景物，使景物绚丽多姿。如杜甫的"两个黄鹂鸣翠柳，一行白鹭上青天。窗含西岭千秋雪，门泊东吴万里船"。首句写草堂周围新绿的柳枝上有成对黄鹂在欢唱，一派愉悦景象，呈现一片生机，有声有色，构成了新鲜而优美的意境，具有喜庆的意味。次句写蓝天上的白鹭在自由飞翔。晴空万里，一碧如洗，"一行"白鹭在"青天"映衬下，形态优美，色彩极其鲜明。两句中连用了"黄""翠""白""青"四种鲜明的颜色，绘声、绘色、绘形，构成一幅绚丽的图景。

例析

阅读下面的宋诗，完成后面题目。（2023 年全国甲卷）

临江仙

晁补之

身外闲愁空满眼，就中欢事常稀。明年应赋送君诗。试从今夜数，相会几多时。

浅酒欲邀谁共劝，深情唯有君知。东溪春近好同归。柳垂江上影，梅谢雪中枝。

词的结尾两句被后代评论家称赞为"绝妙"，请简要分析其妙处。（6分）

【答案】

①结尾两句词人展开想象（虚实结合）：垂柳袅袅，艳影荡漾在江水中；梅花凋谢，隐藏在枝头残雪中。寥寥数语，描绘了东溪春天的美景，色彩对比鲜明。②以"春柳""冬梅"烘托渲染了清新凄美的氛围，情景交融，抒发了对友人真挚的情感。③结尾两句以景结情，以春光美景收束，将离别的伤感融入一片美好的春光中，以乐景写哀情，伤感中又有乐观豁达。（每条2分，其他答案，言之有理，酌情给分。）

2. 抒情

（1）直接抒情（直抒胸臆）。直接对有关人物和事件表明爱憎态度的抒情方式，就是直抒胸臆。

陈子昂的《登幽州台歌》："前不见古人，后不见来者。念天地之悠悠，独怆然而涕下。"诗人以慷慨悲凉的基调，把自己因怀才不遇而生出的一腔愤懑、抑郁之情通过诗句喷泻而出，直接表达了自己的感情。这种模式不难把握，不赘述。

（2）间接抒情。多为借景抒情（情景交融、寓情于景）：诗人把自身所要抒发的感情，寄寓在景物中，通过描写景物予以抒发，这种抒情方式叫借景抒情（**从属于托物言志**）。一般情况下，是乐景写乐情，哀景抒哀情，但也有以乐景衬哀情或哀景写乐情的写法。

①乐景乐情。杜甫的《江畔独步寻花》："黄四娘离家花满蹊，千朵万朵压枝低。留连戏蝶时时舞，自在娇莺恰恰啼"，写杜甫在饱经离乱后，暂且在成都草堂有了一个安身之地，其心情是愉悦安宁的。这首诗通篇写景，景色浓丽、美好，传达出作者愉悦的感情。

谢灵运的《登池上楼》中的"池塘生春草，园柳变鸣禽"，从春草中，从园柳和鸣禽中，诗人感到春天的蓬勃生机，透露出喜悦的感情。

②哀景哀情。元稹的《闻乐天授江州司马》："残灯无焰影幢幢，此夕闻君谪九江。垂死病中惊坐起，暗风吹雨入寒窗。"元稹被贬谪他乡，又身患重病，心境本就不佳。现在忽然听到挚友也蒙冤被贬，内心更是极度震惊，万般怨苦，满腹愁思一齐涌上心头。以这种悲凉心境观景，一切景物也都变得阴沉昏暗了。首尾两句，既是景语，又是情语，以哀景抒哀情，情与景融合为一体。

③乐景哀情。古人说过"以乐景写哀，以哀景写乐，一倍增其哀乐"，如元稹的《行宫》："寥落古行宫，宫花寂寞红。白头宫女在，闲坐说玄宗。"一、二句写了一座空虚冷落的古行宫，宫中鲜花盛开，正是春天来了。三、四句写几个白头宫女，闲坐着回忆玄宗时候的往事，抒写了宫女一生的凄凉、哀怨的情怀，表达了诗人对世事昔盛今衰的感慨。

④哀景乐情。司空曙的《喜外弟卢纶见宿》："静夜四无邻，荒居旧业贫。雨中黄叶树，灯下白头人。以我独沉久，愧君相见频。平生自有分，况是蔡家亲。"前四句描写静夜里的荒村，陋室内的贫士，寒雨中的黄叶，昏灯下的白发，画面充满着辛酸和悲哀。后四句直揭诗题，写表弟卢纶来访见宿，在悲凉之中见到知心亲友，因而喜出望外。

例析

阅读下面的宋词，完成后面的题目。

渔家傲

朱 服

小雨纤纤风细细，万家杨柳青烟里。恋树湿花飞不起，愁无比，和春付与东流水。

九十光阴能有几？金龟解尽留无计。寄语东城沽酒市，拚一醉，而今乐事他年泪。

请从景情关系的角度，赏析本词上阕是如何表现作者的情感的。（6分）

_____

_____

_____

【答案】

上阕借景抒情。写暮春时节，纤风细雨，烟笼杨柳，郁郁葱葱，万家屋舍，掩映在杨柳的青烟绿雾中；水流花落，春光将尽，惹人愁思。借湿花恋树寄寓人的恋春、惜春，表现了词人的感伤情绪。

二）表现手法

表现手法是高考考查的重点。重点考查：对比、衬托、用典、比兴、联想想象（与虚实结合有共通处）、对写等。

1. **对比**

把具有明显差异、矛盾和对立的双方安排在一起，进行对照比较（双方无主次之分）。突出"好与坏""善与恶""美与丑""悲与欢"的对立，给人以极鲜明的形象和极强烈的感受，表达作者的某种感情。如"落花人独立，微雨燕双飞"，就是典型的对比，凸显了作者此时孤寂惆怅的心绪。

例析

阅读下面的唐诗，完成后面的题目。

商山富水驿①

杜 牧

益戆②由来未觉贤，终须南去吊湘川。

当时物议朱云③小，后代声华白日悬。

邪佞每思当面唾，清贫长欠一杯钱。

驿名不合轻移改，留警朝天者惕然。

[注] ①富水驿：原名阳城驿。唐德宗时谏议大夫阳城因指斥奸佞、犯颜直谏被贬，后人为避其名讳将阳城驿改名为富水驿。②戆：刚直而愚。西汉名臣汲黯，因屡次直谏，被汉武帝怒斥"甚矣，汲黯之戆也"。③朱云：西汉直臣，因吁请尚方宝剑以斩奸臣之头而触怒汉成帝，险些被杀。

这首诗的颔联写法精妙，请结合诗句加以赏析。（6分）

_____

_____

【答案】

①运用对比的表现手法，情感鲜明。将朱云当年被轻视与后世备受推崇进行对比，嘲讽时人无知，也称颂朱云忠耿之人格。②运用比喻，生动形象。将朱云的美好名声比作白日高悬，化虚为实，表现朱云名声之大。③化用典故，含蓄蕴藉。用朱云请剑斩奸臣之典，烘托阳城犯颜直谏、不惧贬谪的形象，表达作者的敬佩和赞许之情。

2. 衬托

为了表现、突出主要的人或物，作者常常用另一种或另一些与之相似、相关或相反的次要事物作背景来陪衬，分为正衬、反衬两种，如"万绿丛中红一点，动人春色不须多"就是衬托。

3. 用典

引用古籍、古人的故事或词句，丰富而含蓄地表达有关内容和思想。可使诗歌语言精练，增强内容的丰富性、表达的生动性和含蓄性，可收到言简意丰、余韵盎然、耐人寻味的效果，增强作品的表现力和感染力。另外还有"凡尔赛"之功效，显得高大上，辛弃疾就是用典高手。

注意：高考题中所出现之典故，一般都是大家应知应会（课本中出现）的，若有生僻者，作品下必有注解，勿担心。

> **例析** ▶ ──────────────────────────────

阅读下面的唐诗，完成后面的题目。

送赵都护赴安西

张九龄

将相有更践，简心①良独难。

远图尝画地，超拜乃登坛。

戎即昆山序②，车同渤海单③。

义无中国费，情必远人安。

他日文兼武，而今粟且宽。

自然来月窟④，何用刺楼兰。

南至三冬晚，西驰万里寒。

封侯自有处，征马去啴啴⑤。

[注] ①简心：语出《论语》"简在帝心"，表示被皇帝知晓、赏识。②昆山：昆仑山。此泛指西北边疆。序：排序，罗列。③渤海单：汉代龚遂为渤海太守，单车独行到府，治理有方，郡中安定。④月窟：泛指边远之地。⑤啴啴：牲口喘息的样子。

唐诗常运用"傅介子斩楼兰"之典，表达建功立业的雄心壮志。本诗反其意而用之，请结合全诗，分析"何用刺楼兰"中蕴含的深意。（6分）

_____

_____

_____

【答案】

①"何用刺楼兰"，一反"斩楼兰"之意，表示不运用武力征服西域；②诗人相信赵都护依靠文韬武略之才、宽严相济之德，自然可以不劳师动众，使远人前来归顺，使边境安定；③"何用刺楼兰"，不再仅着眼于个人的建功立业，更能表现诗人的宽广胸襟和盛唐的大国风范。

【解析】

"何用"，反问，即不用，意思是不用武力就可以征服西域。结合前文"他日文兼武"，写赵都护之才，文武兼备；"而今粟且宽"，写赵都护的治理策略是宽严相济；这样的话就可以"义无中国费"，指不用耗费国力，无须劳师动众；"情必远人安""自然来月窟"指所达到的效果，使"月窟""自然来"，使"远人安"，使边防安定。"何用刺楼兰"不再只是着眼于表现个人建功立业的豪情，还表达了诗人宽广的胸襟和盛唐的大国风范，希望不费一兵一卒就可以使远人前来归顺，使边防安定。

4. 比兴

"比兴"本来包含"比"和"兴"两种修辞手法，朱熹有言"比者以彼物比此物也，兴者先言他物以引起所咏之词也"，但人们谈论古典诗歌时常"比兴"连及。在实际运用中，比兴经常结合运用，专用以指诗有寄托之意。其作用为托物引喻，婉转曲折，渲染气氛，激发读者的想象。《孔雀东南飞》中"孔雀东南飞，五里一徘徊"，既是"兴"，又是"比"。

例析 **1**

阅读下面的诗歌，完成后面的题目。

桃 夭

《诗经》

桃之夭夭，灼灼其华。之子于归①，宜其室家。

桃之夭夭，有蕡②其实。之子于归，宜其家室。

桃之夭夭，其叶蓁蓁③。之子于归，宜其家人。

[注] ①归：出嫁。②蕡（fén）：草木果实繁盛、硕大的样子。③蓁（zhēn）蓁：草木茂盛的样子。

请从比兴手法运用的角度赏析全诗。（6分）

_____

_____

_____

【答案】

①以"桃之夭夭"起兴，通过铺垫和渲染，热烈而真挚地表达了对新娘的赞美和祝福。②以桃设比，通过对桃花、桃实、桃叶的描写，在赞美新娘美丽贤淑的同时，从不同的角度祝福新娘婚后夫妻和睦、子孙繁衍、家族兴旺。③全诗联想巧妙，形象鲜明，桃花是灼灼、桃叶是茂盛，意趣盎然。

另，联想想象和虚实结合有本质的重合。"对写"就是不直接由自身说起，不是从眼前写起，而是换个角度，从对面入笔、从对方写起，"遥知兄弟登高处，遍插茱萸少一人"即是，本质也是虚实结合，故此二种手法理解难度不大，不单作解释。

例析 **2**

阅读下面陆游的两首诗歌，完成下列小题。

北 窗①

白首微官只自囚，青灯明灭北窗幽。

五更风雨梦千里，半世江湖身百忧。

壮志已孤金锁甲，倦游空揽黑貂裘。

灞亭夜猎②犹堪乐，敢恨将军老不侯。

野饮夜归戏作③

青海天山战未鏖，即今尘暗旧戎袍。

风高乍觉弓声劲，霜冷初增酒兴豪。

未办大名垂宇宙，空成恸哭向蓬蒿。

灞亭老将归常夜，无奈人间儿女曹！

[注] ①《北窗》作于淳熙七年（1180年），作者时任朝请郎（正七品）提举江南西路常平茶盐公事。②《史记·李广列传》记载："顷之，家居数岁。广家与故颍阴侯孙屏野居蓝田南山中射猎。尝夜从一骑出，从人田间饮。还至霸（灞）陵亭，霸陵尉醉，呵止广。广骑曰：'故李将军。'尉曰：'今将军尚不得夜行，何乃故也！'"③《野饮夜归戏作》作于淳熙九年（1182年），作者当时闲居浙江山阴县。

1. 下列对两首诗的理解与赏析，正确的一项是（　　）（3分）

A. "北窗"诗首联写白首伴青灯，营造了凄清的氛围，奠定了全诗的基调。

B. "野饮"诗首联写眼前旧时的戎袍依然带有边关鏖战的征尘，虚实结合。

C. 两诗均写"风"，第一首写风雨相袭，人生多艰；第二首写风高霜冷，语势低沉。

D. 第一首以"北窗"入题，点明抒情对象；第二首题目中"戏作"二字，意味深长。

【答案】

A

【解析】

B项说"眼前旧时的戎袍依然带有边关鏖战的征尘"并非虚实结合，而是旧戎袍上落满了灰尘，说明作者已经好久没穿过，体现郁闷之情。

C项说"第二首写风高霜冷，语势低沉"不正确，"霜冷初增酒兴豪"明显是作者有勃发的豪情。

D项第一首诗"北窗"并不是全诗的抒情对象，只是引入的意象而已。

总 结

诗歌选择题依据对全诗的理解，设错点是在理解基础上对内容、形象、技巧、情感的各考点的偏离，依然是"比对"的过程。

2. 两首诗的尾联都用了"灞亭夜猎"的典故来抒情。请根据诗歌内容，分析其所表达情感的异同。（6分）

_____

_____

【答案】

相同点：两诗中作者都借"灞亭夜猎"的典故，表达了对李广的同情，抒发了自己壮志难酬的苦闷。

不同点：两诗作者借"灞亭夜猎"所表达的情感不尽相同，《北窗》：作者表面上写灞亭夜猎还可以享乐，不敢为李广年老不封侯感到遗憾，实际上是运用反语，表达了对统治者的不满；《野饮夜归戏作》写战功赫赫的老将失势后遭到小人呵斥的无可奈何，表现了作者对自己与李广相似处境的无奈（自怜）之情。

三）修辞手法

修辞手法不必赘述，大家在一轮复习中一定进行了详细的落实，**注意一点即可：修辞从属于广义的表现手法，表达方式里的描写、抒情也算广义表现手法。** 所以诗歌、散文赏析时，题干问到"表现手法"之时，可以按先"狭义"（对比、衬托、比兴、用典等）后"广义"的步骤思考。

四）结构技巧

和散文阅读基本没有差别，诗文同理便是。

二 重难点解析——表达技巧题、审答规范

（一）细审题——明确题型和范围

题型	从题干提问的形式来看，题目类型主要有两种：明考型和暗考型。所谓明考型，就是直接要求答出表达技巧，题干中明确含有"艺术技巧""修辞手法""抒情手法""表现手法"等明显信息。所谓暗考型，就是题干中不直接含有"艺术技巧""表达技巧"等提示，而是以"如何写""怎样写""如何表现""请赏析"等用语来提问。对于暗考型，答题时必须有表达技巧在其中
范围	指鉴赏范围的大小。诗歌依照范围大小，分为局部型和全诗型。局部型是指对诗歌的某句、某联（阕）等表达技巧的判断，全诗型是指对全诗的表达技巧的判断。分清范围对做题大有帮助。"整体看手法"，意谓鉴赏全诗的表达技巧首先从表现手法角度切入；"局部看修辞"，意谓鉴赏局部的表达技巧首先从修辞手法角度切入

（二）准解答——运用解题"三步骤"

虽然表达技巧分为四大类，每大类又分多种技巧，但从高考及解题实际看，其解题步骤是一样的，均需采用"三步骤"。

第一步 明技巧	品读诗歌，明确诗意，结合诗中相关信息，明确所运用的表达技巧
第二步 释运用	结合具体诗句，说明如何运用表达技巧
第三步 析作用(效果)	分析表达技巧在形象、意境、结构、情感等方面的作用

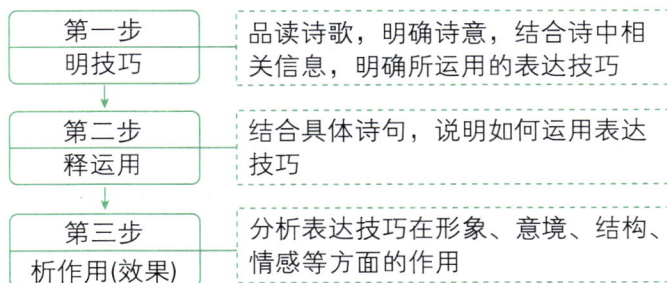

说明：　①若题干中已明确表达技巧，"第一步"可省略。②作答时"第二步、第三步"可以合并，也可以调换顺序。

例析

阅读下面宋诗，完成后面的题目。

雕鹗在秋天

范仲淹

秋汉寥寥迥，雄心肯木栖。

人间正摇落，天外绝攀跻①。

月兔精应丧，阳乌影欲齐。

长河匹练小，太华一拳低。

下眄群毛遁，横过百鸟睽。

乘风俊未已，空阔玉关西。

[注] ①攀跻：攀登。

这首诗的第七、八两句手法精妙，请简要赏析。（6分）

_____

_____

_____

【答案】

①运用比喻修辞，将长河比作匹练，将太华山比作拳头，生动地写出了雕鹗眼中山河的渺小；②运用衬托，以山河的渺小衬托出雕鹗的飞翔之高、气魄之大；③托物言志，借雕鹗的高飞秋汉、睥睨山河，寄寓了诗人渴望在广阔天地施展抱负的远大志向。

三 解题模板

（一）精准依问作答（诗文同理，务必当真）

（二）无一处无依据（答案从诗歌中来）

1. 先观点后理由

解题时先表明观点，再陈述理由。

> 例析 ▶

阅读下面的词，回答问题。

菩 萨 蛮

李白

平林漠漠烟如织，寒山一带伤心碧。暝色入高楼，有人楼上愁。

玉阶空伫立，宿鸟归飞急。何处是归程？长亭更短亭。

关于这首词表达的内容，有人认为是"游子思归乡"，有人认为是"思妇盼归人"，也有人认为二者兼有。你的看法如何？请简要说明理由。（6分）

【答案】（前为观点，后为理由。）

A. 游子思归乡。一、二句是游子眼前所见之景（细）；三至六句是游子触景生情，设想家人盼望自己归去的情景；最后两句表达游子感叹旅途漫漫，归乡无期，更添愁苦。

B. 思妇盼归人。上阕写思妇见晚景而生愁情；五、六句写思妇伫立玉阶，见鸟归而怀念游子；最后两句写思妇设想游人归途艰难，感叹相逢无期。

C. 二者兼有。全词以游子思归乡和思妇盼归人相互渲染，传达了"一种相思，两处闲愁"的情思。

2. 先分后总式

答习题时，先分说后总说。

> 例析 ▶

阅读下面的唐诗，回答问题。

过香积寺

王维

不知香积寺，数里入云峰。

古木无人径，深山何处钟。

泉声咽危石，日色冷青松。

薄暮空潭曲，安禅制毒龙。

问：该诗第5、6句的诗眼分别是哪两个字，解析之。（4分）

_____

_____

【答案】

诗眼分别是"咽"和"冷"。山中的流泉由于岩石的阻挡，发出低吟，仿佛呜咽之声；照在青松上的日色，由于山林的幽暗，似乎显得阴冷。【结合诗句，具体分析两字的妙处，先分说。】"咽"和"冷"二字绘声绘色，精练传神地显示出山中幽静孤寂的景象。【结合全诗的意境分析其妙处，再总说。】

注意： 炼字就是炼意，就是炼形象，炼情感。

3. 先总后分式

答习题时，先总说后分说。

> **例析**

阅读下面的宋诗，然后回答问题。

秋　夜

朱淑真

夜久无眠秋气清，烛花频剪欲三更。

铺床凉满梧桐月，月在梧桐缺处明。

此诗无一"情"字，而无处不含"情"。请从三、四句中找出最能体现诗人感情的一个字，并在对全诗整体感悟的基础上，简要分析这两句诗是如何营造意境的。（6分）

_____

_____

【答案】

"凉"。"凉"字既写天凉，又写心境的孤寂【先总说】。由床上之月写到天上之月，过渡巧妙；凉床、月影和梧桐共同凸显了作者此时的心境，共同营造出孤寂、凄凉的意境。【后分说】

例析

阅读下面的宋诗，完成 1、2 题。（2019 年全国 1 卷）

题许道宁画①

陈与义

满眼长江水，苍然何郡山？

向来万里意，今在一窗间。

众木俱含晚，孤云遂不还。

此中有佳句，吟断不相关。

［注］①许道宁：北宋画家。

1. 下面对这首诗的赏析，不正确的一项是（ ）（3 分）

A. 这首题画诗写景兼抒情，并未刻意进行雕琢，却能够于简淡中见新奇。

B. 山水是这幅画的主要元素，特别是江水，占据了画面上大部分的篇幅。

C. 诗人透过一扇小窗远距离欣赏这幅画作，领略其表现的辽阔万里之势。

D. 颈联具体写到苍茫暮色中的树木与浮云，也蕴含了欣赏者的主观感受。

2. 诗的尾联有什么含意？从中可以看出诗人对这幅画有什么样的评价？（6 分）

_____

_____

【答案】

1. C

2. 第一问：画中蕴含着诗意，但无法用语言准确表达。

第二问：这幅画意境深远，韵致悠长，令人玩味不已。表现了对画作以及作者的欣赏之情。

【解析】

1. "透过一扇小窗远距离欣赏这幅画作"过于断章取义，应是作者把此画比作了"一扇小窗"。

2. 先理解"佳句"含有的情感，"此中有佳句"句式与"此中有真意"颇相似，也有"欲辨已忘言"之感，表达诗人对画作浓缩了万里江山精髓的高度赞叹；再理解"吟断"，"吟断"意为"吟尽"，可见诗人从画中获取了源源不断的灵感，然而吟尽诗句，依然觉得"不相关"，不能把画作的精妙之处传达出来；从中可看出诗人认为这幅画意境深远，值得细细品味。

四 创新题前瞻

创新点：本题设问方式新颖，既考查表达技巧又兼顾语言特色，二者巧妙结合。

阅读下面的宋词，完成题目。（6分）

临江仙·再用韵送祐之^①弟归浮梁

辛弃疾

钟鼎山林都是梦，人间宠辱休惊。只消闲处过平生。酒杯秋吸露^②，诗句夜裁冰^③。

记取小窗风雨夜，对床灯火多情。问谁千里伴君行？晚山眉样翠，秋水镜般明。

［注］①祐之：辛祐之，辛弃疾的族弟。②酒杯秋吸露：运用典故，"河东项曼斯好道学仙，委家亡去，三年而返。曰：'去时有数仙人，将我上天，离月数里而止。居月之旁，其寒凄怆。口饥欲食，辄饮我流霞一杯。每饮一杯，数月不饥。'"形容一个人秋来饮美酒的惬意。③裁冰：比喻构思新颖、精巧。

这首送别词结尾写景抒情既柔美又不失洒脱豁达，极具辛词特色，请简要赏析。

_____

_____

【答案】

①写景抒情的柔美处，作者运用比喻把山比成了美女的眉毛，把水写成了明镜，选取了具体可感、小巧清新的意象来描写，可谓柔美。

②洒脱豁达之处，想象弟弟一路有山水相伴，可以消除旅途的孤寂，增添旅行中的美好，送别之作而无悲伤之态，可谓洒脱豁达！

第三部分
作 文

写作，特别是考场写作，是一个系统工程，涉及对写作材料的审读，对材料中关键问题（话题）的认知，对自身积累的调动，对语言文字的打磨等，是典型的"牵一发而动全身"的活计，故从来有高考"第一题"之称。可是很多同学却"辛苦多年，收获无几"，主要原因就在言之无物、言之无序、言之无文。言之无物则空，言之无序则乱，言之无文则行而不远，此三者顺序而行，有先后又不可偏废。此作文专项力争解决这个老大难问题，可让同学张开双臂说：高考作文，想说爱你也容易。

大家记住下面三句话，考场写作就会在正确的基础上向深刻、条理、文采项迈进（一类文）。

1. 阅读能力和写作能力一样重要，培养你的"敏感度"。

2. 写作看的是思维+论据+文笔，不可舍本逐末。

3. 有我（即你的思考、认知），这个问题很关键。

所以首先来看高考作文的**评分标准**，要知道考场作文是务必完成的写作任务，要知道"干活不由东，累死也无功"。

第一章　解读高考作文评分标准

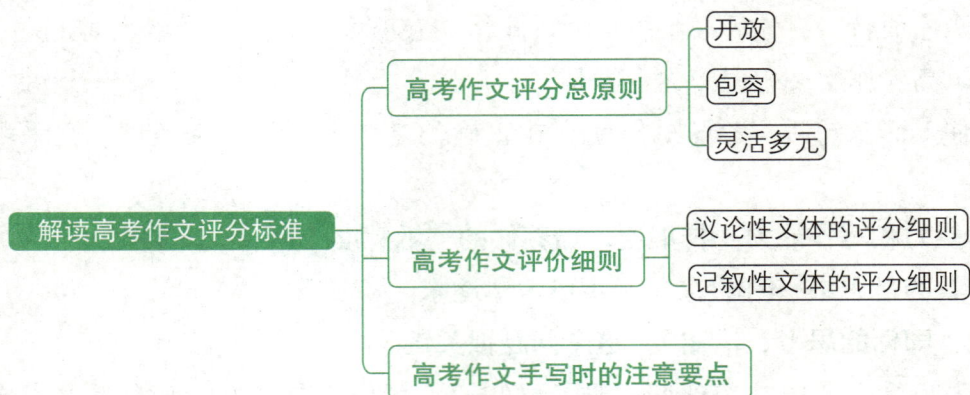

```
                              ┌─ 开放
            ┌─ 高考作文评分总原则 ─┼─ 包容
            │                   └─ 灵活多元
            │
解读高考作文 ─┼─ 高考作文评价细则 ─┬─ 议论性文体的评分细则
评分标准     │                   └─ 记叙性文体的评分细则
            │
            └─ 高考作文手写时的注意要点
```

表格说明高考作文评分标准

	一等（20~17分）	二等（16~12分）	三等（11~7分）	四等（6~0分）
内容 20分	切合题意 中心突出 内容充实 感情真挚	符合题意 中心明确 内容较充实 感情真实	基本符合题意 中心基本明确 内容单薄 感情基本真实	偏离题意 中心不明确 内容不当 感情虚假
表达 20分	符合文体要求 结构严谨 语言流畅 书写工整	符合文体要求 结构完整 语言通顺 书写清楚	基本符合文体要求 结构基本完整 语言基本通顺 书写基本清楚	不符合文体要求 结构混乱 语言不通顺、语病多 字迹潦草难辨
发展等 级20分	深刻 丰富 有文采 有创意	较深刻 较丰富 较有文采 较有创意	略显深刻 略显丰富 略有文采 略显创意	个别词句有点深刻 个别细节例子较好 个别语句较精彩 略显个性

说明：　1. 内容项以"题意""中心"为重点。

2. 表达项以"结构""语言"为重点。

3. 发展等级不求全面，下列4项中有一项突出者即可给高分。

　　深刻：透过现象深入本质，揭示事物内在的因果关系，观点具有启发性。

　　丰富：材料丰富，论据充分，形象丰满，意境深远。

　　有文采：词语贴切，句式灵活，善于运用修辞手法，文句有表现力。

　　有创意：见解新颖，材料新鲜，构思精巧，推理想象有独到之处，有个性色彩。

4. 无标题，扣2分；字数不足的，每少50字扣1分。

5. 确认为抄袭的作文，内容项、表达项在第四等之内评分，发展等级项不给分。

具体解读

（一）高考作文评分总原则：开放、包容、灵活多元

所谓"开放"：在审题正确的前提下，阅卷组对立意事先不作规定，完全根据学生作文的实际，只要不踩思想的"红线"，都应得到公正的评价；这里的"红线"指的是与社会道德、法律相违背的观念。比如，在以"假"为题的作文中，一位学生辩称仿造名牌和盗版的行为"给大众带来了实惠，因而也有存在的价值，不应一棍子打死"，这种观点显然丧失了最基本的法律和道德的底线，自然是 24 分以下。

所谓"包容"：首先，阅卷老师不能以考生作文的观点、喜好是否与自己相悖来决定分数的高低，只要考生能够自圆其说，就应该给予相应的分数，如 2021 年上海卷作文，考生对流行文化加以肯定，列举周杰伦等流行歌手，分析了他们存在的价值，只要言之有据，言之成理，就是优秀的文章。其次，阅卷老师也不能因为考生作文中流露出一些不够积极的思想（如内心的种种苦闷迷茫）而一概予以否定，这些思想往往更为真实，有时甚至更成熟。第三，除经查证全文抄袭外，不给零分；除非审题错误或尚未成文的，不轻易判为不及格。第四，不要以成熟的创作作品标准来评价学生的考场作文。

所谓"灵活多元"：高考作文文体不限，对各种文体的评价标准也要多元化，鼓励考生根据自身所长灵活运用不同文体和不同风格的语言。考场作文，考生一般的写作时间只有 45 分钟，对这种"急就章"的评价不能太严苛；作文只是中学生学习写作的习作，一类卷乃至满分作文都应该允许有不足甚至缺陷。我们认为，这样的标准有利于鼓励学生放手写作，放飞思想，保持并提升写作兴趣。

（二）高考作文评分细则

在实际操作中，阅卷组一般会根据当年作文题目，确定评价思路，制定相应的评分细则，包括对不同文体的不同评价要求。这样做，是为了使评价标准更便于操作，使阅卷老师评阅时能将尺度把握得更加准确，同时也能更好地执行"开放、包容、灵活多元"的评价原则，尽可能让考生在限制中取得最大的自由。

一般而言，考生使用最多的文体是议论性文体，其次为记叙性文体。这两类文体的评价标准有明显的不同，所以"评分细则"分别制定了切实的标准。

1. 议论性文体

本书的讲解重点也是议论文的写作！

总的来说，两类作文能够获得一类分（**全国卷 51 分以上，北京卷 42 分以上**）。**一是思想深刻、结构严谨、论据充实的作文。二是在上述三点标准中某一点有所欠缺但观点或思考角度独特，或论据典型、具象的（三点标准后面会详述）**作文。思想深度，并非高不可攀，阅卷评价时并不一定要求你的思想深刻到别人难以企及，主要看你论述是否有层次，层次是否能推进，推进是否有逻辑；或者你的思想是否在当年高考作文中与众不同、耐人寻味，因

为独特的思考往往本身就是深刻的体现。换言之，两类作文能够获得一类卷：中规中矩思想深刻的；与众不同的创新作文。当然，后一类作文在结构、语言方面也要比较优秀。

2. 记叙性文体

这类作文的一类卷和议论性文体评价最明显的不同有三点。

第一，议论文要求主题鲜明，记叙文则要求"紧扣题意，感情真挚，寓意深刻、有回味，结构严谨，情节丰富生动，描写生动形象，语言畅达"。显然，主题鲜明的记叙文未必能够得到高分。

第二，议论文要求既要提出问题，又要分析问题甚至解决问题，而记叙文则要求能够在文中形象地提出问题，引起读者的思考，这样也能成为上乘之作。

第三，如果命题形式是材料作文，则写议论文需要交代观点与材料的联系，而记叙文则不必一定交代，而是应该以叙述描写或水到渠成的抒情来暗示主题，专门用一段文字交代文章和材料的关系反而会不伦不类，影响得分。

▶ **例析**

阅读下面的材料，根据要求写作。（2023 年新高考全国 1 卷）

好的故事，可以帮我们更好地表达和沟通，可以触动心灵、启迪智慧；好的故事，可以改变一个人的命运，可以展现一个民族的形象……故事是有力量的。

以上材料引发了你怎样的联想和思考？请写一篇文章。

要求：选准角度，确定立意，明确文体，自拟标题；不要套作，不得抄袭；不得泄露个人信息；不少于 800 字。

分析：命题材料并不复杂。陈述对象是"好的故事"，陈述话题是"好的故事"的作用和价值。表层即有益于表达和沟通，深层即改变个人命运、展现民族形象。总之，好的故事有力量。

写作任务也较为简单。"好故事有力量"这个判断引发了哪些联想和思考。"联想"意味着要关联呈现一些好的故事，"思考"意味着要挖掘这些好的故事的力量源泉。基于这个理解，文体宜写成议论文。若用记叙文，则联想有余而思考呈现有可能不足。

● **范文1**（议论文　括号内加色文字为批注）

好的故事是天下人讲述的

（题目可以更切题一些，目前有点松散，不太能体现核心论点。可以确立表里、形质关系。）

拿破仑说过："这个世界上有两种强大的力量，一种是利剑，一种是思想，从长而论，思想要比利剑强大得多。"看来故事的力量是排不进一二名的，但是，如果赋予利剑和思想以故事，那力量也就更强大了（段尾写一个比较精辟的句子作为中心论点会更好。）

譬如季札挂剑的故事。季札是春秋时吴国公子，他出使晋国，"带宝剑以过徐君""徐君观剑，不言而色欲之"，季札知其心，也就"心许之"，打算完成使命便回来赠剑于徐君，何曾想返回时徐君已死，于是季札"以剑带徐君墓树而去"，徐人嘉而歌之："延陵季子兮不忘故，脱千金之剑兮带丘墓。"这真是一个有力量的好的故事。季札的剑乃"吴国之宝"，固然有强大的力量，但若没有配着这样一个故事，他的剑再锋利，也抵不过时间的锈蚀，但有了故事做引子，这把剑就留在炎黄子孙的文化记忆里。当然，留下的与其说是剑，不如说是季札那雍容而高雅的贵族精神，当然，这种贵族精神的内核其实是诚信重诺的思想。（**故事是色香俱全的美食，思想是无法忘怀的回味，正好和主旨衔接。这段写得好。**）

思想比利剑强大得多，尤其是赋以故事的思想。若思想是蛋糕坯子，那故事算是奶油，奶油蛋糕比蛋糕坯子值钱。当然，倘若蛋糕坯子小而奶油多，是立不住的，会塌成一摊。故事是个花架子，为的是把思想之花架起来。贾府的兴衰，宝黛的聚散，令人唏嘘，但曹雪芹在悼红轩中"批阅十载，增删五次""满纸荒唐言，一把辛酸泪"背后的人生世相之理才是根本。（**分析总结到位。**）

因此，固然故事有力量，但力量终究源自故事深处的思想。故事扎痛心灵的，是肉中那根思想之刺。讲好一个故事，远没有故事有硬核重要（**这里可以再简单铺陈举例一下。**）故事往往有欺骗性，动人的是故事里的事实与思想，还是故事的讲述方式？对于生活在信息茧房里的现代人来说，这是首先要明白的。

故事也罢，思想也罢，其深处总归是人。思想对了，人就对了。人对了，故事就精彩，否则，故事终究是个事故。但凡人间事故，除了天灾，哪个事故里面没有坏人呢？而不少天灾，其实也是人祸。（**这里有点跑偏，可以强调最终由好故事获得好思想，好思想对人、社会、国家和民族的重要作用，来作为文章的升华。**）

故事的硬核在人，推而广之，则宏大叙事的硬核在天下人。陈毅说过："淮海战役是人民群众用小车推出来的。"据统计，淮海战役66天中，前后共出动民工543万人。（**此段"联"得亦不甚明显。**）

可见，最有力量的好的故事总是天下人讲述的。

● 范文2　（记叙文　括号内加色文字为批注）

故事的力量

同学们好：

很高兴能给我们光明中学的同学做一次分享，我今天交流的主题是——故事的力量。我是省委党校的周老师，我的另一个身份是"感动中国人物事迹报告会"的兼职讲师、不取酬劳的兼职讲师（**开始就要创设情境。**）

同学们一定好奇，周老师为什么喜欢给大家做报告、讲故事呢？是因为好的故事是可以触发大家的感悟、升华大家的思想，从小的方面说能改变一个人的认知、命运，像莫言因听故事而产生写故事的欲望；从大的方面说能改变我们的民族和国家，像毛主席、周总理的故事。千万不能忘记一句话"未来已来，过去未去"，故事中有对真善美的歌颂、有对假恶丑的鞭挞，可成为同学们的良师益友、远航的灯塔，一句话——有故事不迷路。

分享一个30年前我11岁时的故事。那时老家生活穷苦，但颇有田家野趣的快乐，我最喜欢去东邻居大哥家玩耍，因为他家不仅有象棋扑克，还有故事。大哥是我们村的学问人，能讲一回回的西游记，还每次都不一样。大哥还是在县城邮局上班的人，每天骑自行车来回50里路上下班，总之大哥就是我儿时的传奇。一个冬天的早晨，我去上学时，碰到大哥骑车出门，天很阴、北风呼啸。**（记叙文得突显描写。）** 我喊大哥并告诉他晚上放学等他讲故事，我和小侄子都在惦记孙悟空他们是咋过火焰山的。"得嘞！"大哥响亮地回答着，单车一溜烟地从我身边飞过。

老天爷真心不作美，中午雪就来了，起初似盐粒儿，继而像鹅毛，好一派银装素裹的北国风光。可是我无心赏雪，这么大的雪，大哥咋回来啊，我的"火焰山"！放学后我拔腿就跑，直接到大哥家，没见他的影子；只见到嫂子和小侄子，嫂子在切白菜，要炖豆腐，等大哥回家吃。我很失望，这么猛的雪，大哥能回家吗，外头雪已经半尺厚，骑车回来太危险。嫂子说，现在才五点半，你哥刚下班，他会回来的，下雪也会。于是我带着小侄子去村口接大哥，我们村没有一部电话……

村口北风烟儿雪，11岁的我带着6岁的小侄子翘首期盼着大哥的身影。天已经完全黑了，我俩冻得搓手跺脚，这时远处一个人走过来，近了近了，是大哥，我们欢呼雀跃，迎了上去。大哥走了25里地，整整花了2个半小时，头发、眉毛都是雪白，棉裤腿儿都冻得直挺挺的，嘴里直冒白气。我们兴奋地小跑着回了家。到现在我都记得大哥进门时和嫂子对视的眼神：好暖好暖。让我领悟了相信产生的力量，这就是故事的力量，改变我的力量。**（故事的内容描写很重要，但关键是后面的感悟一定要丰富和深刻。要有充分的议论和抒情，这里有欠缺。）**

所以，长大后的我坚持每个月宣讲中国故事。袁隆平、黄旭华、屠呦呦、牛玉儒、李保国、黄文秀，他们的故事各不同，他们的故事又相同，都是对自己、对人民相信、付出和担当**（这里是升华。）** 这些可歌可泣的英模和我村里的大哥大嫂一样，都有许多充满正能量的好故事，有了他们，我们国家会有更多更好的故事发生。

谢谢大家。

点评

这两篇作文都是2023年新高考全国1卷的考场文，一议论文、一记叙文，二者文体区别明显；得分都在50分左右，属于同学可以分析拆解、不难超越的类型。该议论文在条理、分析上出现了一些问题，该记叙文在抒情、议论上又有些才气不足，这是其缺点；但是两篇文章都较好地完成了写作任务——"好的故事有力量"，且都有亮点出现，所以还属可圈点的考场作文。

（三）高考作文手写时的注意要点

阅读下面的材料，按要求作文。

有人说：人与人相处，需要将心比心，所谓"推己及人""己所不欲，勿施于人"，就是在讲述待人之道。

有人说：研读古人，也需要将心比心，所谓"知人论世"，就是要将古人还原到彼时彼刻。

也有人问：需要"将心比心"的仅仅是人吗？

还有人问："将心比心"一定对吗？

请以"将心比心"为题，自选角度，自定立意，写一篇议论文。不少于 800 字。

手写范文

将心比心

"将心比心"说的是由己及人，互相理解，从而达到意志相通的境界。这样的将心比心大约是无疆无垠的，无关身份、地位、角度。从人与人的相处，人与自然的命题，人与古人的将心比心，乃至人与自然的将心比心关乎人的命运，不可不慎。

古中国古人讲求天意，古有言"一切景语皆情语"，这便是从人出发的"推己及人"了。故有"感时花溅泪，恨别鸟惊心"，"相看两不厌，唯有敬亭山"。也许诗人对草木没有春泪，山与诗人也没有真真实实地相看流泪，就像一个人通过天地、山川、花鸟那述若数，形成一个概念，当我们一边起来，一边去看青山绿水，便全获得宽慰，那时便明白，这疑水的两湖就是人与自然的将心比心。

所以如今再看"六月飞雪"，三生石畔"天人合一"，"天人感应"是不可分的。只有能与自然身边的联系，正确认识身边的美，方能明白自然与人本是出发的人生之道。因为天道与人道本可分。

那么自然也会这么有密的可？倘若从"人"真的有主观的思考与人之初？从以"天"真正让主义，因为科学的"规律"，这是其中能够为我们的这种"和律"，这是牛顿与人的伟大，能够为我们……人物伦理的巨大灾难，我们眼前：过度捕捉、森林开荒、全球变暖、大气污染……我们归结其原因为"破坏自然规律"，当我们面临的问题，是否也可以将其看作是因此，我们相信自然对我们身心的感应，是一种迷信，影响我们的"将心比心"，是一种迷信，影响我们对自然的将心比心，是对自然的品格、美。

人与自然的关系是一种微妙的，因为这个命题关乎人类的未来。无论科技多么发达，我们终究不能断与这个有着我们至今的大自然的联系。正如我们与人的关系，也许百分百做不到，但让我们大自然百分百地和我们做到，我们就求之要不过吧！让和谐永远成就我们的生存空间。

高考作文书写的注意事项

（一）重视书写准则

1. 不写错字

2. 不写别字

在考场中，当你拿不准某个词语怎么写时，应该果断地换成另外的词语——用不可能有错字或别字的词语来代替。如，"肯綮"可以换成"关键"。

3. 尽量不写"网络语言"，不写外语

要慎用网络语言，因为高考作文是真正的语文"大雅之堂"，如果采用带有网络色彩的语言，对纯正的汉语是一种挑战，会得不偿失。

另外，不可写外语，因为高考作文本身是汉语的写作，要体现汉语言文字本身表情达意的动人魅力。

（二）保持卷面整洁

1. 达到基本的书写要求

忌写连笔字，忌写细长、不稳定的字，忌忽大忽小，忌挤扭成团；字形要大致统一，笔画少的字也不要挤在一起。

2. 写错时一笔画掉、不可使用涂改液

如手写范文的第 4 段第 5 行的"才"字多余，一笔画掉即可；第 5 段第四行"天谴"的"谴"字写错，画掉后写出正确的即可。

（三）熟练使用标点符号

1. 熟悉各标点符号的正确用法，注意标点的书写位置

像句号、分号、逗号、顿号、冒号、问号、感叹号等不能放在一行之首的标点符号，可以将这些标点放在上一行的末尾；像前引号、前括号、前书名号等不能放在行末的标点符号，可移至下一行的行首；省略号、破折号占两格，不要简化成占一格，也不能断开。

2. 不能随意写标点

注意不要一个逗号到底，或者把句号写成黑点。

3. 注意停顿的层级

由短到长的停顿，依次用顿号、逗号、分号和句号。

（四）控制字数

1. 字数不够 800 字

按评分标准，每少 50 个字就要扣 1 分。实际上，字数不够往往会被认为内容单薄，分数很难提升档次。

2. 字数太多

洋洋洒洒千字以上，会给人以臃肿的感觉，阅卷者对此也会反感。

第二章　作文言之有物——立意、选材

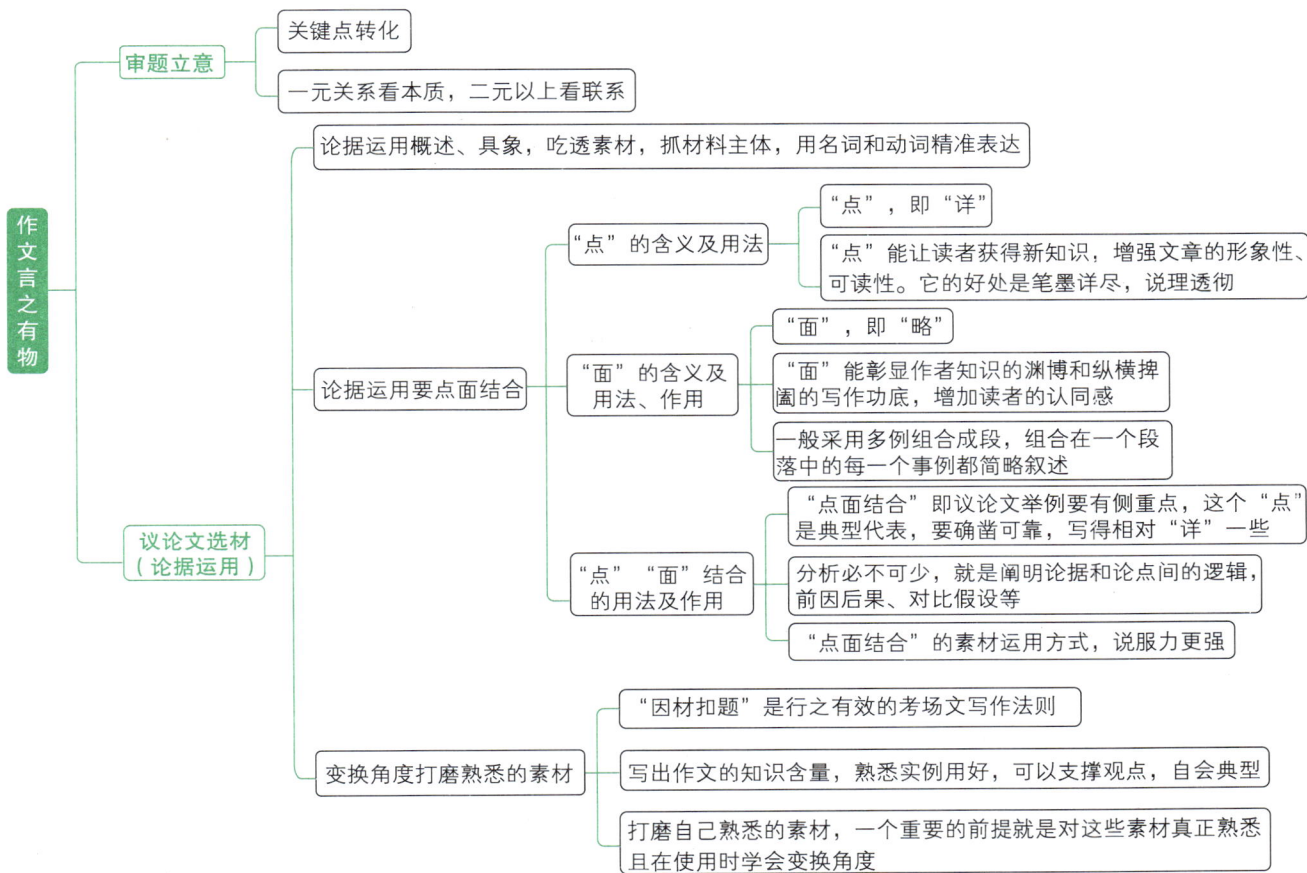

一 审题立意

（一）关键点转化

关于审题立意，同学务必知道以下三个要点：**一是考场作文的材料和要求中定有立意的方向；二是找准关键词，进而转化（不必纠结是话题作文还是材料作文）；三是立意先求准确、正确，再求集中、深刻、新颖。**

关键在于立意上除了"新"，更要"深"。写自己的生活，要于细微处、平淡处领悟浓厚的情感和思索，写社会现象、自然哲理亦然。

另外，要注意材料类命题作文。所谓材料类命题作文，指的是试题明确给出写作题目的同时附有提示性材料的一种命题方式。这种命题方式不仅兼具了材料作文、话题作文和命题作文的优点，而且体现了命题者对考生的人文关怀。**这一特点就要求我们在审题立意时既要通观材料，把握好材料的内涵，又要结合题目，吃透文题本身来确定立意和写作重点。** 因为材料既是对写作一定的提示，同时也是对立意和写作范围的限制。

对于材料类命题作文，同学往往只注重题目而忽视材料，因为题目比材料更直观。但是忽视材料的存在，往往是造成审题立意偏颇的主要原因。这里的材料绝对不是可有可无的，材料往往隐藏或暗示着写作的方向。在材料类命题作文写作中，要把"材料"与"命题"二者兼顾，明确二者间的关系。

一般来说，两个组成部分之间可能存在着如下几种关系。

1. 导入关系，即命题人通过材料的指向，一步步引出命题本身。

2. 解说关系，即命题人通过材料对命题加以必要的阐释说明，一般是借助材料来阐释命题所包括的内涵或命题所涉及的范围。

3. 限制关系，即命题人通过材料对命题的内涵或外延适当加以限制，或者对写作侧重点予以暗示，以避免命题过宽或过窄。明确两部分之间的关系，是我们审题立意的一个重要环节。

以 2023 年北京卷议论文为例，析之。

"续航"一词，原指连续航行，今天在使用中被赋予了新的含义，如为青春续航、科技为经济发展续航等。

请以"续航"为题目，写一篇议论文。

要求：论点明确，论据充实，论证合理；语言流畅，书写清晰。

初听"续航"一题，感到宽阔无边，一时间无从下手；再细看题干，又有多种思路涌现。本着"考场文宜单条深入"的原则，展开对《续航》的破题思路和辨析角度。

首先，从字面上来看，"续航"指"继续航行"。这一行为并非开端或结果，而是过程：要先有"航行"，才能再"续航"。那么，前一阶段的"航行"代表着什么？这里有很大的阐发空间，且能为后文意义升华或深入辨析进行铺垫。

如：前期的"航行"指知识的汲取，那么"续航"能够丰厚个体的学养，进而完善自我并成就个体价值，最后，无数个体的"续航"能够为行业、领域乃至国家和民族的腾飞助力，这样论据也不会缺乏。

其次，**为何"续航"？** 这一条分支如若成文，则应当体现为"证明前阶段航行是正向且有利的"。注意：正向在先，有利在后。因为方向为先，在正确方向上做出大有裨益之事为后。

如：关于"正向"的思考。"黑船来航"为日本打开了一扇所谓"前途光明"之门，几代人持续"续航"，把军国主义深深烙印在国民心中，可这条路注定害人害己，方向都错了，加速"续航"也是加快灭亡的速度罢了。

关于"有利"的思考："民科之王"雷绍武涉足数理化等多个领域，试图以其理论重新架构物理学，然而谬论的终点注定是满纸荒唐言。他为了"学术开拓"不断"续航"，但于己于人无利，于学术无助，于国无益，自然是不可取的。

　　然后应当想到，"航行"是需要动力（燃料）的，**那么文中所选的"前阶段航行"和"续航"的动力也要有所体现。** 这里的动力可以上升到意识层面，与第一点"航行指的是什么"结合。当然，你我作为文章的作者，既可以是"续航"的主体，也可以是"续航"动力的提供者，不过后者气魄更大、视角更宽，孰优孰劣一目了然。（**此之谓抓住材料的关键词。**）

　　如：为何有充足的动力航行？因为心中怀有对知识的渴望，怀有充实自我、提升自我的志向。进行"续航"，动力何来？视野拓宽，胸怀敞开，逐渐转为对学术的开拓和建设，进而为国家乃至为人类而奋斗在学术前沿。

　　此外，我们常见"某某电动汽车续航里程再创新高"的宣传广告语。在现代汉语的语境里，"续航"通常被理解为汽车等交通工具所具有的持续行驶的能力。由此可以联想到，汽车续航有两种方式：增大电池容量和提高能源利用率并减少损耗。类比到行文，试想这是否能应用于结尾处的辨析当中？

　　如：青年不断学习充实知识，固然是为自身发展续航；那么选择自己真正热爱的领域，岂不是能事半功倍、久行不息？（**可联想到"高考状元钟芳蓉投身考古"一例。**） 青年不断成才投身建设，固然是为国家发展续航，那么人尽其才，才尽其用，把合适的人安排在合适的岗位上，每个个体都得以施展全部能量，岂不是步履稳健、腾飞可待？

　　我们先入为主地认为，续航都是自主自愿的，都是被"航行"的主体认可的，那么反向的情况是否存在？（多想一步。） 假设阁下窝在桌前苦战解析几何一小时，好不容易找到了可靠的思路，此刻令堂手持一杯牛奶破门而入，声称"补充营养，给学习续航"。从客观上来讲，苦学后稍事休息补充能量是符合科学规律的，此牛奶本应是你抖擞精神再航题海的"能源"；但从主观上来看，思路和节奏被打断却十分要命。由此是否可以探讨"续航"的主观性和主动性？是否能够给续航的方式方法进行更细致的界定？

　　如：多少家长担心孩子压力大，恨不得从小陪读到老，学习生活事无巨细皆有安排。可失去了父母的规划和照顾后，"衣服不会洗""饭不知道打几两"的生活低能与"学习不自主""作业不到最后期限便不写"的动力低能纷纷涌现。想要长久地良性发展，唯有自主续航，以内驱力确保前行的稳定：个人要有长远且坚定的志向，才能踔厉奋发以提升自我；国家要有明确的规划性和高效的执行力，才能保证自身活力，于世界民族之林中长青。如此写来，就是在"正确"的前提下，做到了"深刻"。

　　上述几条都对实际生活中的"航行"和"续航"进行共性联想，那么也理应关照文中所选的"类比续航"的个性。题干中这样提示到：科技为经济发展续航。不同于电池为汽车续航、油箱为飞机续航的单向性，容易想到作文中所选的"续航"是双向可互动的。不可能要求 A 向 B 无偿地奉献动力，B 也要做出相应的"成绩"来回应乃至反哺 A——双向交流，互为续航动力。（**符合题意的前提下，深刻。**）

　　如：学子成才为国家发展续航；国家腾飞、经济活跃、教育事业不断进步，反过来帮助更多的有志学子汲取知识，最终进入良性循环。科技发展、技术进步，满足人们的更多需求，自然为经济发展续航；反过来看，人们的消费和服务需求表现为巨大的市场和经济利益，这也能为科技迭代推陈出新提供资金。绿水青山和金山银山也是一样的道理。

接下来谈一谈"续航"的方法，就是怎样有效"续航"。同学不能只想到"续航"就得一味地埋头苦干、拼命硬干，符合自身的、有利发展的方法，我们都可以试试，此之谓"有定理而无定法"。

如：毛主席在陕北的小窑洞里分析局势、指挥抗战，倦了不过吃一颗辣椒；撰写文章指明方向，兴致所及也不过馋一碗红烧肉。我辈青年也是如此，绝不是全身心扎进书堆、投身事业就万事大吉，青年学习之余应发展兴趣爱好，在丰富生活的同时还能提高美学修养，收拾精气再出发，何尝不是一种"续航"呢？

（二）一元关系看本质，二元以上看联系

一般来说，作文题目都由材料和要求两部分组成。对材料的审读，这里有两个关键词提醒同学：本质、联系。就是说作文材料只有一则的时候，我们就可以深挖其本质（可以称之为"**一元关系看本质**"）；材料（关键词）有两则以上时，就得看它们之间的联系（**二元以上看联系**），是并列、是因果，还是其他，从而确定立意方向、观点。

例析 ▶

2017年北京卷的议论文，就属于典型的一则材料的类型。

纽带是能够起联系作用的人或事物。人心需要纽带凝聚。当今时代，经济全球化的发展、文化的交流、历史的传承、社会的安宁、校园的和谐等都需要纽带。

请以"说纽带"为题，写一篇议论文。

要求：观点明确，论据充分，论证合理。

"说纽带"一题，具有鲜明的时代性和社会性。（**今后都会这样，要引起大家的注意。**）从题干材料看，"经济全球化发展"需要纽带，让人想到"一带一路"这个重要的国家战略；"文化的发展"需要纽带，让人想到洋为中用、中西合璧的文化课题；"历史的传承"需要纽带，叫人联想传统文化的继承与创新；"社会的安宁"需要纽带，叫人联想社会治理的创新与完善；"校园的和谐"需要纽带，又令人想起校园霸凌、校园风气等一系列社会热点问题……"纽带"的多义性让学生可以自由地选择，**但前提是学生的视野和情怀要依托于"纽带"而生发**（看本质）。

要谈出"纽带"的时代感，就不能只待在教室里死读书，更要关注时代，关注国家，拥有广阔的视野。作为议论文，要展现逻辑性和思想性，又不能局限于搜集信息、了解现状，更要探求其原因与价值，阐释其利弊和方略，拥有当前时代和当下社会主人翁的责任担当，这些都要立足于"纽带"，或阐释其内涵，或论述其意义，不一而足。

● 范文

说 纽 带

纽带有很多，血缘、地缘、共同的理想、经历、利益等，都可能构成"纽带"。小到人际间的往来，大到文明间的交融，纽带关系始终是无法割裂的，它也在历史的演进中扮演了重要的角色。（"纽带"仅仅在历史中扮演重要角色吗？）

数千年以来，文明间的融合让各自"一荣俱荣"。"条条大路通罗马"，当罗马帝国将地中海包揽为"内湖"的时候，欧洲文明开始了第一次交融，同时也孕育出内在的多元性。当大汉使者张骞第一次踏上西域的土地时，中华文明的影响力也开始超越中原，在中亚、西亚乃至更开阔的世界舞台上发挥影响力。即使如东晋十六国、蒙元时期所谓的"乱世"，客观上也起到了通联诸国、各民族文化交融的作用。更不必说，郑和的船队驶向浩瀚无际的大海，将中华的威名和富裕播撒到了南洋、印度洋，文明的纽带借助和平的商贸活动愈发紧密。（少一句总结。）

然而，思考历史，不只是为了记录过往，更在于反思当下与想象未来。不言而喻，人类文明的确在不断进步，其依赖的便是这张不断扩充而又不断更新的大网，它将人与人、国家与国家、文明与文明连接起来。（这就是"纽带"的作用。）但有的时候，只有历经教训，人们才知道若利用不好纽带关系，也会造成历史的创伤。正如哥伦布踏上新大陆的土地时，他没意识到眼前陌生的土著与他有着共同的祖先，在经历血与火的杀戮后，人们才更向往和平，深知联手合作的收益胜过火并。

纽带关联的双方，只有在双方实力相当的情况下才更稳固，这符合当代经济学的逻辑。但并不是所有的关联都要服膺于资本，更具人道情怀的关联往往更有震撼人心的力量。不论是拯救非洲疫病患者和饥荒罹难，还是在印度洋海啸、海底地震等重大自然灾害带来的戕害里救援伤者，联合国维和部队都在第一线发挥了重要作用。中国对于国内的经济落后地区，也持续投入大量资金和人力，展开定点支援与精准扶贫。这样的纽带关系是血浓于水的情谊，强者帮助暂时的弱者，符合的是人道的逻辑，折射的是纽带关联中人性的光辉。

进而言之，历史的进程从来不可能是一帆风顺的，不论西方学者爱讲的"世界是平的"还是"历史终结论"能否继续维系，从长远来看，全球化的趋势与合作一体化的浪潮不可逆转。而关联紧密后，风险的传播也会更快、影响更大，这就需要人们在合作共享的同时，共同担起责任和义务，协力地域可能存在的挑战与风险，尽力维系和睦的纽带关系，这才是纽带关联造福人类的关键所系。

上面这篇考场文，还有提升空间，同学可以思考一下，于何处提升。提示：不是立意方面，是材料、表达层面。**由此可知，立意、选材永远是一回事，考场议论文的核心能力是：用论据（材料）有逻辑的证明观点。**

再来看"两则以上看联系"。如果命题材料是二则及以上，就要看它们之间的联系，其实看完联系还是找本质、找共性。

例析 1 ▶

阅读下面的材料，根据要求写作。（2017 年全国 2 卷）

①天行健，君子以自强不息。（《周易》）

②露从今夜白，月是故乡明。（杜甫）

③何须浅碧深红色，自是花中第一流。（李清照）

④受光于庭户见一堂，受光于天下照四方。（魏源）

⑤必须敢于正视，这才可望敢想，敢说，敢做，敢当。（鲁迅）

⑥数风流人物，还看今朝（毛泽东）

中国文化博大精深，无数名句化育后世。读了上面六句，你有怎样的感触与思考？请以其中两三句为基础确定立意，并合理引用，写一篇文章。要求自选角度，明确文体，自拟标题；不要套作，不得抄袭；不少于 800 字。

2017 年此题一出，引发了一场"文化名言命题热"，此热到现在依然"火爆"。

组合立意推荐

审题时，可以先把各材料的内涵"对译"一下：

材料①　天行健，君子以自强不息——自强、自立

材料②　露从今夜白，月是故乡明——务本（不忘初心）、家国情怀

材料③　何须浅碧深红色，自是花中第一流——自信、自我认同

材料④　受光于庭户见一堂，受光于天下照四方——胸怀、格局

材料⑤　必须敢于正视，这才可望敢想，敢说，敢做，敢当——担当、面对

材料⑥　数风流人物，还看今朝——自信、担当

"对译"完毕之后，就可以按照作文要求"以其中两三句为基础确定立意，并合理引用，写一篇文章"了。立意之时，就得琢磨我们所选的材料之间的联系了，如选材料①和材料④，就可以写"自强和格局是为人做事之前提"，选材料③和材料⑥就写"自信的重要性"等。

当然，也可以写"为人之道或做这样的人"（任选其中两三个并列的内容，或写成小标题），也是可行的办法。

总之，作文立意要求做到：①准确，切合题意不偏离；②正确，思想进步三观正，情感健康不庸俗；③明确，观点鲜明不含混；④集中，主题单一不分散；⑤深刻，穿透题目，深入本质（有分析）；⑥新颖，发散创新，不落俗套，在别人能想到之处"多想一步"。深刻、新颖，会在后面详述。

例析 2 ▶

2023 年全国乙卷的作文题，也是 <u>"二元以上看联系"</u>。

阅读下面的材料，根据要求写作。

吹灭别人的灯，并不会让自己更加光明；阻挡别人的路，也不会让自己行得更远。

"一花独放不是春，百花齐放春满园。"如果世界上只有一种花朵，就算这种花朵再美，那也是单调的。

以上两则材料出自习近平总书记的讲话，以生动形象的语言说出了普遍的道理。请据此写一篇文章，体现你的认识与思考。

要求：选准角度，确定立意，明确文体，自拟标题；不要套作，不得抄袭；不得泄露个人信息；不少于 800 字。

2023 年全国乙卷的作文命题指向性明确，我们可以较为明晰地去理解隐含在试题中的信息。我们从延伸的思维里找到可以行文的因素，这是写作的基础。作文的主题鲜明，个体之间或者个体与整体之间的关系：自己和别人，自己可以发光，但不能去阻碍别人发光，损人不利己的事情不能做，要共同发展；一花独放不能带来满园春色，一花独放是不合规律、不可能的，要尊重个性，包容并进。两则材料，一一转化后，便可较为清晰地找到共性。

比如可以从中国与世界其他各国的关系角度来审题立意，中国走和平发展的道路，倡导加强各国之间的文化交流，促进世界文明发展。中国作为一个让我辈青年引以为豪的国家，该怎样处理与其他国家的关系，是一个格局的问题，一个国家自己发展固然重要，但是世界是一个休戚相关的整体，要让世界"满园春色"就要立足于整个世界，建立人类的共同发展、竞争与合作的关系。我们为了在世界上更有竞争力，那就要与其他国家分享和合作，以求得共同进步、共同发展。

参考立意

己欲达而达人。

助人者自助，乐人者乐己。

发展之道，追求共赢。

互助共赢，方为达道。

用助人之手，创己之辉煌。

反思：审题立意之关键，是对作文材料和要求的精准把握，进而准确、集中地提出观点。在正确、准确的前提下，可以求"深刻、新颖"，比如可以对已经提出的观点问"问什么"，可以换角度提问，可以换立场等。（在第三章有详述。）

二 议论文选材（论据运用）

一篇议论文说理是否有力度，能否吸引读者的眼球，**与它所选的材料有很大关系。材料选得好，说理就有足够的依托；材料运用得好，论证就有可靠的保证。** 作为考场议论文来说，要用好、用足选材，就必须以"典型、凝练"为原则，牢牢把握议论类文章的特点，不能仅满足所选之材平近、小巧，还要让所选之材经典、新颖。

作文选材有三原则：素材运用要概述，素材运用要点面结合，要打磨自己真正熟悉的素材。下面逐一解析。

（一）论据运用概述、具象

议论文材料运用时要做到陈述具象和事例概述，"具象"即具体、形象，而"概述"指简明扼要地表述，这两个不矛盾吗？不矛盾。让此二者完美结合的原则就是：**吃透素材，抓材料主体，用名词和动词精准表达。足矣！**

例析 ▶

阅读下面的材料，根据要求写作。（2019年天津卷）

不错，目前的中国，固然是江山破碎，国弊民穷，但谁能断言，中国没有一个光明的前途呢？不，决不会的，我们相信，中国一定有个可赞美的光明前途。　——方志敏

国家是大家的。爱国是每个人的本分。　——陶行知

若能作一朵小小的浪花奔腾，呼啸加入献身者的滚滚洪流中推动人类历史向前发展，我觉得这才是一生中最值得骄傲和自豪的事情。　——黄大年

以上材料触发了你怎样的思考和感悟？请据此写一篇文章。

要求：①自选角度，自拟标题；②文体不限（诗歌除外），文体特征明显；③不少于800字；④不得抄袭，不得套作。

● 范文

你是我的一切

参加过无数次升国旗仪式，高唱过无数遍《义勇军进行曲》，却很少深入思考：先辈们为什么会义无反顾、前赴后继地投身于事关国家前途命运的惊涛巨浪，英模们为什么会数十年如一日、不知疲倦地献身于关乎国家发展、社会繁荣的滚滚洪流？这是一个很好回答的问题，却又是一个很难回答好的问题，根源在于他们的爱国情怀和为国奉献的精神，国家就是他们的一切。

想到了方志敏。

"我们相信，中国一定有个可赞美的光明前途。"因为有这种信念，他和他的战友们于艰难中尽管迭历踬踣，但始终斗志昂扬，愈挫愈奋；也正是因为有这种信念，他和他的战友们恪守职责，严于律己，在条件极端艰苦的环境下，渡过一个个难关。就如方志敏在《清贫》中所说："清贫，洁白朴素的生活，正是我们革命者能够战胜许多困难的地方！"

坚定的信念，是不竭的力量之源。今天的中国，绝对是"可赞美的"，而且有着更灿烂的"光明前途"。怀着这样的信念，我们会走得坚实，走得洒脱。

想到了陶行知。

　　最早知道陶行知，是因为"捧着一颗心来，不带半棵草去"这句话。他为什么能做到这一点？"爱国是每个人的本分"，这就是答案。在陶行知看来，爱国是每个人应尽的义务，是无条件的，不能打折扣，更不能讨价还价。他从国外学成归来后，开始他富于创意而又充满艰辛的教育生涯，将近三十年风雨兼程。"生活即教育""社会即学校""教学做合一"，这样的主张历久弥新，今天仍光彩熠熠。

　　出于"本分"，所以执着；因为"义务"，所以痴迷。今天的你我，敢于直视陶行知镜片后的眼神吗？

　　想到了黄大年。

　　科学无国界，知识分子有国籍。黄大年放弃国外优厚的待遇，投身祖国的现代化建设，他的科学研究能量，他的专业衍生值，在汹涌澎湃的发展大潮中都达到了最大化。用他自己的话说，他这朵"小小的浪花"，在汇入时代的"滚滚洪流"后推动了历史的发展。

　　如何实现人生价值，如何实现人生价值的最大化，黄大年选择了最恰当的方向。今天，渴望有所作为的我们，是不是应该从中得到启发呢？

　　"你是我的一切。"这个"你"就是祖国。中华民族的伟大复兴，是我们共同的梦想；让我们坚定信念，从我做起，为了早日实现这个伟大梦想尽情地奔跑吧！

点评

　　这篇文章写得很巧。

　　1. 作者对试题材料中三句话的关键词做了准确提取，在"爱国情怀"这一主题统摄下，从坚定信念、尽本分、献身国家三个方面展开，对材料中三人的相关事例进行再现且做到了简练充实，较好地彰显了自己的素材储备优势。

　　2. 作者注意挖掘三人行事背后的精神信念支撑，同时分别将笔触对准现实生活中的人们，启发人们思考，凸显了文章的现实针对性。

（二）论据运用要点面结合

　　考场议论文论据运用时，要尽可能做到"点面结合"，这样可以从不同的层面、不同角度来支撑我们观点的正确性和准确性，还能展示自身的积淀，从而让文章轻松得到发展等级高分。

1. "点"的含义及用法

　　"点"，即"详"例，是指作为例证的有些事例要详写，必须通过这些丰厚的论据才能恰到好处地起到证明的作用，一般采用单例成段，即一个事例用一个段落来证明论点的方式；有时也可用单例两段的方式。"点"能让读者获得新知识，增强文章的形象性、可读性。它的好处是笔墨详尽，说理透彻。例如：

　　在上千年文化的激荡中，我们所知，简亦繁，繁亦是简。中国汉字之历史源远流长，从最初的甲骨文到金文到小篆，再到如今的汉字，经历不断演变，凝结为如今的宝贵财富。

"零星可比炽日华，字若珠玑句无瑕。抛珠盾玉揽温煦，诗意娓娓仁韵达。"汉字之意，是融烦琐象形于一体，"鸿"是江边鸟，"梦"是林下夕，"念"是今日心，"星"是日落生。当我们将其拆解，则句句成诗，部部有意，却不显精炼。如单看其字，则是取其精华，去其糟粕，却词不达意。王羲之《兰亭集序》造诣深厚，也并非极简或极繁，仍是时而峰回路转，时而一带而过，简中有繁，繁中有简，相得益彰。

——《化繁为简，化简为繁》

2. "面"的含义及用法、作用

"面"，即"略"例，是指对读者非常熟悉的多个事例，可用排比句的形式一笔带过，点到为止，不解释，也不详细叙述。如果说"点"例能让读者获得新知识，增强文章的形象性、可读性；那么，"面"例能彰显作者知识的渊博和纵横捭阖的写作功底，增加读者的认同感。一般采用多例组合成段，就是组合在一个段落中的每一个事例都简略叙述。例如：

古往今来，凡成大事者必有其美好的精神家园，将人性引向那条光辉的道路。汤显祖的戏剧中对人性的礼赞；莎士比亚对文艺复兴时人们的自尊自信和人格理想富有诗意的描述；拜伦、普希金对自由理想的追求；歌德、惠特曼对人内在创造力的展现和赞颂；康帕内拉、布朗基、梁漱溟对改造人的内心的伟大热情；托尔斯泰、泰戈尔浩荡无边的人性之爱——种种追求引导人们走向精神家园，回归善良、和谐的自我，在这个地理死角和社会死角，只有精神家园才是永恒的平等，永恒的和谐。

——《找回失落的家园》

这个语段运用"面"例排比的方式概述事例，五个句子涉及十余位文学巨匠、哲学大师，他们对美好精神家园的追求引领人们回归善良、和谐的自我。"面"例的排比运用展示了作者开阔的视野，丰富了文章的文化内涵，气势雄浑，论证有力。

3. "点""面"结合的用法及作用

"点面结合"阐述文章的观点在议论文写作中是行之有效的一种方法，即议论文举例要有侧重点，这个"点"是典型代表，要确凿可靠，写得相对"详"一些；也要照顾到"面"，因为一篇文章中"点"是有限的，如果没有"面"，"点"也只能是个别事物，这样有可能会削弱说服力。

"点面结合"的素材运用方式，其实是人尽皆知的；不过为啥很多人用不好呢？关键是不会分析，是的，又是分析。所以，不管是"单例说透"还是"排比论证"，分析都是必不可少的，**就是阐明论据和论点间的逻辑，前因后果、对比假设等**。例如：

兼听则明，偏信则暗，这已是被无数古今事实证明了的真理。邹忌直言讽谏，齐王悬赏纳谏，齐国得以强盛；王平诚心忠告，马谡固执己见，街亭终致失守；唐太宗任用魏征，开言路、纳直谏，得有贞观之治；朱元璋求教朱升，广积粮、缓称王，建立大明天下；李鼎铭的意见得到毛泽东采纳，陕甘宁边区精兵简政，人民拥护，为进一步壮大人民军队、争取抗日战争全面胜利奠定了坚实的基础……这些事例，不都有力地说明了"从善如流"的重要吗？（**运用对称句，两两对偶，句式整饬；然后用一个略微详尽的论据搭一下，说服力更强。**）

（三）变换角度打磨熟悉的素材

同学应该经常听到这样的建议：要广博地积累材料，这样才能"下笔如有神"，这当然是对的；不过对于考场作文而言，精心地准备、打磨自己熟悉的材料，很可能会收到"事半功倍"的效果。因为没有哪一篇漂亮的考场文是在"考场上写成的"，都需要大家平时的准备、对自己熟知材料的掌握、运用。要写出考场作文的"知识含量"，就要有自己真正熟悉的东西，把以前的"就题选材"改为"因材扣题"，这是行之有效的考场文写作法则。

任何东西到了一定的境界，就会相通（底层原理）。如读透一本书，读透一个人物，在某种程度上也让你获得关于这本书和这个人的知识含量，从而获得**陌生化**带来的写作效果。

这就是写出作文的知识含量，熟悉实例用好，可以支撑观点，自会典型。

所谓知识含量，就是好好审题，紧扣题目，把自己所熟悉领域的高精度知识展示出来，真实化、细节化、个性化、情感化，给人耳目一新的冲击。

比如一个男孩是学竞赛的，就不妨用自己熟悉的竞赛领域来写，数学可以谈高斯、华罗庚、丘成桐，物理可以讲爱因斯坦、李政道、杨振宁，写出自己的知识含量……

道通为一。高考所考的一切命题都可以写自己最拿手、最有感觉的，自然会说服力强，使人有所信。**作文写出知识含量，才能获得高分！**

一般来说，老师进行高考作文阅卷时，看过百十篇作文之后，对同一题目的审美疲劳就到了极限，这个时候的作文如果没有一丝新意，就只能承受一个保险分（这就是全国卷的45分现象）了。

而一旦学生给老师一个知识含量，效果就大不一样。

首先，老师会在疲劳中精神一振，这精神一振，注意力就会集中，就更容易发现你的好，分数很可能就上去了。

其次，一旦你的知识含量给了老师一些启发、一些收获，结果可想而知。高考中明确规定了观点要具有启发性，知识含量让人有所获、有所得，就是有启发性的。

再次，知识含量还符合审美的需要，就是文艺理论中的陌生化。那么多的学生都是正常化写作，你的知识含量使得你与众不同，这种不同就是陌生化带来的效果。

最后，从阅卷老师的角度看，你的知识含量，如果老师不熟悉，他会惊叹，会赞赏；如果老师熟悉，他又会找到同感，找到知音，他会感到亲切。这个时候，作文想不得高分都困难（偷笑）。

尽管倡导同学写出知识含量，但也许不是每个孩子都拥有独到的知识，并形成了自己的知识含金量。但如果你有最喜欢的一本书，最熟悉的一位人物、一个领域，那么恭喜你，你获得了更高一层的知识含量。

不论什么样的作文题，你一旦读透了一本书，读透了一个人物，深入研究了一个领域，都能轻而易举地获得素材，写得轻松，写得深刻。因为生命本来就那样，生活本来就那样，我们的生命别人早就活过，我们的生活就是别人的生活。

这并不是功利写作，读透一本书、一个人、一个领域，也是做学问的基础。**无所专则无所精，无所精则无所根，无所根则无所凭借，** 那么，知识就成了一盘散沙。

而一旦以一本书，一个人物（领域）为依托，建立起一个坐标，或比较，或反思，或批判，或补充，很快就会形成框架，转为体系，进而形成强大的素材结构。以我为例，有一段时间，我精读孔子，凭借孔子而了解儒家，再读道家、墨家、法家等诸子百家，很快就有所得、有融会贯通之感。诸子思想归根结底都是在观照人，以及人所组成的社会，只是观照的方式不同，这决定了他们学派的分野。

孔、孟、荀、韩主张积极入世，而老庄则主张消极出世；入世者趋向观照人的生命群体，出世者趋向观照人的生命个体；观照群体者以社会获得最佳有序为理想，就是如何"平天下"，出世者以自我生命获得最佳体验为理想，就是怎样"逍遥游"。

诸子百家千头万绪，但只要执其一端，反方向寻根溯源，就能得其真相，并且在比较中形成牢固的知识结构。如果在写作中，同学们能大胆写出类似的知识结构，或者能够用这个知识结构作为分析问题的武器，那就更加了不得了。

打磨自己熟悉的素材，还有一个重要的前提，**就是对这些素材真正熟悉且在使用时学会变换角度。**

刚才举了孔夫子的例证，就接着拿夫子说事（用好熟悉的素材）。大家知道孔子是伟大的思想家、教育家，知道他有弟子三千，有出息的学生有七十二个，这个远远不够，凡是略略"不傻"的人，都知道这些；完全不能让你在写到孔子时"白里透红，与众不同"。但是你如果知道孔子的"十有五而志于学"，知道"过犹不及"，知道"三月不知肉味"，知道"天之未丧斯文也，匡人其如予何"等的时候，你就能写出一个不一样的孔夫子，他有理想、有底线、有爱好。你就会发现一位夫子可以支撑很多的写作话题，这就是把握熟悉材料，进而发散思考了。

什么样的作文题目，都不能阻碍住我们善于想象的大脑，关键是学会变换角度，从而让材料"典型"起来。

关于作文的立意、选材，有两句经典结论和诸君分享：立意即思想，选材即视野。

第三章　作文行文结构及语言——言之有序、有文

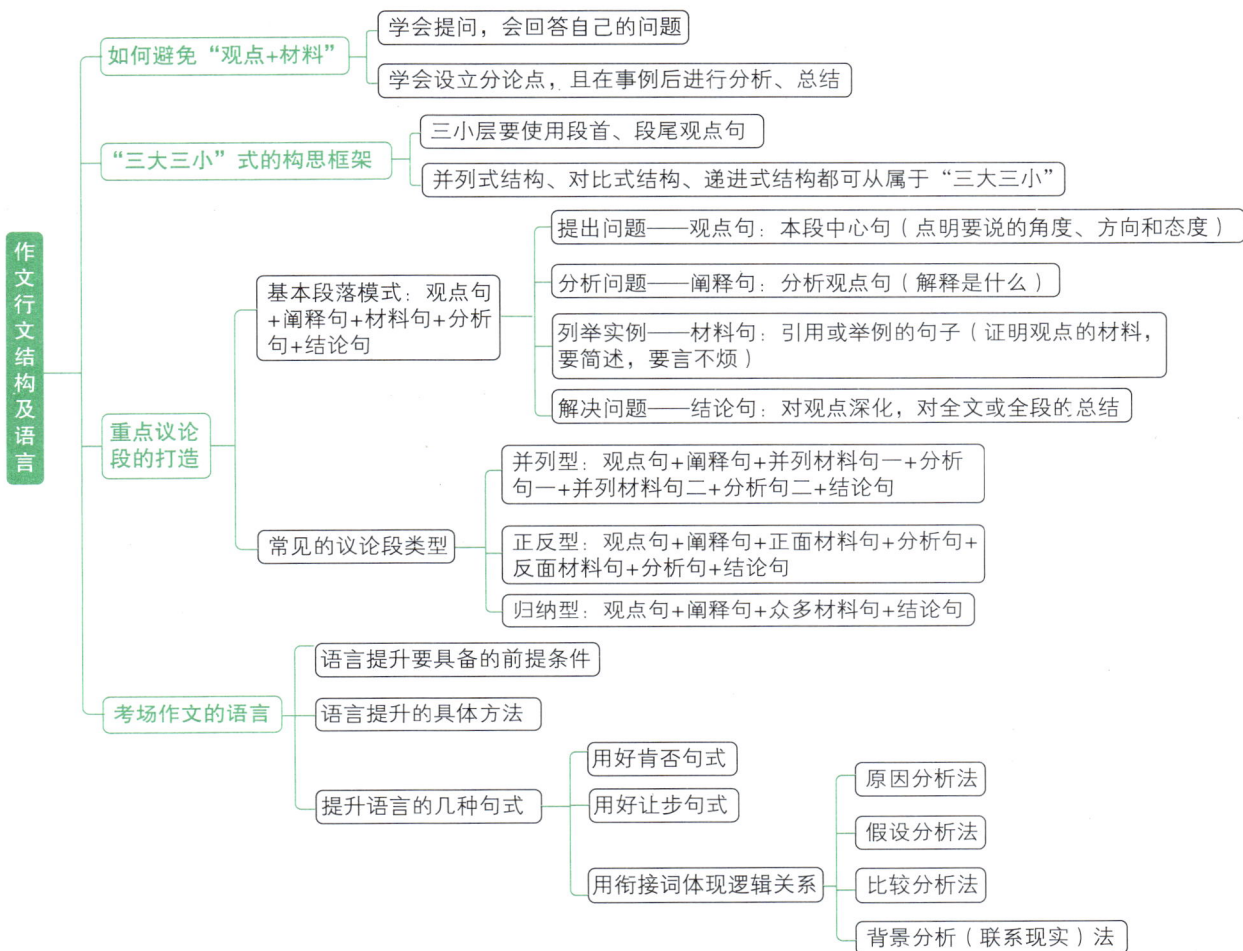

作文行文结构及语言
- 如何避免"观点+材料"
  - 学会提问，会回答自己的问题
  - 学会设立分论点，且在事例后进行分析、总结
- "三大三小"式的构思框架
  - 三小层要使用段首、段尾观点句
  - 并列式结构、对比式结构、递进式结构都可从属于"三大三小"
- 重点议论段的打造
  - 基本段落模式：观点句+阐释句+材料句+分析句+结论句
    - 提出问题——观点句：本段中心句（点明要说的角度、方向和态度）
    - 分析问题——阐释句：分析观点句（解释是什么）
    - 列举实例——材料句：引用或举例的句子（证明观点的材料，要简述，要言不烦）
    - 解决问题——结论句：对观点深化，对全文或全段的总结
  - 常见的议论段类型
    - 并列型：观点句+阐释句+并列材料句一+分析句一+并列材料句二+分析句二+结论句
    - 正反型：观点句+阐释句+正面材料句+分析句+反面材料句+分析句+结论句
    - 归纳型：观点句+阐释句+众多材料句+结论句
- 考场作文的语言
  - 语言提升要具备的前提条件
  - 语言提升的具体方法
  - 提升语言的几种句式
    - 用好肯否句式
    - 用好让步句式
    - 用衔接词体现逻辑关系
      - 原因分析法
      - 假设分析法
      - 比较分析法
      - 背景分析（联系现实）法

一 如何避免"观点+材料"

"观点+材料"的议论文模式，俗称为"油水分离"，写成这种模式的主要原因是没有辩证思维的展现（没有分析论证而是直接在事例后得出结论），这不是议论文，是故事汇。那么，怎样解决这个很扎心的问题，看过来：**你得学会提问，会回答自己的问题；你得学会设立分论点，且在事例后进行分析、总结。一言以蔽之：用思维控制材料和语言！**

会提问，这很关键。比如 2023 年新高考全国 2 卷材料中说"青少年在学习、生活中，有时希望有一个自己的空间，放松，沉淀，成长"，你可以问"空间"为何有价值，为什么安静的空间会促进青少年的成长；如何把成长落实得更加到位等。对于问题的不同答案，能给文章分出不同的层次，从而带来了内容的变化和深度的思考。在此基础上

结合实例论证，自然不会只是"观点+材料"。（**这就是深刻。**）

来看第二个方法，同样好用，就是设置分论点+段内分析。这个可以从经典作品中去学习，比如说毛泽东的《反对党八股》，吴晗的《谈骨气》，都是很好的示范。大家可以剖析、借鉴。

有一篇文章：《理想的阶梯》，小作者在开头就亮出了自己的观点——奋斗是实现理想的阶梯。接下来问题就有了：要怎么去奋斗。他设置了三个分论点，分别是理想的阶梯属于刻苦勤奋的人，理想的阶梯属于珍惜时间的人，理想的阶梯属于善于反思的人。这三个分论点不是单纯的并列，它们是递进的。刻苦的人就需要珍惜时间，很可能在过程中会有挫折、反复，这就需要反思，纠正！

考场作文，采用哪种方法来设立分论点，要考虑试题特点、文体特点，更要结合自身的储备与思维习惯。无论采用哪种方法，都应该最大限度地将思维引向深刻（分析的重要性）。

例析 ▶

2020年6月23日，北斗三号的最后一颗卫星成功发射，标志着我国自主建设、独立运行的北斗卫星导航系统完成全球组网部署。整个系统由55颗卫星构成，每一颗都有自己的功用，它们共同织成一张"天网"，可服务全球。

材料中"每一颗都有自己的功用"，引发了你怎样的联想和思考？请联系现实生活，自选角度，自拟题目，写一篇议论文，不少于700字。

要求：论点明确，论据充实，论证合理；语言流畅，书写清晰。（2020年北京卷议论文）

范文

让个人与时代芳华共振

个人与国家、时代的关系，恰如每一颗北斗卫星与整个导航系统的关系。每一颗卫星都有自己的功用，恰如我们每一个人都能对国家富强、时代发展尽一份力。国家、时代的进步离不开个人的奋斗努力，个人的发展也离不开国家、时代。

（**开门见山，提出文章观点——国家、时代的进步离不开个人的奋斗，个人的发展也离不开国家、时代。观点融入辩证思维。**）

滴水成海，每个人都尽一份力，汇聚变革发展的洪流。 "炎火成燎原之势，涓流汇江海之形。"星星之火可以燎原，涓涓细流可成江海。往昔，四万万同胞携手并进，奔走呼号，挽救中华民族于危亡之际；而今，干部百姓共同努力，奉献奋斗，扶贫推进全面小康建成。身处大千世界，个人行为激起的浪花，都会对时代洪流的进程产生影响。不要觉得"少我一个无所谓"，当个人的力量汇聚起来，时代会因此而改变。（**着眼个人对社会的意义，强调个人力量的汇聚，能推动时代的变迁。**）

众志成城，每个人将国家之需置于首位，为国家的发展、复兴助力奋斗。 每一颗卫星都有自己的功用，然而，每颗卫星独特的功用最终是为了服务整体，人亦然。选择职业、规划人生，除考虑个人喜好，更要考虑国家所需。鲁迅先生弃医从文，选择用笔唤醒麻木的国民；孙中山先生弃医从政，选择用革命救国救民；"我没有专业，国家的需要就是我的专业"，钱伟长的话仍铮铮在耳；"我是组织一块砖，哪里需要哪里搬"，雷锋同志的话仍感人至深……作为新时代的青年，我们应融小我于大我，尽己之力，助力祖国生机蓬勃。（**倡导每个人都要将国家利益置于个人利益之上，融小我于大我，助力祖国蓬勃发展。**）

相得益彰，与时代相联结，才能增加个人的人生深度与广度。 每颗卫星既成就蓝图，也因蓝图体现自身价值。孤岛卫士王继才，深知一己之力微薄，但他将个人置于国防事业图景，守护孤岛，义不容辞；又有抗疫期间的"逆行大军"，在时代感召下，将个人安危置之度外，让个人价值在时代中熠熠闪光。我们应激发个人的激情，响应号召，投身于时代之中。个人与国家、时代是密不可分的。（**结合时代先进人物，论证将个人融入时代，是增加人生深度与广度的途径。**）

只想获得，只会批评，却未曾想过，祖国的发展正是千万民众、一代代人努力的结果。置身事外，不与时代的人，他们又有何资格指手画脚，恶意批判呢？还有部分"佛系青年"，虽未公开抨击批判，却也只是浸淫于个人的安逸与满足，从而丧失斗志，萎靡不振。这样既于时代无益，也不利于自身发展。正如约翰·多恩所言："没有人是一座孤岛。"（**此段是"联"的部分，体现作者的个人见解。**）

萤烛之光增添日月，尘埃之微补益山河。中华民族复兴之重任在我们肩上，复兴的荣光属于我们每一个人。唯有将个人置身于时代洪流之中，让个人与国家、与时代共振，才能芳华满园。

点 评

> 文章着眼于"个人"与"国家、时代"的关联性说理，认识到二者之间辩证统一的关系，确立了"国家、时代的进步离不开个人的奋斗努力，个人的发展也离不开国家、时代"的观点，并从多角度展开论证，从"怎么办"的角度设立三个分论点，用辩证思维将文章内容引向深入。

二 "三大三小"式的构思框架

"三大三小"式的议论文篇章结构是考场议论文结构之基准（总分的具体展现），其中的"三大"，是说一篇考场作文总体结构由三大部分组成，即引论、本论、结论；其中的"三小"，即本论部分一般又由三小层（三个主体议论段）组成，即从三个不同角度来证明中心论点。这样，全文就形成了匀称的"五段式布局"（**全篇不限于五段，但不可少于五段**）。

要真正用好"三大三小"式还须注意以下问题。

1. 三小层要使用段首、段尾观点句。 议论文是向人讲道理的。怎样才能使论点最鲜明呢？在结构上最好的办法是段首、段尾采用观点句。所谓观点句，就是能将这一段、这一层或这一篇文章要说的观点概括起来的一句话。它要具有总领性、概括性和明了性的特点，让人看了这一句就知道这一段的中心，读到最后一句就知道这一段说了啥。段首观点句相互间有一定的联系性，必须注意到它们的内部联系，注意到它们排列的先后次序。

段首观点句主要是用在"三小段"的开头，段尾观点句则是段首句的**升华**。段尾观点句不仅要和段首观点句在观点上具有一致性，还须对全段具有**总结性**，而且不能是段首句的简单重复，至少要变换一下语言形式，或是换一个新的角度去总结前文的论说。

例析 ▶

阅读下面的材料，按要求写一篇文章。不少于 700 字。（2019 年北京海淀高三一模）

一百多年前，外国记者曾拍下国人呆滞木讷的影像；迈入新时代的当今中国，到处可见幸福开心的笑脸。外交部例行记者会上，我发言人就维护中国公民合法权益问题作出的回应，义正词严，斩钉截铁；联合国休息室内，中东某国外交官在抗议侵略无效后，沉默不语，神情沮丧……正像歌中所唱："我的祖国和我，像海和浪花一朵；浪是海的赤子，海是浪的依托。"

以上文字，引发了你怎样的联想和思考？请联系现实，自选角度，自拟题目，自定文体，写一篇文章。

● 范文

浪花有情　荣辱相依

百年前，列强辱华，民不聊生；百年后，傲立东方，万民喜乐。如果将国家比作大海，那么，每一位国人就是其中的一朵浪花，正如歌中所唱"浪是海的赤子，海是浪的依托"，个人与国家的命运紧紧相系，荣辱与共。

国，究竟是什么，在哪里？当极端个人主义盛行时，"国家"两字常常被置若罔闻。不妨低下头，看脚下那一方土地——那，便是国，它不是一国公民的简单累加，而是历史文化、民族情感所维系的共同体。古往今来，无数仁人志士怀爱国之心，以浪花之躯抒发对祖国大海的无限眷恋。君不见，戴望舒在囹圄之中，以残损的手掌抚摸祖国大地，彰拳拳赤子之心；君不见，艾青纵使化作鸟儿，也要死后埋入土地，只因爱得深沉……

我们必须明白：没有海便没有浪，祖国是我们的重要依托。正如《四世同堂》里钱默吟先生所言："花儿只有长在树上，才有它的美丽。"我们不妨去看一组拍摄于也门撤侨时的照片：第一幅照片中是一位也门女孩儿，她正为战争的恐惧所侵袭，从而误把记者的相机认作机枪，绝望地高举双手，显得无助而凄凉；而另一幅照片中是一位中国女孩儿，她正被军人拉着手，欢快地登上甲板，等待回归祖国的怀抱。我们常说"孩子是祖国的花朵"，但祖国这片土地若是贫瘠不堪，花朵也终将凋零。因此，国荣则民荣，国辱则民辱。每一个中国人都应心系祖国，以祖国为依托，并为国作出应有的贡献。

可是我们身为弱小的"浪花"，究竟能做什么？有人说，个人力量过于渺小，很多时候空有报国之心，却无报国之力，再爱国也是徒劳。此言对于"爱国"的理解未免过于狭隘。你可能无法像邵逸夫那样捐巨资兴办学校，但你完全可以像"90后"少女殷沙漫那样热心公益，以自己的爱与善，点亮孩子的梦；你可能无法向潘建伟那样研究量子领跑世界，但你完全可以像河北考生王心怡那样立志苦读，志存高远。爱国不是空谈的口号，但它也不一定要求每个人都为国家做出不朽之功勋；贡献确实有大小之分，但爱国绝无高尚、卑劣之别。

而当每一朵浪花都为祖国大海贡献一分力量时，它的作用是无穷大的。习总书记说："普通人最伟大。"回望建国的七十年便会发现，正是每一位国人、每一朵浪花的艰苦奋斗，才有了今日中国的繁荣昌盛、海纳百川。从深圳的"拓荒牛"致敬改革开放的万千大众，再到上海中心大厦荣誉墙上刻下的4000多名建设者的姓名，每个人对祖国的贡献最终都会积小流而成江海，助力中华腾飞。

浪花皆有情，荣辱俱相依。站在70年后的新起点，我们应继续以祖国为依托，怀赤子之心，以己之力回报祖国，让中国更加繁荣昌盛，万寿无疆！

点评

此文在 2019 年北京海淀高三一模考试中被评为一类上（48.5 分，北京卷大作文满分 50），实属难得。**此文结构颇值得学习，属于"三大三小"框架下的"起承转合"：开篇点题，而后析"国在哪里""国家与个人之关联""个人如何回报祖国"，最后联系现实结尾**，尽得"简要清通"之要领，大家细品。

2. **同学们习惯用的并列式结构、对比式结构、递进式结构都可从属于"三大三小"**，此为重要的常识性认知，不再赘述。注意："三小"段与段之间可以"混搭"，脉络表述清晰即可；若前两个议论段是递进，第三段可以与前者形成对比，前两个议论段是并列，第三个可以是在此基础上的递进。好文章结构同样是"有定理而无定法"，"定理"就是清晰通畅、文题一致、有分析。

例析 ▶

阅读下面文字，完成写作要求。（2022 年北京西城高三期末）

品，指事物的品类或等级，也指人的品质、品行，还可以指对人、物或事件的品评或辨别。品，体现出人们对周围生活的积极关注，也包含着人们对自己内心的潜在诉求。

请以"说品"为题，写一篇议论文。可以从生活需求、社会发展等方面，任选角度谈自己的思考。

　　要求：论点明确，论据充实，论证合理；语言流畅，书写清晰。不少于700字。

● 范文

说　　品

　　"品"作名词，是事物之品类，人之品行，无论是对不同事物的划分标准，抑或于人的道德判评，不变的是"品"中所透的对规范的追求。"品"作动词，是品评、品味，"品"所带来的延绵悠长与时间沉潜亦体现出了一份严谨与深思。在对周围生活的积极关注与对自我内心潜在诉求叩问的背后，是"品"所彰显的个体洞察，更是"品"所镌刻下的对卓越的追寻。

　　品，体现出人们对周围生活的积极关注。诚然，通过对人、物或事件的品评或辨别，我们与周围的生活产生了联系与交互，但"积极"何以见得引人深思。对周围生活的关注固需我们以评、以读的方式手段进行了解，但如若评判事物只需加以评论，那即便是一颗不会思考的芦苇，也可以信口开河，在这个评论门槛降低的时代发表己见。而将"评"上升为"品评"，收获的便是我们在兼听与慎思后个体思想的结晶，是一份通过"品"的态度所保障的高质量的思考。（**此段界定、阐释，较为到位。**）

　　推至阅读及更为广阔的生活，**理亦如此。** 因为"品"对我们行为的限制，使我们在行动之前多了一份更深层次的思索与洞察，它固然延长了对周围生活的关注时长，但也因此打磨、沉淀出了更为精华的思考产物。如曹操横槊赋诗时"明明如月，何时可掇"的百代忧思，如王安石游褒禅山后"尽吾志也而不能至者，可以无悔矣"的千古哲理，如苏轼"事不目见耳闻，而臆断其有无，可乎？"的喟然慨叹。于品味之上回味见天地之奥秘，于品评之上深思悟实践之价值。由此可见，关注中的那份"积极"作用是"品"所赋予的。（**条分缕析，给力。**）

　　而周围生活与外在环境中的点滴最终滋养个体独立的生长，服务于内在自我价值观念的形塑。可见，品的本质即是我们对自我内心的潜在诉求，是以品外物而审自我内在之品质。无论是孔子"见贤思齐焉，见不贤而内自省也"的向外洞察与向内求索，抑或杜牧由秦之灭亡中窥见时代弊病，以"后人哀之而不鉴之，亦使后人而复哀后人也"正告"大起宫室，广声色"的唐王朝统治者，其根本都是在深刻洞察品评辨别外物后，更为敏锐地认识自我，并匡正自我的品质，在洞悉时局之后，切割时代之腐肉，改善社会之品质。

　　今日说"品"，其当下意义不言自明——是之于短视频审美观念的模糊，我们缺失了品的思考过程；是之于个体，我们忘记了对自我品行的审视与反思；更是放之于社会发展，网络良莠不齐内容之中那些品质恶劣之物之人的兴风作浪须得以遏制。

　　故今日之个人，当以品为手段、为标准打磨自我之品质。何以为之？其一，品评，以独立严谨之思考于生活之中择善而从。其二，正品，以择善为基，匡正自我之品行。唯如此，品的价值才能得以体现，人的高贵方能得以彰显。

三 重点议论段的打造

（一）基本段落模式

一个标准的议论段，应该依次包含如下五种功能不同的句子，个别地方可以调整互换：

观点句＋阐释句＋材料句＋分析句＋结论句

例 1：2021 年全国甲卷优秀语段。

知其可为，勇于担当，才能有所作为。（**观点句**） 舍半生给茫茫大漠，从青春到白发是"敦煌女儿"樊锦诗的有为；科技报国，一心为中国梦奋斗，是黄大年的有为；禾下乘凉，为国家粮食安全而奋斗，是袁隆平先生的有为；历经千帆苦，努力奋斗，终有所获是有"当代宋濂"美誉的中科院博士黄国平先生的有为。（**材料句和分析句**） 我辈躬逢盛世，当学高身正，修己明德，立可为之志，行可为之事，争做新有为青年。（**结论句**）

例 2：2021 年新高考全国 1 卷优秀语段。

俗话说得好："身体是革命的本钱。"（**观点句**） 当一个人拥有足够的本钱时，才能够更加有底气，更加专心地投入到学习、生活、工作中去。（**阐释句**） 毛泽东同志曾在《新青年》杂志上发表的《体育之研究》一文中指出体育能够"强筋骨""增知识""调感情""磨意志"，（**材料句**） 这不仅充分展现出其"文明其精神，野蛮其体魄"的"健身强国"思想，更体现出了体育锻炼的重要性。（**分析句**） 私以为体育不仅仅是对自身身体素质的锻炼，更是对我们精神品格的磨炼。通过体育锻炼，我们不但能够培养自身吃苦耐劳的精神品质，还能磨炼意志，学会知难而上，学会坚忍不拔，学会在面对困难与挑战时仍能保持清醒的头脑理智面对。（**总结句**）

语句的基本类型和功能

1. 提出问题——观点句：本段中心句。（点明要说的角度、方向和态度。）
2. 分析问题——阐释句：分析观点句。（解释是什么。）
3. 列举实例——材料句：引用或举例的句子。（证明观点的材料，要简述，要言不烦。）
4. 解决问题——结论句：对观点深化，对全文或全段的总结。

（二）常见的议论段类型

1. 并列型：观点句＋阐释句＋并列材料句一＋分析句一＋并列材料句二＋分析句二＋结论句

例："知羞耻方成人"，一直都是仁人志士立身做人的宝贵经验和修身养性的重要法宝。（**观点句**） 孟子说："无羞恶之心，非人也。"荀子说："人不知羞耻，乃不能成人。"宋代名儒陆九渊说："耻存则心存，耻忘则心忘。"（**分析句**） 清代学者朱起凤年轻时在一家书院教书，因为没有弄清"首施两端"和"首鼠两端"两词通用，而错判学生的作文，遭到众人的奚落。**（材料句一）** 他知羞耻而发愤图强，潜心于词语研究，编成了 300 多万字的《辞通》，为汉语言文字的发展作出了重要贡献。**（分析句一）** 英国生物学家谢灵顿早年沾染恶习，在向一位女工求婚时，被姑娘一句"我宁愿跳进泰晤士河里淹死，也不会嫁给你"的话深深刺痛，从此钻研医学和生物学，并最终在 1932 年获得了诺贝尔医学奖。**（材料句二）** 所以说，知羞耻不仅是做人的根本，在某种意义上也是成就事业的起步。**（结论句）**

2. 正反型：观点句+阐释句+正面材料句+分析句+反面材料句+分析句+结论句

例：沉稳从无欲而来。**（观点句）** 孟子曰："无欲者，可王矣。"**（阐释句）** 无欲就是没有私欲，做大事者，不能因蝇头私利而毁坏全局，只有这样才能练就出沉稳的性格，赢得最终的胜利。**（阐释句）** 诸葛孔明淡泊明志，宁静致远，终运筹帷幄，功成名就。**（正面材料句）** 有了私欲，心中自然无法沉稳下来，遇事则慌，处事则乱。**（分析句）** 霸王以一己私欲，赶走亚父，气走韩信，终被困垓下，遗憾千古，长使英雄泪满襟。**（反面材料句）** 霸王之败，后人哀之，后人哀之而不鉴之，则必使后人而复哀后人矣。**（分析句）** 故无欲则刚。**（结论句）**

3. 归纳型：观点句+阐释句+众多材料句+结论句

例：勤出成果。**（观点句）** 马克思为写《资本论》，辛勤劳动 40 年，阅读了数量惊人的书籍，其中做过笔记的就有 1500 种以上。司马迁为著《史记》，从二十岁起就开始周游，足迹遍及黄河、长江流域，汇集了大量的社会素材和历史素材，为《史记》的创作奠定了基础。歌德花了 58 年时间，搜集了大量材料，写出了对世界文学界和思想界产生很大影响的诗剧《浮士德》。我国现代数学家陈景润，在攀登数学高峰的道路上，翻阅了国内外的上千本有关资料，通宵达旦地看书学习，取得了震惊世界的成就。**（众多材料句）** 可见，任何一项成就的取得都是与勤分不开的。古今中外概莫能外。**（结论句）**

> **例析** ▶ ─────────────── （注意下面文章的重点议论段）

阅读下面的材料，根据要求作文。（2023 年北京海淀一模）

统编版小学课本识字第一课的内容为"天地人你我他"，这六个字引导儿童时期的我们认识世界，了解世界。如今，18 岁的我们站在成人的门槛前，应对这六个字有更深刻的理解。要成为一个怎样的"人"，需要把"我"放在"天地""你他"之间去思考。

请围绕"成为一个怎样的人"，自选角度，自拟题目，写一篇议论文，不少于 700 字。

要求：论点明确，论据充实，论证合理；语言流畅，书写清晰。

● 范文1

成为一个"大写"的人

古诗言，人生天地间，长路有险夷；西谚云，人是万物的灵长。小学第一课就接触了为人的重要，18 岁的我们站在青春的门口更应掂量出"成为一个怎样的人"对自己一生的意义。毛泽东在纪念白求恩时讲到，要成为高尚的人、脱离低级趣味的人、有益于人民的人；

领袖已经给了我们答案——要成为一个"大写"的人。

"大写"的人，不见得必须拓地百里、年薪千万，而是有理想、有格局，可为理想践行、反思，此之谓也。

先说理想之重要。我们都知晓，对于一个没有方向、愿景的人而言，哪里的风皆为逆风。孔子云："志于道，据于德，依于仁，游于艺。""志于道"就是理想之确立。孔子将重整礼乐作为理想，因而有了杏坛传道、周游列国，成就了大成至圣先师；黄旭华将国防现代化作为理想，因而有了青丝白发、无言高歌，让我国核防御能力领先世界。人没有理想，和一段木头有何区别，"大写"的人，要有理想。（此段就是较典型论据概述+分析。）

次讲格局之必要。人有格局不见得会有成就，然无格局必然默默无闻。定位要准，把"我"放在"天地"和"你他"之间，君子成人达己，君子和而不同；力求在惠及大众时也可实现自己的理想，此谓格局。如邓小岚、如杨宁，榜样的力量是无穷的，她们以一片叶子摇动另一片叶子，为他人打开了梦想的空间。我们要做这样"大写"的人。

再言践行、反思。在理想面前，行动和方法的重要性不言而喻，行动是实现理想的保证，反思可以纠正我们行动的偏颇，令方法更加正确高效。成为一个"大写"的人，就不能是思想的巨人、行动的侏儒。让我们成为长空牧星人孙家栋吧，身为总工程师还亲自演算数据、一丝不苟；让我们成为千里共同途的杨振宁吧，一代物理学大师坚持给本科生上课；这里体现的都是践行的重要性，知行合一，定成大道。"见贤思齐焉"，反思是成功的保障，善于反思的人才能知止、知不足，更好地自立、自强。

综上可知，成为"大写"的人，不是空谈而要实干，不是蛮干而是反思，不是思而不行而是知行合一。作为新时代的新青年，我们应不负祖国期望，不负大好时光，努力成为一个"大写"的人，为民族复兴贡献一分力量！

● 范文2

见天地，见众生，成真我

"天地人你我他"，如今读到这六个字，我依稀能忆起儿时对世界的好奇。十余年求学生涯倏尔而逝，当我来到成人的门槛前，看着更为复杂的世界，彼时的好奇仍在，但更多变为了思考。因为未来，我不仅要认识世界，了解世界，更要认识自我，实现自我。而要成为一个真正的"人"，（应该解释下何谓"真正的人"。）就必须把"我"放在更广的天地与人群中去理解。

将"天地"二字置于"人"字之前，无形中呈现着天地的伟力，也似乎在告诉我们，应把多年所学拿到更广阔的天地中去试炼。全面抗战暴发后清华师生被迫南迁，行前闻一多先生感慨："对于中国的认识，其实很肤浅……我们这些掉书袋的人，应该重新认识中国了！"在漫长的徒步中，他和学生们见识到了脚下这片土地的美丽与哀愁。如今硝烟不再，但技术化、碎片化的生活让原本丰富的生活变得愈发逼仄与单一。因此把"我"放在"天地"间去思考，不仅是我们要在天地间去实践，更重要的，这是一个真正的人走向丰富的应有之意。

而走向天地的过程也必然是与更多人发生连接的过程。这让我想起孔子与弟子谈论志向，在子路、颜回表达完或仗义、或谦虚的人生理想后，孔子将自己的志向娓娓道来："老者安之，朋友信之，少者怀之。"圣人的教诲便是当思考成为一个怎样的"人"时，我们要从对自我的过分关注中解放出来，思考自己能为众生提供什么，并在此过程中发现自身价值。鲁迅先生从实业救国到仙台学医，再到弃医从文，他用文字里的呐喊拯救困境中的国人。钟扬辞去官职，投身到祖国种子科研事业中去，给后代留下千万颗种子。这片土地上，还有更多人像他们一样，把"我"放在"你他"之间去思考。因为一个真正的"人"，不仅关注自身的悲欢，还愿意将他人的悲欢熔铸进自己的生命，拥有一种超越小我的关怀与悲悯。

应成为一个怎样的人？答曰：应成为一个真正的人。何为"真正"？便是不再长期置身于书斋，不在小我的世界中徘徊，而是来到更为广阔的天地之中，努力为众生创造价值。前者增广一个人的厚度，后者拓展一个人的宽度，二者相益，"人"便成为顶天立地的"人"。（点题稍晚了些。）毛泽东等革命前辈没有在望远镜中遥观中国，而是用脚步走遍山河大地，没有依靠脱离群众的精英主义路线，而是"决心要为中国痛苦的人、世界痛苦的人服务"。他们点亮了一个新世界，也成为我们思考如何成为一个真正的"人"的绝佳范例。

行文至此，想到此刻我站在成人的门槛前，即将去面对更大的世界，而我应做的，就是把"我"嵌于天地与众生之中，认识自我，成就真我。

四 考场作文的语言

语言凝练简洁，富含思想内涵，是思维成熟的标杆之一。考生应该也必须对生活进行思考，从而**概括、提炼、总结**出相关的规律，这样才能做到理性与感性并重，从而提升自己的作文水平。

（一）语言提升要具备的前提条件

1. 多培养

培养正确的人生观、世界观，增强自身的道德修为。王国维说过："无高尚伟大之人格，而有高尚伟大之文章者，殆未之有也。"沈德潜也说："有第一等襟抱，第一等学识，斯有第一等真诗。"

2. 多阅读

用别人的思想点燃自己的火把。思维的交锋、碰撞、融会能让人对生活具有敏锐的眼光。

3. 多感悟

对人生世相要有一颗善感的心，对生活多反思，培养自己的认知能力。苏霍姆林斯基曾说："在人的心灵深处，都有一种根深蒂固的需要，这就是希望自己是一个发现者、研究者、探索者。"所以说，思维的刀要经常磨，不然就会生锈。

4. 不写"到头话"

就是不要用静止的、孤立的眼光看待问题。同样是以苦难为题，我们不能说"只有苦难的人才能获得成功"，强调苦难是唯一因素，而忽视其他因素。这样的语言就显得静止、孤立，且太偏狭。

（二）语言提升的具体方法

1. 长短句、骈散句结合　修辞　引用

例析

"颠簸于批判主义的无边波浪之中，我们需要寻找一块陆地建构自己的理想。"（**这里就属于直接引用。**）令人欣慰的是，在我们的时代，从大学生司占杰倾注爱心的麻风病村庄里看到了行胜于言；从硕士生李英强兴办乡村图书馆中看到了行胜于言；从袁隆平、黄旭华、屠呦呦以及无数志愿者行动的朴实守望中感觉到了行胜于言。（**排比**）有校园里"怀疑的时代还需要信仰吗"的不休争论，也有新闻界"我是建设者"倡议的强烈共鸣……站在这块剧烈转型的不完美土地上，有人沉溺于愤世嫉俗，有人习惯于悲观抱怨，但总有一些人以行动肩起责任的闸门，用积极主动的点滴努力，积攒起改造社会的正能量。（**长短句、骈散句结合**）而这些人，才是我们社会的脊梁。

——《坐而论莫若起而行》

2. 仿写是好办法，可以有意积累经典诗文、对联，这是提高语言凝练、个性的有效途径。

例析

悼蔡锷联：九万里南天鹏翼，直上扶摇，怜他忧患余生，萍水相逢成一梦；十八载北地胭脂，自悲沦落，赢得英雄知己，桃花颜色亦千秋。（据传为小凤仙作）

悼孙中山联：百年之政，孰若民先，曷居乎一言而兴，一言而丧；十稔以还，使无公在，正不知几人称帝，几人称王。（徐树铮作）

（三）提升语言的几种句式

1. 用好肯否句式

句式：不是……而是……，是……而不是（而非）……，不可以……可以……，不能……能……，不要……要……，不愿……宁愿……，不在于……而在于，并非……而是……。

例：①幸福来自有目标的生活，而不是来自他人或物质。②世界是事实的总和，而非事物的总和。③智者所追求的不是享乐，而是源于痛苦的自由。

2. 用好让步句式

让步论证常用的词汇：诚然、显然、毫无疑问、显而易见、但是、然而、我不反对……、我承认……具有合理性等。

例：诚然，工业文明带来的巨大物质财富是不可否认的，我们的生活从此走上了"现代化"的轨迹。但是，全新生活面貌并不意味着将传统文化、那些老祖宗留下的智慧全然抛弃。

3. 用衔接词体现逻辑关系

（1）原因分析法：①从最浅层的方面看……从深层来看（……行为背后，更体现了）……从本源（本质）上看…… ②……为何有争议？大概就是两点使然。③出现这种情况的原因不外乎有两个：一是……二是……

（2）假设分析法：如果……致使……反而会……

（3）比较分析法：①与……话题略有不同的是…… ……相反…… ②从短期效果看……从长远利益看……

（4）背景分析（联系现实）法：①无独有偶，…… ②网上热议的话题…… ③这本不是一件大事，却引发了舆论关注，可见，这件小事也击中了人们心中的痛点…… ④姑且先将这个问题搁置不议，前段时间社会热议的（这些年一直争论不休的）……

例析 ▶ ──────────────────────────────────（议论段）

阅读下面材料，用上面提到的句式写一个议论段，体现你的感悟与思考。

1917年4月，毛泽东在《新青年》发表《体育之研究》一文，其中论及"体育之效"时指出：人的身体会天天变化，目不明可以明，耳不聪可以聪，生而强者如果滥用其强，即使是至强者，最终也许会转为至弱；而弱者如果勤自锻炼，增益其所不能，久之也会变而为强。因此，"生而强者不必自喜也，生而弱者不必自悲也。吾生而弱乎，或者天之诱我以至于强，未可知也"。

●范文

且引体育之活泉，灌溉树人之沃土。中国女排在赛场上飒爽英姿，巾帼不让须眉。扎扎实实，勤学苦练，无所畏惧，顽强拼搏的女排精神激起多少莘莘学子心中的万丈豪情。东京奥运赛场里，代表着"中国速度"的苏炳添在半决赛中跑出9秒83，创造了亚洲纪录！成为第一位闯入奥运百米决赛的黄种人！32岁的苏炳添一直在挑战着自己，努力创造属于中国的奇迹，他说："我想把我能做的、该做的、可以做的，都做好，我还想要坚持。"体育不仅是健儿们在赛场上为国争光，彰显大国本色，也是平凡日子中的一份"标配"。以体育精神之奋斗不息滋养万众心中的自立自强的青春幼苗，调感情，强意志，从灌洗灵魂而起，受益的是中华民族的未来。

例析 ▶ .... （全篇）

阅读下面的材料，根据要求写作。（2023年四省适应性考试）

当下，很多人倡导简约的理念，也有不少人肯定繁复的价值。

要求：选准角度，确定立意，明确文体，自拟标题；不要套作，不得抄袭；不得泄露个人信息；不少于800字。

范文

繁简共著华美乐章

当下有很多人倡导简约的理念，也有不少人肯定繁复的价值，在我看来，繁简各有其美，又在统一中奏响人生之歌。

大道至简，让生活简约高效。在大变局的时代之中，人们受制于工作、情感等多重因素的桎梏，许多人放弃无用的人际关系，勇敢对不合理要求说"不"，对无价值的社交活动说"再见"，只身专注于自己的人生目标；抑或是定期开展清空活动，将多余用品转卖回收，将工作间极简化……木心曾言："生活的最佳状态是冷冷清清的风风火火。"的确，清空大脑，专注当下，才能专注地"上食埃土，下饮黄泉"。简约中品味专注淡雅人生。

繁华烈焰，让生活浪漫多彩。大多数人的生活平淡反复，此时懂得繁复价值的人会给生活注入一些仪式感，从而收获多种色彩的人生体验。越来越多的人挤出时间在马拉松中爆发身体能量的火花，在各类志愿活动中展现年华价值……"从复杂的过程看生命艰巨的处境，以享隆重和壮美。"史铁生一语道破积极为生活添砖加瓦的人们，享受了人生旅途过程中曼妙的风景。生活不仅有柴米油盐，更有琴棋书画歌舞花，在繁复中聆听生活之花绽放的声音。

由繁入简，在繁复的过程中收获简约。获奖单上简略的成就，背后是呕心沥血的繁多努力。2022年脱口秀大会的总冠军呼兰，不断蹦出的简约金句和犀利的观点赢得观众喜爱，而在采访中我们得知，成稿1200字，实则原稿至少7000字。"金句的背后是你对事物全方面的了解。"正是因为呼兰繁复的搜索查询和费尽心思的探究与思考，才为我们呈现了语言的简约之美。

由此可见，简约和繁复从不是割裂的孤岛。由简入繁，在简约的成就高地上我们窥见繁复的精神底色；由繁入简，简约是本质，提供专注的动力。如今人们容易陷入非黑即白的逻辑怪圈，一味追求繁复语言的小作文，却无人关注与心灵的实际距离；滥用简单的网络热词，背后是思维和情感的粗糙。"质胜文则野，文胜质则史"，只想有简约，没有繁复的淬炼，只能是玻璃摆设，一碰则碎，无法登上巅峰并久留于世；只有繁复没有化简，则会一直陷入泡沫的"美好生活"，没有实际收获和成就，留下掠影光彩却抓不住。简繁平衡，人生之船方能平稳驶于颠簸的社会浪潮上。

"心有猛虎，细嗅蔷薇"，完整的人生应兼有繁复和简约，共著华美乐章。诸君，共勉。

点评

好文字，理、据、趣皆有，考场文的上乘之作。

第四章　近十年作文考题分类归纳及 2024 年展望

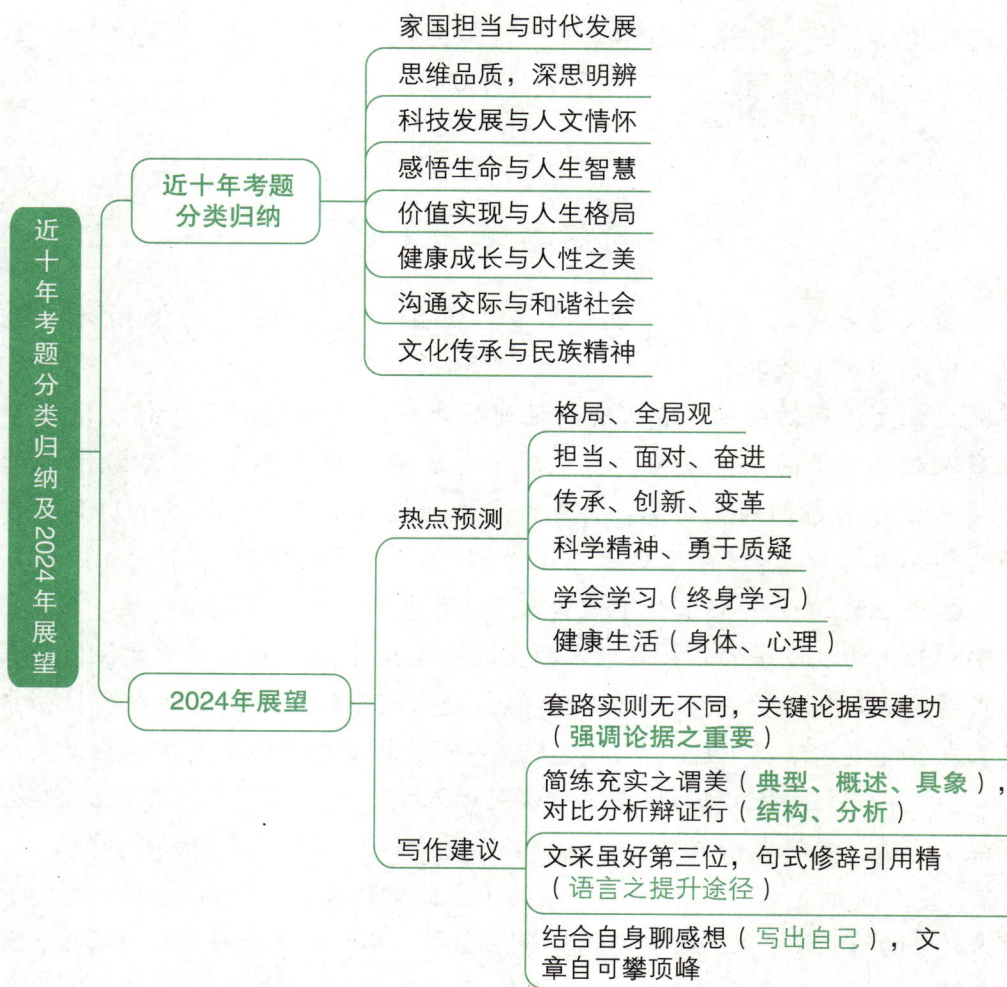

近十年考题分类归纳及2024年展望
- 近十年考题分类归纳
  - 家国担当与时代发展
  - 思维品质，深思明辨
  - 科技发展与人文情怀
  - 感悟生命与人生智慧
  - 价值实现与人生格局
  - 健康成长与人性之美
  - 沟通交际与和谐社会
  - 文化传承与民族精神
- 2024年展望
  - 热点预测
    - 格局、全局观
    - 担当、面对、奋进
    - 传承、创新、变革
    - 科学精神、勇于质疑
    - 学会学习（终身学习）
    - 健康生活（身体、心理）
  - 写作建议
    - 套路实则无不同，关键论据要建功（强调论据之重要）
    - 简练充实之谓美（典型、概述、具象），对比分析辩证行（结构、分析）
    - 文采虽好第三位，句式修辞引用精（语言之提升途径）
    - 结合自身聊感想（写出自己），文章自可攀顶峰

一　近十年作文考题分类归纳

总结是为了更好地进步！

1. 家国担当与时代发展

（1）"纽带与伟大复兴"（2017 年北京卷）；

（2）"时代之车与人文情怀"（2017 年江苏卷）；

（3）"高考与国家发展，高考背后的故事"（2017 年全国 3 卷）；

（4）"时代中国关键词，关乎每一个你"（2017 年全国 1 卷）；

（5）"名言中的民族精神"（2017 年全国 2 卷）；

（6）"时代口号与发展变化"（2018 年全国 3 卷）；

（7）"祖国发展与青年成长"（2018 年北京卷）；

（8）"浙江精神，实干争先，家国情怀"（2018年浙江卷）；

（9）"劳动的意义，发现劳动之美"（2019年全国1卷）；

（10）"百年五四，青年担当"（2019年全国2卷）；

（11）"爱国奉献，我们的光明前途"（2019年天津卷）；

（12）"2020春天的中国面孔"（2020年天津卷）；

（13）"时代转折，从容应对，积极有为"（2020年上海卷）；

（14）"续航"（2023年北京卷）。

2. 思维品质，深思明辨

（1）"丝瓜藤与肉豆须纠缠不清，努力探索实践与服从认知规律"（2015年山东卷）；

（2）"基于创新背景的说与不说，让观点更有力量"（2016年江苏卷）；

（3）"预测未来是为了清醒、认真地活在当下"（2017年上海卷）；

（4）"逆向思维，寻求因果，发现真理，作出正确的判断"（2018年全国2卷）；

（5）"自画像，自我审视，自觉认知追求"（2020年全国3卷）；

（6）"探索陌生世界，仅仅是因为好奇心吗"（2023年上海卷）。

3. 科技发展与人文情怀

（1）"以手机为代表的科技发展，人们如何做到身心平衡，内外协调"（2013年北京卷）；

（2）"智慧芯片服务人类，何以应对"（2014年天津卷）；

（3）"科技进步稀释人文情怀，从老照片到数码技术"（2014年广东卷）；

（4）"人与自然，忽远忽近，科技与直接审美体验"（2015年广东卷）；

（5）"智能互联时代，阅读方式改变，身心参与，精神生长不变"（2016年天津卷）；

（6）"虚拟与现实，不同的感受，视听丰富的年代，作出自己的选择"（2016年浙江卷）；

（7）"智能互联时代，同类信息环绕下的自我塑造"（2020年江苏卷）。

4. 感悟生命与人生智慧

（1）"必须穿过沙漠，自由与否在于自己能否作出选择"（2014年上海卷）；

（2）"大树去旅行，懂得变通，方能实现梦想"（2015年湖南卷）；

（3）"老实与聪明，大智与厚德"（2015年四川卷）；

（4）"智慧的模样，一间寂寞的空屋"（2015年江苏卷）；

（5）"喷泉在地下之时，厚积薄发"（2015年湖北卷）；

（6）"时间的沉淀，彰显事物价值"（2021年上海卷）。

5. 价值实现与人生格局

（1）"人与路，勇于探索，勇敢突围，永远在路上"（2015年福建卷）；

（2）"你的范儿，你的格调品位，精神面貌"（2015年天津卷）；

（3）"心中的英雄与深入灵魂的热爱"（2015年北京卷）；

（4）"备好行囊，应对远方"（2016年山东卷）；

（5）"名言中的人生境界与青年担当"（2017年全国2卷）；

（6）"被需要方显价值，个人实现与服务社会"（2018年上海卷）；

（7）"我的生活与他人是否有关"（2019年浙江卷）；

（8）"个人理想与现实生活落差错位"（2020年浙江卷）；

（9）"每一颗都有自己的功用，你不可或缺"（2020年北京卷）；

（10）"用人识人，出于常人"（2020年全国1卷）；

（11）"命运共同体意识，共存共生，一起跳一支圆舞曲"（2020年全国2卷）；

（12）"学习今说"（2022年北京卷）。

6. 健康成长与人性之美

（1）"言为心声，文如其人，文品与人品，为人为文应求真"（2015年浙江卷）；

（2）"坚硬与柔软，感性与理性，情理共融，和谐自我"（2015年上海卷）；

（3）"蝴蝶翅膀的迷人色彩需要光的照射。实力机遇，内外合力，方能出彩"（2015年安徽卷）；

（4）"成绩变化与家长关爱，正确的教育观及良好的成长环境"（2016年全国1卷）；

（5）"读懂三本书，实现精神成长，完善人性之美"（2017年浙江卷）；

（6）"铸造成器，包容与利他"（2018年天津卷）；

（7）"师生情深，师恩难忘"（2019年全国3卷）；

（8）"疫情阻隔空间距离，却拉近人心距离，灾难之中，大爱方显温度"（2020年新高考全国1卷）。

7. 沟通交际与和谐社会

（1）"山羊过独木桥，良性竞争"（2014年课标1卷）；

（2）"分享与共赢，小羽得以展翅飞翔"（2016年全国3卷）；

（3）"评价他人生活，照鉴我的生活观"（2016年上海卷）；

（4）"通宵书店，公平共享，精神滋养，人文关怀"（2017年山东卷）；

（5）"不同语言，百家争鸣。'大争时代'，共奏和谐之音"（2018年江苏卷）；

（6）"物各有性，彼此调和。小则共生，大则新生"（2019年江苏卷）。

8. 文化传承与民族精神

（1）"重提北京老规矩，勒住时代发展的缰绳"（2014年北京卷）；

（2）"发展与保护，繁华现代与传统灯火可亲，各美其美，美美与共"（2014年辽宁卷）；

（3）"提升语文素养，增强文化自信"（2016年全国2卷）；

（4）"老腔带来震撼，书签助力阅读"（2016年北京卷）；

（5）"长辈之书，重读与成长，传承及反思"（2017年天津卷）；

（6）"文明的韧性，刚柔并济，薪火相传"（2019年北京卷）；

（7）"倾听音乐寻中国味，对于传统的比较和接受"（2019年上海卷）。

三 2024 年展望

（一）热点预测（排名不分先后）

1. 格局、全局观
2. 担当、面对、奋进
3. 传承、创新、变革
4. 科学精神、勇于质疑
5. 学会学习（终身学习）
6. 健康生活（身体、心理）

（二）写作建议

考场议论文之大成口诀

套路实则无不同，关键论据要建功（强调论据之重要）。
简练充实之谓美（典型、概述、具象），对比分析辩证行（结构、分析）。
文采虽好第三位，句式修辞引用精（语言之提升途径）。
结合自身聊感想（写出自己），文章自可攀顶峰。

●范文 （此文分析、说理、句式表达皆优。）

有个体意识，也要有全局观念

在今日中国的现实语境下谈全局观念，很容易招来拍砖乃至讥笑。一个传统上如此重视集体归属感的群体，又刚从"狠斗私字一闪念"的年代走出来不远，很多人还沉浸在对"无我"的反思之中。追求个性的张扬，强调多元与多样，思想的松绑，仿佛才刚刚开始。有什么必要在肯定个体意识的同时，强调全局观念的"也要"？

这正是社会治理的复杂性所在。

事实上，改革开放以来，没有哪种观念像个体意识与利益诉求一样，如此席卷人心。从"主观为自己，客观为他人"到"我的地盘我做主"，从"言利未必非君子"到"无利不起早"，个人利益已经成为很多人处理社会关系的出发点。或含蓄或直白，或温和或激烈，对个体的强调，迅速在社会价值谱系中全线展开。

观念的演进，源自奔流的实践。个体意识勃兴的背后，是告别计划经济、走向社会主义市场经济的社会进程。明确的权利主体和利益边界，是市场经济和法治社会的内在要求。"凡是涉及群众切身利益的决策都要充分听取群众意见，凡是损害群众利益的做法都要坚决防止和纠正"，也正是因为对个体利益的尊重，中国的改革和发展才赢得了亿万人发自内心的推动。只有集体没有个体的时代一去不返，但是现在……"全局"从来不会因为对"个体"的强调就不复存在。辩证法的伟大在于，它永远提醒我们认识到问题的另一面。垃圾焚烧厂建在你这里不行，建在我这里也不行，但它总要建在一个地方，否则必然是垃圾围城；修桥修路修车站，拆你的房子不行，动我的奶酪不许，但它不可能修在空中，除非大家都不过桥、不走路、不出远门。一边抱怨雾霾遮天，一边不愿安步当车节能减排；一面痛骂就医难、买房贵，一面又都想挂专家号、住豪宅，这样的"通吃心态"，不止在初级阶段的中国行不通，在这个世界上的其他任何地方，也都会碰壁！

一切都让个人听命于集体，强调个人为"全局"无条件牺牲确属苛求；但"我满足了，才是公平，我满意了，才叫正义"，肯定也非理性。如果每个人都想着一己之私的最大化，完全以自身的感受衡量社会进步，"各私其私，绝无国民共同体之概念"，不仅难以发育出良好的社会，也难以长久维持个体的利益。

中国社会已经进入利益多元的时代。如果我们承认权力和利益的多元多样，欢呼由此带来的文明进步，那么也必须承认这样的事实：不同的利益都要尊重，个体与整体必须协调。近年来，无论是地铁禁食的争议，小区文明养犬的讨论，还是公共场所禁烟引发的热议，一系列公共事件无不提醒我们，个体行为并非是可以肆意奔突的河流，权利是有边界的。正如谚语所说，你挥舞拳头的权利止于我的鼻尖。懂得不同主体的妥协、沟通，才能形成多元共存的利益格局。

社会的发展，将个体的尊严和福利推上了空前的高度，但也要看到，超乎历史条件和时代环境的个人主张，可能成为国家之痛。对"从摇篮到坟墓"高福利制度的过度追求，让欧洲国家掉入高成本、高税收的陷阱，社会危机由此而生。同样，在中国进入快速城镇化的当下，要求取消所有城乡差别，在教育、医疗、户籍制度等方面实现绝对的均等化，不仅是脱离历史的，也是超越时代的。

从世界范围来看，20世纪以后，传统的权利概念经历了一个社会化的过程，即绝对的、排他的权利须受到某种限制，以服从公共利益的需要。这个过程也是作为个体的公民重新进入社会的过程，是意识到权利之上还有社会责任的过程。无视他人权利和社会整体利益，脱离时代的语境，抽象的权利只能在现实中逐渐被风干。

不要总让"个体"与"全局"彼此排斥、互相追尾，不要总将对"全局"的考量放在"个体"的对立面上。标签盛行的地方，理性容易枯萎；思维陷入绝对时，真理即成谬误。如果说，个体意识和权利意识的觉醒，只是公民意识成熟的第一步，那么让这个社会变得更好，还需要每一个人更多秉持目光四射的全局观念，更多承担力所能及的社会责任。